왕초보부터 A2까지 한 달 완성

GO! 독학

독일어 첫걸음

김성희 지음 ㅣ 원어민 김현정 감수

S 시원스쿨닷컴

GO! 독학
독일어
첫걸음

초판 1쇄 발행 2018년 12월 4일
개정 2쇄 발행 2025년 2월 6일

지은이 김성희
펴낸곳 (주)에스제이더블유인터내셔널
펴낸이 양홍걸 이시원

홈페이지 www.siwonschool.com
주소 서울시 영등포구 영신로 166 시원스쿨
교재 구입 문의 02)2014-8151
고객센터 02)6409-0878

ISBN 979-11-6150-833-7 13750
Number 1-531108-26262629-06

GO! 독학
독일어
첫걸음

Hallo alle zusammen!

할로   알레   추잠믄

여러분 안녕하세요!

우리나라에서 독일어를 가르친 역사가 오래된 만큼, 많은 교재가 출간되어 있는 것이 사실입니다. 그중 독학 교재도 매우 많아, 어떤 교재로 공부해야 효과적일지 고민이 많이 되실 거예요. 독일어를 이제 막 접한 첫걸음 독자들에게 오래되고, 딱딱한 교재로 독학하기는 힘들게 느껴집니다. 또, 지금은 잘 쓰지 않는 표현이 들어간 책들이 많습니다. 독일어를 처음 공부하는 입장에서 한 권의 교재로 왕초보 탈출에 성공하기란 어려움이 따랐던 것이죠.

어떻게 하면 최신 트렌드를 반영하면서도 일상생활에서 꼭 필요한 대화를 실제로 말할 수 있을지, 혼자 공부하기에 부담스럽지 않도록 핵심 문법을 마스터할 수 있을지 저의 모든 노하우를 이 책에 담았습니다. 여행, 유학, 이민, 취미…, 여러분이 어떤 계기로 독일어를 접하게 되었든 어떤 목표로 독일어를 공부하든, 그 첫걸음을 이 책과 함께한다면 최대한 쉽고 빠르게, 그리고 확실하게 성공을 거두리라 확신합니다.

먼저 교환 학생 하나와 인턴 도일의 이야기로 구성한 대화문을 반복해서 듣고, 보고, 말해 보세요. 문법 흐름에 맞는 단어와 표현으로 구성하여 기존의 교재들과 확실한 차별을 두었으므로, 차근차근 무리 없이 따라갈 수 있을 것입니다. 총 20과 중 10과까지 최대한 원어민의 발음에 가깝도록 한글 독음을 함께 수록하였으니 원어민 성우가 녹음한 MP3와 함께 말하기를 연습하세요. 다음으로 대화문 중 가장 핵심이 되는 문장 구조를 짚어 보고, 문법까지 무료 동영상 강의로 집중 학습하세요. 이어서 연습 문제로 실력을 점검하고, 보다 폭넓은 어휘 확장에 도전해 보세요. 마지막으로 잠시 쉬어 가며 독일 문화 엿보기로 마무리하세요.

별책부록으로는 독일어 주요 동사 100개와 회화에서 핵심이 되는 표현 100개를 선별하여 휴대용 핸드북으로 제공합니다.

무엇보다 여러분께서 이 책을 통해 독일어권 국가의 문화를 생생하게 느끼며 독일어의 매력에 푹 빠지시길 바랍니다.

이 책이 출간될 수 있도록 많은 기회와 도움을 주신 모든 분들께 진심으로 고마움을 전하며, 독일어를 공부하시는 모든 분들을 항상 마음속으로 응원하겠습니다.

저자 김성희

이 책의 구성과 특징

말문 트GO!

각 TAG마다 2세트의 대화문을 수록했습니다. 등장 인물들이 독일에서 생활하며 겪는 다양한 상황 속 대화로, 생활 밀착형 표현을 배울 수 있어요. 모르는 단어는 **VOKABELN**에서 바로바로 찾고, 대화의 포인트가 되는 꿀팁까지 **포인트 잡GO!**로 확인해 보세요.

핵심 배우GO!

대화문 중 핵심이 되는 주요 표현을 꼼꼼히 짚고, 응용 표현까지 자연스럽게 익힙니다. 실수하기 쉬운 부분, 유의 사항까지 **TIPP** 코너에서 빠짐없이 제공하니 놓치지 마세요.

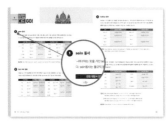

문법 다지GO!

꼭 필요한 문법만 제대로 배웁니다. 한눈에 들어오는 표, 간결하고 이해하기 쉬운 설명, 다양한 예문으로 차근차근 내 것으로 만드세요. 꼼꼼한 무료 동영상 강의로 독일어 기초 문법을 마스터하세요.

실력 높이GO!

각 TAG에서 다룬 듣기, 문법, 작문까지 모든 영역의 실력을 점검할 수 있도록 연습 문제를 제공합니다. 회화와 문법을 얼마나 이해하고 잘 습득했는지 스스로 점검해 보세요.

어휘 늘리GO!

각 TAG와 관련된 주제로 좀 더 확장된 필수 어휘와 표현까지 살펴봅니다. 다양한 사진과 일러스트로 보다 쉬운 암기를 돕습니다.

독일 만나GO!

독일의 음식, 교통, 기념일, 예절, 독일어 능력 시험 준비 요령까지 독일의 다양한 현지 정보와 문화 꿀팁을 만나 보세요.

독일어 필수 동사 100

독일어 회화에서 많이 쓰이는 필수 동사이면서 불규칙 변화하는 동사 100개를 익혀 보세요. 원형과 현재형, 과거형, 현재 완료형까지 수록하였습니다.

독일어 필수 표현 100

독일어 회화에서 많이 쓰이는 필수 표현 100개를 익혀 보세요. 실제 독일인들이 많이 사용하는 표현들이므로 어느 상황에서든 유용하게 말할 수 있습니다.

MP3 파일

언어 학습에 있어 많이 듣고 따라하기는 매우 중요합니다. 대화문과 단어, 듣기 연습 문제, 어휘 확장 코너까지 MP3 파일을 제공하므로 많이 반복해서 따라하고 실력을 점검해 보세요. 원어민 전문 성우의 정확한 발음을 듣고 말하며 실력을 쌓으세요.

무료 동영상 강의

독학을 위한 무료 강의를 제공합니다. 각 TAG의 핵심 내용을 쉽고 간결하게 설명합니다. 무료 강의는 germany.siwonschool.com에서 확인하세요.

차례

학습 구성

등장인물

주요 인물

Hana 하나
(한국인, 학생)

베를린 대학교에서 교환 학생을 이수하고 있는 독어 독문과 대학생입니다.

Julia 율리아
(독일인, 학생)

독일어 교육을 전공하는 학생으로, 졸업 후 독일어 선생님이 되는 것이 꿈입니다.

Lara 라라
(독일인, 학생)

하나와 같은 독어 독문과 학생으로, 하나의 독일 생활을 많이 도와줍니다.

Daniel 다니엘
(독일인, 학생)

언어 교환 모임에서 하나와 알렉산드라를 알게 되었으며 외국어 공부에 관심이 많습니다.

Alexandra 알렉산드라
(이탈리아인, 학생)

로마 출신의 이탈리아 대학생으로, 언어 교환 모임에서 하나와 만나 친구가 되었습니다.

Doil 도일
(한국인, 인턴)

한국에서 독어 독문과를 졸업하고 프랑크푸르트에서 인턴 생활을 하고 있습니다.

Sara 자라
(독일인, 직장인)

프랑크푸르트에서 인턴을 마치고 베를린 지사로 정식 발령받아 일하고 있습니다.

Lea 레아
(독일인, 직장인)

파티에서 도일과 친구가 되어 휴가 기간에는 함께 여행을 가기도 합니다.

Natalia 나탈리아
(러시아인, 직장인)

언어 교환 모임에서 도일과 함께 독일어를 공부했던 친구입니다.

그 밖의 인물

공무원
(전입 신고 담당)

콜 씨
(하나의 예전 독일어 선생님)

판매원
(옷 가게)

웨이터
(레스토랑)

직원
(기차역)

슈미트 씨
(도일의 동료)

의사
(도일의 주치의)

이 밖에도 가족, 동료, 친구들 등
다양한 인물들이 등장합니다.

Ready!

독일어 첫걸음을
출발하기 전,
꼭 필요한 기초부터
탄탄히 준비해 보세요.

알파벳 준비하GO!

1 알파벳 (Das Alphabet)

▶ 준비 🎧 Track 00-01

독일어의 알파벳은 총 26자로 구성됩니다. 기본 순서와 모양은 영어 알파벳과 동일하되 영어에 없는 4개의 철자가 존재합니다. 알파벳과 예시 단어를 MP3와 한글 독음을 참조하여 읽어 보세요.

대문자	소문자	발음	예시 단어
A	a	아:	Affe 아f페 원숭이 Mann 만 남자
B	b	베:	Banane 바나:느 바나나 Bank 방크 은행
C	c	체:	CD 체데 씨디 Circa 치어카 대략
D	d	데:	da 다: 거기 Dame 다:므 숙녀, 여성
E	e	에:	Tee 테: 차(茶) Heft 헤f프트 공책
F	f	에f프	Foto f포:토 사진 faul f파울 게으른
G	g	게:	gut 굳: 좋은 Ausgang 아우스강 출구
H	h	하:	Haus 하우스 집 Hafen 하:f펜 항구
I	i	이:	Idee 이데: 생각 (아이디어) immer 임머 항상
J	j	여트	Japan 야:판 일본 jemand 예:만트 누군가
K	k	카:	Kaffee 카페: 커피 Kino 키:노 영화관
L	l	엘	Lampe 람페 전등 lang 랑 긴
M	m	엠	Moment 모멘트 순간 Menge 멩에 양
N	n	엔	Name 나:므 이름 Anfang 안팡 시작

O	o	오:	Onkel 옹켈 삼촌 Boot 보:트 배
P	p	페:	Post 포스트 우체국, 우편 Alphabet 알f파베:트 알파벳
Q	q	쿠:	Quelle 크v벨레 샘, 기원 Quittung 크v비퉁 영수증
R	r	에아(에르흐)	Bruder 브흐루더 오빠, 형 Mutter 무터 엄마
S	s	에쓰	Fenster f펜스터 창문 gestern 게스턴 어제
T	t	테:	Tante 탄테 이모 Butter 부터 버터
U	u	우:	unter 운터 아래에 uns 운스 우리에게, 우리를
V	v	f파우	Vater f파:터 아빠 verkaufen f페어카우f픈 팔다
W	w	v베:	Wagen v바:겐 차(車) Wille v빌레 의지
X	x	익스	Text 텍스트 텍스트 Taxi 탁시 택시
Y	y	윕실런	Symbol 쥠볼 상징 System 쥐스템 시스템
Z	z	체트	Zimmer 침머 방 Nation 나치온 국가
Ä	ä	애:	Ärztin 애어츠틴 여의사 Käse 캐:제 치즈
Ö	ö	외:	Töne 퇴:네 음(音), 소리 Löffel 뢰f펠 숟가락
Ü	ü	위:	Tür 튀:어 문 fünf f퓐f프 숫자 5
ß	ß	에스체트	Fuß f푸:쓰 발 groß 그흐로:쓰 큰

* 2017년 6월 29일부로 'Rat für deutsche Rechtschreibung 독일어 맞춤법 위원회'는 대문자 SS를 대문자 에스체트 ß 로 표기하는 것을 허용하였습니다.

2 발음

독일어 발음의 기본 원칙은 '소리 나는 대로 읽는다.'입니다. 앞에서 알파벳과 예시 단어를 모두 따라 해 보았나요? 철자 그대로 읽는 발음이 대부분임을 알 수 있었을 것입니다. 즉, 독일어 발음은 처음 보는 단어와 문장도 알파벳에서 익힌 기본 발음 원칙을 적용하면 읽는 데 어려움이 없습니다. 그래도 예외는 있습니다. 좀 더 자세히 알아보겠습니다.

A a

a의 발음은 [아:]입니다. a가 두 개 연달아 있는 이중 모음 aa는 길게 읽어 주세요. a와 u가 결합된 au의 발음도 그대로 [아우]라고 읽습니다. ai는 [아이]로 읽겠죠? ay는 [아이]로 읽는다는 것도 함께 기억해 주세요.

Haar 하: 머리카락 / Auto 아우토 자동차 / Mai 마이 5월 / Bayern 바이언 바이에른주

B b

b의 발음은 기본적으로 [ㅂ] 발음이 납니다. 그렇지만 b가 단어 맨 뒤에 있거나 b 뒤에 자음이 오는 경우는 [ㅍ] 발음이 되니 주의하세요.

Baum 바움 나무 / gelb 겔프 노란색의 / Herbst 헤어프스트 가을

C c

c로 시작하는 독일어 고유어 단어는 거의 없다고 보시면 됩니다. CD를 씨디가 아닌 '체데'로 읽는다는 것과, Ch로 시작한 경우 '히'의 발음이 나는 경우가 많이 있는데 그런 단어만 잘 기억하면 됩니다. 그 외의 단어는 외래어 그대로의 발음을 하는 경우가 많습니다.

Computer 컴퓨터 컴퓨터 / Cola 콜라 콜라 / Cello 첼로 첼로 / Chef 쉐f프 상사, 대표 이사 / China 히:나 중국 / Chemie 헤미: 화학

* ch의 발음

❶ ch 앞에 a, o, u가 오는 경우: 흐

Bach 바흐 바흐 / noch 노흐 아직 / Buch 부:흐 책

❷ 그 외 ch: 히

ich 이히 나는 / Milch 밀히 우유

* chs의 발음

원래의 단어가 chs로 구성되어 있는 경우 [ㅋㅅ] 발음으로 읽습니다.

Fuchs f푹스 여우 / sechs 젝스 숫자 6

D d

d의 발음은 기본적으로 [ㄷ] 발음이 납니다. 그렇지만 d가 단어 맨 뒤에 있거나 d 뒤에 자음이 오는 경우는 [ㅌ] 발음이 되니 주의하세요.

Duft 두f프트 향기 / Geld 겔트 돈 / Gold 골트 금

E e

e는 [에]라고 발음하는 것이 기본이지만 e가 단어 맨 끝에 있거나 강세를 갖지 못하는 경우 [으]나 [어]에 가깝게 발음되는 경우도 있습니다. 특히 e와 r이 합쳐져 er의 조합이 되는 경우 [어]나 [아]로 발음하면 됩니다. e가 두 개 연달아 오면 길게 읽어 주세요.

Ecke 에케 모퉁이 / Name 나:므 이름 / Vater f파:터 (또는 f파:타) 아버지 / Tee 테: 차

* 예외

❶ ei는 [아이]라고 발음하는 중요한 예외입니다. 또한 ey도 [아이]로 읽습니다. [에이]가 아니라 [아이]의 발음이 된다는 점! 꼭 기억해 주세요.

mein 마인 나의 / klein 클라인 작은 / Ei 아이 달걀 / Eis 아이쓰 아이스크림 / Loreley 로흐렐라이 로렐라이

❷ eu는 [어이]라고 읽어야 합니다. 외래어 Museum [무제움]을 제외하고는 [어이]의 발음을 꼭 해 주어야 합니다.

heute 허이테 오늘 / Euro 어이흐로 유로화 / euer 어이어 너희의

F f

f는 영어의 f 발음과 유사합니다. 윗니를 살짝 아랫입술에 대면서 [프]라고 발음하면 됩니다. ff와 ph 발음도 f 발음과 같습니다.

Fest f페스트 축제 / Schiff 쉬프 배 / Phisik f퓌직: 물리학

G g

g의 발음은 기본적으로 [ㄱ] 발음이 납니다. 그렇지만 g가 단어 맨 뒤에 있거나 g 뒤에 자음이 오는 경우는 [ㅋ] 발음이 되니 주의하세요.

Geige 가이게 바이올린 / Berg 베어크 산 / regnen 흐레그넨 비가 오다

* 예외

i와 g가 결합하여 맨 뒤에 -ig로 오는 경우 표준어 발음은 [이크]가 아닌 [이히]의 발음이 됩니다.

billig 빌리히 값싼 / Honig 호:니히 꿀, 단맛

H h

h는 [ㅎ] 발음이 나거나 묵음이 됩니다. 묵음이 되는 경우는 모음 뒤에 h가 위치하는 경우입니다.

hinter 힌터 뒤에 / gehen 게:엔 가다 / Uhr 우:어 시계

I i

i는 [이]로 발음합니다.

Indien 인디엔 인도 / Insel 인젤 섬

✱ 예외

i와 e가 만나 ie의 복모음이 되는 경우는 대부분 [이:]로 길게 읽지만, [이어]로 읽는 예외적인 경우도 있습니다. ie 자체에 강세가 있으면 [이:], ie 앞 모음에 강세가 있으면 [이어]입니다.

❶ ie 자체에 강세 [이:]

Liebe 리:베 사랑 / Brief 브흐리:f프 편지

❷ ie 앞 모음에 강세 [이어]

Famílie f파밀:리에 가족 / Férien f페:리엔 휴가, 방학 / Bélgien 벨기언 벨기에

J j

j의 알파벳 이름은 [여트]입니다. 모양은 자음이지만 사실상 거의 모음으로 발음되며, 단어 속에서는 [이]로 발음된다고 생각하면 됩니다. ja는 '이+아'이므로 [야]로, je는 [예], ju는 [유]로 발음되며 외래어의 경우 그대로 [즈]의 발음이 나는 경우도 있습니다.

jagen 야:겐 사냥하다 / jemand 예:만트 누군가 / Jugend 유겐트 청소년 / Job 좝 직업

K k

k의 발음은 [ㅋ]입니다. c와 합해 ck도 [ㅋ]로 발음합니다.

Kaiser 카이저 황제 / Ecke 에케 모퉁이

L l

l의 발음은 [ㄹ]입니다. l을 발음하기 전 '을' 발음을 약간 추가하여 읽으면 더 자연스럽습니다.

Luft 루f프트 공기 / ledig 레디히 미혼의

M m

m의 발음은 [ㅁ]입니다.

Mond 몬:트 달 / kommen 콤믄 오다

N n

n의 발음은 [ㄴ]입니다. 다만 ng는 [응], nk는 [응크]로 읽습니다.

Neffe 네f페 남자 사촌 / Hunger 훙어 배고픔 / Bank 방크 은행

O o

o의 발음은 [오]이며 o가 두 개일 경우 길게 읽어 주세요.

Obst 옵:스트 과일 / Boot 보:트 배

P p

p의 발음은 [ㅍ]입니다. pf의 발음도 이와 비슷한데 마지막에 f 발음을 해 주어야 합니다.

Puppe 푸페 인형 / **Kopf** 콥f프 머리

Q q

q는 u와 함께 qu의 형태로 함께 쓰이며 이때 [쿠우]의 발음이 아닌 [크v브]의 발음이 되니 주의하세요.

Quote 크v보:테 할당량 / **Qualität** 크v발리태:트 품질

R r

r의 발음은 가글할 때의 '으흐르르' 소리와 비슷하게 나는데, 이렇게 소리 나는 경우는 r 뒤에 모음이 있을 때입니다. 처음엔 어렵지만 목을 굵는 듯한 소리가 나도록 연습해 보세요. 목을 굵는 소리 때문에 [ㅎ] 또는 [ㄱ]처럼 들리기도 합니다. R 앞에 모음이 있는 경우 가글하는 소리를 내지 않고 [어]나 [애에 가깝게 읽습니다.

Radio 흐라디오 라디오 / **Regen** 흐레:겐 비 / **Doktor** 독토어 (또는 독토아) 의사, 박사 / **Butter** 부터 (또는 부타) 버터

S s

s의 발음은 다음과 같이 세 가지가 있습니다.

❶ **s [스]의 발음**
   - s가 단어의 맨 끝이나 중간에 올 경우 (ss도 같은 발음)

   Haus 하우스 집 / **Fenster** f펜스터 창문 / **gestern** 게스턴 어제

❷ **ʃ [슈]나 [쉬]의 발음**
   - sch로 결합되어 있거나 Sp-, St-로 시작하는 경우

   Schule 슐:레 학교 / **Sport** 슈포어트 운동 / **Staat** 슈타:트 국가

❸ **z [즈]의 발음**
   - s 뒤에 모음이 따라오는 경우

   Saft 자f프트 주스 / **Sohn** 존: 아들 / **Suppe** 주페 스프

T t

t의 발음은 [ㅌ]입니다. t가 두 개 이어져 tt여도 같은 발음이며, th와 dt 역시 [ㅌ]입니다.

Tat 타:트 행위 / **Stuttgart** 슈투트가오트 슈트트가르트 / **Thema** 테:마 주제 / **Stadt** 슈타트 도시

tsch의 발음은 [취] 발음입니다.

Deutsch 더이취 독일어 / **Tschüs!** 츄:스 잘 가!

U u

u의 발음은 [우]입니다.

Musik 무직: 음악 / Ufer 우:f퍼 물가

V v

v의 발음은 [f프] 발음이 납니다. 외래어의 경우는 [v비] 발음을 하기도 합니다.

von f폰 ~의 / vorkommen f포어콤믄 발생하다 / Vase v바:제 꽃병 / Vitamin v비타민: 비타민

W w

w는 영어의 v 발음과 비슷합니다.

Welt v벨트 세계 / Wohnung v보:눙 집 / Waffe v바페 무기

X x

x의 발음은 [ㅋ ㅅ]입니다. 앞서 언급했던 chs 발음과 같습니다.

Taxi 탁시 택시 / Examen 엑자:믄 시험

Y y

y는 핸드폰과 같은 몇 가지 단어를 제외하고 [위]로 발음됩니다.

typisch 튀피쉬 전형적인 / Handy 핸디 핸드폰

Z z

z는 [찌]와 [ㅊ]의 중간 발음이라고 생각하면 됩니다.

Zeit 차이트 시간 / Zunge 충에 혀 / Zug 추:크 기차

이 알파벳과 같은 소리가 나는 복자음으로는 다음과 같은 것들이 있습니다.

❶ -ts
   nachts 나흐츠 밤에

❷ -ds
   abends 아:벤츠 저녁에

❸ -tion
   Generation 게네라흐치온 세대

Ä ä

ä는 [애] 발음이 납니다. 입 모양은 [애]로 소리는 [이]로 내면 정확히 발음할 수 있습니다.

Käse 캐:제 치즈 / Ärztin 애어츠틴 여의사

* 예외

äu는 eu와 마찬가지로 [어이]로 발음합니다. 매우 중요한 규칙이므로 꼭 알아 두세요!

Häuser 허이저 집들 / Verkäufer f페어커이f퍼 판매자, 점원 / Bäume 버이메 나무들

Ö ö

ö는 [외] 발음입니다. 입 모양은 [오]와 같이 동그랗게 만들고 입안에서의 소리는 [이]처럼 내면 정확히 발음할 수 있습니다.

König 쾨니히 왕 / Töchter 퇴히터 딸들 / Söhne 죄:네 아들들

Ü ü

ü는 [위]로 발음합니다. 입 모양은 [우]와 같이 둥그렇게 만들고 입 안에서의 소리는 [이]처럼 내면 정확히 발음할 수 있습니다. 철자 y와 발음이 같습니다.

Übung 위붕 연습 / übermorgen 위버모어겐 모레 / Tür 튀:어 문

ß ß

ß의 알파벳 이름은 에스체트지만 단어 안에 들어가면 ss[쓰]와 같은 발음이 됩니다.

süß 쥐:쓰 달콤한, 귀여운 / Fußball f푸:쓰발 축구(공)

* 이 책의 한글 독음 표기 원칙은 **Ready!**의 발음 규칙을 따르되, 일부 예외 사항은 실제 독일인이 말하는
자연스러운 발음에 더 가깝도록 조정하여 표기하였습니다.

1 중요한 발음 규칙

1	b, d, g가 단어의 맨 뒤에 오거나 그 뒤에 자음이 오는 경우 → p, t, k로 발음	gelb Abend Tag
2	ai, ay, ei, ey → 모두 [아이]로 발음	Mai Bayern klein Loreley
3	ie → 대부분 [이:]로 발음	Liebe
4	äu, eu → [어이]로 발음	Bäume heute
5	a, o, u + ch → 흐 그 외 + ch → 히	Bach, noch, Buch ich, Milch
6	-ig 로 끝나면 → 이히	billig
7	ja, ju, je → [야], [유], [예]	jagen Jugend jemand
8	s의 발음 ① s가 중간이나 끝 → [스] ② sch, Sp-, St-로 시작 → [슈] ③ s + 모음 → [즈]	① Fenster, Haus ② Schule, Sport, Staat ③ Saft, Sohn, Suppe
9	t, tt, th, dt → [트]	Tat, Butter, Thema, Stadt
10	v는 f 발음	von
11	w는 v 발음	Wagen
12	z, -ds, ts, -tion [츠]	Zeit abends nachts Nation

2 강세 규칙

❶ 독일어는 원칙적으로 첫 모음에 강세가 있습니다.
Ábend / Náme / Brátwurst

❷ 복모음 ie는 보통 강세를 가집니다.
Líebe / Batteríe

③ 복합 부사는 예외적으로 주로 두 번째 모음에 강세가 있습니다.

wohér / wohín

④ 그 외 다음의 조합들은 뒤에 나오지만 강세를 가지는 경우입니다.

-éi	-ént	-tắt	-ík	ión	-úr
Bäckeréi	Studént	Universitắt	Musík	Natión	Kultúr

⑤ 다음의 조합들은 강세를 못 가지는 전철(접두어)입니다.

be	ge	emp	ent	er	ver	zer	miss
Berúf	gefállen	emp-féhlen	Ent-schúldi-gung	erlében	ver-káufen	zer-stőren	miss-bráuchen

3 모음의 길고 짧음

1 모음이 길게 발음되는 경우

① 강세가 있는 모음 다음에 나오는 자음이 하나인 경우

Abend /Tag

② 모음 다음에 h가 나오는 경우 (h 묵음 + 그 앞의 모음 장음)

Uhr / gehen / wohnen

③ aa, oo, ee

Haar / Boot /Tee

④ 모음 다음에 ß가 나오는 경우

Fuß / süß

⑤ 예외적으로 길게 읽는 경우

Arzt / Mond / Obst / Kuchen / Buch 등

2 모음이 짧게 발음되는 경우

① 모음 뒤 자음이 2개 이상 나오는 경우

Butter / Saft

② 강세가 없는 모음

Abend / Student

③ 모음 다음에 ss가 나오는 경우

Schloss / hassen

④ 예외적으로 짧게 읽는 경우

man / das / es 등

독일어 문법의 가장 기본적이면서 대표적인 특징 10가지를 살펴보세요. 100% 이해가 되지 않아도 괜찮습니다. 우선 '이런 것들이 있구나!'하고 훑어보듯 맛보고, 본문에서 하나하나 더 상세히 공부할 거니까요.

1 명사는 무조건! 대문자로 쓴다.

독일어로 된 글을 살펴보면 문장 중간에 대문자가 많이 등장하는 것을 알 수 있습니다. 문장의 첫 글자 뿐만 아니라 이름을 가지는 모든 것 즉, 명사 또한 대문자로 씁니다.

2 모든 명사는 남성, 여성, 중성 중 하나의 성별을 가진다.

간혹 두 개의 성을 갖는 명사도 있긴 하지만 대체로 명사는 하나의 성을 가집니다. 정석대로라면, 사전에 명사의 성이 표기되어 있으며 명사를 공부할 때는 명사의 의미와 함께 성도 암기해야 합니다. 암기할 생각에 벌써 머리가 아프신가요? 그렇다면 다음의 기준을 알아 두시면 도움이 될 거예요. 하지만 예외도 있음을 참조하세요.

남성	남자 사람 명사	Vater 아빠, Sohn 아들
	하루의 시간, 요일, 월, 계절, 날씨, 방위, 술	Morgen 아침, Montag 월요일, Januar 1월, Regen 비, Norden 북쪽, Wein 와인
	신분이나 직업	Schüler 학생, Verkäufer 판매원
	후철(접미사) -ismus, -ling, -ich, -ig, -or, -er	Kapitalismus 자본주의, Zwiling 쌍둥이, Teppich 카펫, König 왕, Motor 모터, Computer 컴퓨터
	대부분의 동물	Löwe 사자, Hase 토끼
	동사의 어간	beginnen 시작하다 → Beginn 시작
여성	여자 사람 명사	Mutter 엄마, Tochter 딸
	직업 / 신분명 + in	Schülerin 여학생, Verkäuferin 여 판매원
	후철 -e, -heit, -keit, -ung, -ion, -schaft, -ei, -tät, -ik, -ur, -ie, -enz	Liebe 사랑, Gesundheit 건강, Einsamkeit 외로움, Zeitung 소식, Lektion 강의, Freundschaft 우정, Bäckerei 빵집, Universität 대학, Musik 음악, Natur 자연, Batterie 배터리, Tendenz 경향, 추세
	동사 파생 + t, e로 끝남	fahren 운행하다 → Fahrt 운행 suchen 찾고 있다 → Suche 검색
	많은 식물, 꽃	Blume 꽃

	축소형 어미 chen, lein	Mädchen 소녀, Fräulein 아가씨
	후철 -o, -um, -ment	Foto 사진, Zentrum 중심가, Instrument 악기
중성	ge로 시작하는 총칭 명사	Gemüse 채소, Geschirr 그릇
	대부분의 국가	Korea 한국, Deutschland 독일
	동사 원형	essen 먹다 → Essen 음식

3 명사를 복수형으로 만드는 방식이 다양하다.

그냥 -s나 -es만을 붙여 복수로 만든다면 얼마나 좋을까요? 독일어 명사의 복수형은 굉장히 다양합니다. e를 붙이기도 하고, 단수와 복수가 똑같이 생긴 경우도 있죠. 명사를 공부할 때 성별뿐만 아니라 복수형도 함께 암기하되, 다음의 기준을 참고해 보세요.

단수	복수	복수형 어미	기준
Schüler Mantel	Schüler Mäntel	단수와 같거나 변모음	-er, -en, -el, -chen, -lein 으로 끝나는 명사
Tisch Stuhl	Tische Stühle	끝에 e를 붙이거나 변모음 + e	대부분의 남성 명사
Lampe Wohnung	Lampen Wohnungen	-n 또는 -en 붙이기	대부분의 여성 명사
Kind Buch	Kinder Bücher	-er 또는 변모음 + er	대부분의 중성 명사
Auto Kuli Handy Kamera	Autos Kulis Handys Kameras	-s	o, i, y, a로 끝나는 명사 대부분 외래어

4 명사에 격이 있다.

영어를 배울 때 주격, 소유격, 목적격과 같은 말을 들어 본 적이 있나요? 독일어도 이와 같은 격이 있습니다. 예를 들어 주어의 역할을 하며 우리말로는 '은, 는, 이, 가와 같은 조사가 붙으면 주격이라고 합니다. 독일어에서는 학습의 편의성을 위하여 각 격에 번호를 붙입니다. 주격은 1격입니다. 다음의 표로 더 자세히 살펴보세요.

격	우리말 조사
1격=주격 (Nominativ)	~은, ~는, ~이, ~가
2격=소유격 (Genitiv)	~의
3격=여격 (Dativ)	~에게
4격=목적격 (Akkusativ)	~을, ~를

우리말에서는 조사를 통하여 문장에서 각 명사가 어떤 기능을 하며 무슨 격인지 파악하는 반면, 독일어에서는 명사 앞에 붙은 관사류를 통하여 격을 파악해야 합니다.

5 어미 변화가 많다.

독일어는 관사, 동사, 형용사에서 어미 변화가 이루어집니다.

1 관사 어미 변화

정관사와 부정 관사 모두 수식하는 명사의 성, 수, 격에 따라 변화를 합니다. 표를 통하여 관사의 어미 변화를 살펴보세요.

<정관사 어미 변화>

격/성	남성	여성	중성	복수
1격 (~은, ~는, ~이, ~가) 주격	그 아빠가 der Vater	그 엄마가 die Mutter	그 아이가 das Kind	그 사람들이 die Leute
2격 (~의) 소유격	그 아빠의 des Vaters	그 엄마의 der Mutter	그 아이의 des Kindes	그 사람들의 der Leute
3격 (~에게) 여격	그 아빠에게 dem Vater	그 엄마에게 der Mutter	그 아이에게 dem Kind	그 사람들에게 den Leuten
4격 (~을, ~를) 목적격	그 아빠를 den Vater	그 엄마를 die Mutter	그 아이를 das Kind	그 사람들을 die Leute

<부정 관사 어미 변화>

격/성	남성	여성	중성	복수 (X)
1격 (~은, ~는, ~이, ~가) 주격	한 아빠가 ein Vater	한 엄마가 eine Mutter	한 아이가 ein Kind	사람들이 Leute
2격 (~의) 소유격	한 아빠의 eines Vaters	한 엄마의 einer Mutter	한 아이의 eines Kindes	사람들의 Leute
3격 (~에게) 여격	한 아빠에게 einem Vater	한 엄마에게 einer Mutter	한 아이에게 einem Kind	사람들에게 Leuten
4격 (~을, ~를) 목적격	한 아빠를 einen Vater	한 엄마를 eine Mutter	한 아이를 ein Kind	사람들을 Leute

* 남성과 중성이 2격으로 쓰이면 명사에도 s나 es를 붙여야 합니다. 남/중/2/(e)s

* 복수가 3격으로 쓰이면 명사에도 n을 붙여야 합니다. 복/3/n

2 동사 어미 변화

독일어의 동사 원형을 살펴보면 대부분 -en으로 끝납니다. 이것을 어미라 부르고 en을 제외한 부분을 어간이라고 하는데, 각 주어에 따라 어간은 가만히 있고 어미가 변화하게 됩니다. 그러나 어간까지 변화하는 동사도 있는데, 이를 불규칙 동사라고 합니다. 독일어의 3대 기본 동사 'sein ~이다', 'haben ~을(를) 가지다', 'werden ~되다'는 아주 기본적인 동사이면서 불규칙적으로 변하는 동사이기 때문에 변화형을 잘 알아 둘 필요가 있습니다.

	어미 규칙	sein	haben	werden
ich	-e	bin	habe	werde
du	-st	bist	hast	wirst
er / sie / es	-t	ist	hat	wird
wir	-en	sind	haben	werden
ihr	-t	seid	habt	werdet
sie / Sie	-en	sind	haben	werden

3 형용사 어미 변화

형용사가 명사를 꾸며 주는 기능으로 쓰일 때, 형용사 뒤에 각 어미가 붙어야 합니다. 이러한 어미 변화는 형용사 앞 관사의 유무나 종류에 따라 달라집니다.

- 관사 없이 형용사만 명사를 수식하는 경우의 어미 변화 (강변화)

	남성	여성	중성	복수
1격 (주격)	-er	-e	-es	-e
2격 (소유격)	-en / -(e)s	-er	-en / -(e)s	-er
3격 (여격)	-em	-er	-em	-en / -n
4격 (목적격)	-en	-e	-es	-e

- 정관사와 형용사가 명사를 수식하는 경우의 어미 변화 (약변화)

	남성	여성	중성	복수
1격 (주격)	-e	-e	-e	-en
2격 (소유격)	-en / -(e)s	-en	-en / -(e)s	-en
3격 (여격)	-en	-en	-en	-en / -n
4격 (목적격)	-en	-e	-e	-en

- 부정 관사와 형용사가 명사를 수식하는 경우의 어미 변화 (혼합 변화)

	남성	여성	중성	복수
1격 (주격)	-er	-e	-es	-en
2격 (소유격)	-en / -(e)s	-en	-en / -(e)s	-en
3격 (여격)	-en	-en	-en	-en / -n
4격 (목적격)	-en	-e	-es	-en

일단은 형용사에 다양한 어미가 붙어 변화한다는 것만 기억해 두고, 각 단원을 공부하면서 형용사 어미 변화에 대한 문법 내용이 나올 때 다시 한 번 이 코너로 돌아와 살펴보기 바랍니다.

6 인칭대명사의 특징

독일어에서는 인칭대명사를 잘 생략하지 않습니다. 또한 인칭대명사 중 '나'라는 주어 'ich'가 문장 중간에 올 때는 소문자로 씁니다. 그리고 인칭대명사도 격에 따라 그 모습이 변화합니다. 다음의 표로 알아 두세요.

	나	너	그	그녀	그것	우리	너희	그들	당신
1격 (~은, ~는, ~이, ~가)	ich	du	er	sie	es	wir	ihr	sie	Sie
3격 (~에게)	mir	dir	ihm	ihr	ihm	uns	euch	ihnen	Ihnen
4격 (~을, ~를)	mich	dich	ihn	sie	es	uns	euch	sie	Sie

* 소유 관사의 형태도 함께 알아 두세요.

나의	**mein-**	우리의	**unser-**
너의	**dein-**	너희의	**euer-**
그의	**sein-**	그들의	**ihr-**
그녀의	**ihr-**	당신의	**Ihr-**
그것의	**sein-**	당신들의	**Ihr-**

7 존칭과 친칭이 있다.

우리말에 존댓말과 반말이 있다면 독일어에는 존칭과 친칭이 있습니다. 존칭을 하는 경우는 주로 처음 만나는 사이거나 공적인 자리, 발표할 때, 격식이 있는 관계이며 존칭을 하는 것을 Siezen이라고 합니다. Sie는 독일어의 인칭대명사 중 '당신(들)'또는 '여러분'의 의미로 사용하며 존칭에 관련된 인칭대명사는 문장 중간에 오더라도 반드시 첫 글자를 대문자로 써야 합니다. 반면, 가족과 친구, 지인 사이에서는 우리말의 반말과 같은 개념으로 편하게 호칭을 하는데 이것을 duzen이라고 합니다. 하지만 우리말의 반말과는 조금 다른 점이 있습니다. du는 독일어로 보통 '너'라고 번역하지만, 가족들 사이에서 쓰는 말로 자신보다 나이가 많은 어머니, 할아버지, 삼촌 등에게도 du를 사용합니다. 우리말로 할머니에게 '너'라고 하지 않기 때문에 이 부분을 번역하는 데에 어려움이 있습니다. 따라서 duzen이란 단순한 반말의 개념이 아니라, 관계가 깊고 친한 사이에 쓰는 언어라고 이해해야 합니다.

8 평서문의 어순이 자유롭다.

의문문이나 명령문이 아닌 평서문의 경우, 보통 '주어+동사+목적어나 보어 등'의 순서로 쓸 수 있습니다. 그렇지만 반드시 주어가 맨 앞에 위치해야 하는 것은 아닙니다. 목적어나 보어를 강조하고 싶다면 문장 맨 앞에 올 수 있습니다. 다만 주의해야 할 사항은 평서문에서 동사의 자리는 언제나 두 번째 자리에 온다는 것입니다. 이 또한 각 단원을 공부하면서 자세히 익히기 바랍니다.

9 합성 명사의 성별에 주의하자.

독일어에는 합성 명사가 매우 많습니다. 따라서 명사의 길이가 굉장히 길어질 수 있습니다. 명사를 합성하면서 발음상의 이유로 s와 같은 철자가 붙기도 합니다. 다양한 성별의 명사가 합성된 경우에도 남성, 여성, 중성 중 하나의 성을 가지게 되는데, 마지막에 쓰인 명사가 최종 성별을 결정합니다. 다음의 합성 명사로 알아보겠습니다.

Geburt + s +Tag + s + Geschenk = Geburtstagsgeschenk
   (탄생, 여성)   (일, 남성)   (선물, 중성)   생일 선물 (중성)

10 부정어의 위치가 다양하다.

독일어의 부정어 nicht의 위치는 한 가지로 정해져 있지 않습니다. 만약 부분적으로 부정할 것이 있다면 부정하고자 하는 부분 바로 앞에 nicht를 쓰면 됩니다.

문장 전체를 부정할 때 즉, 문장 내의 동사를 부정할 때의 원칙은 문장 맨 뒤에 nicht가 옵니다. 그러나 다음과 같은 예외가 있습니다.

- 전치사구가 있으면 **전치사구 앞에** nicht를 씁니다.

- 조동사 등의 이유로 **동사 원형이 있을 경우 동사 원형 앞에** nicht를 씁니다.

- 완료 및 수동태의 이유로 **과거 분사가 있을 경우 과거 분사 앞에** nicht를 씁니다.

- **형용사나 부사, 소유 관사를 부정하는 경우 그 앞에** nicht를 씁니다.

독일은 어떤 나라?

영국
네덜란드
벨기에
독일
베를린
폴란드
체코
오스트리아
스위스
프랑스
이탈리아
포르투갈
스페인

📍 **국가명** 독일 (Bundesrepublik Deutschland)

📍 **수도** 베를린 (Berlin)

📍 **면적** 357,380㎢ (한반도의 1.6배)

📍 **인구** 8,141만 명

📍 **종교** 신교(30.8%), 구교(31.5%), 이슬람교(4%)

📍 **GDP** 3.69조$

📍 **화폐 단위** 유로화(Euro)

출처 대한민국 외교부, The WORLD FACTBOOK (CIA)

이제 독일로
출발해 보자GO!

Hallo!
Ich heiße Julia.

TAG
01

Hallo!
Ich heiße Julia.

안녕! 나는 율리아라고 해.

▶ 1강

╲ 학습 목표
인사와 기본적인 자기소개를 할 수 있다.

╲ 공부할 내용
처음 만나 인사하기
국적 말하기
sein 동사
heißen 동사

╲ 주요 표현
Guten Tag!
Ich heiße Julia.
Ich bin Hana.

🎧 Track 01-01

 Dialog 1

하나와 율리아, 다니엘이 처음 만나 인사를 합니다.

Julia	Hallo! Ich heiße Julia.	**율리아**	안녕! 나는 율리아라고 해.
	할로 이히 하이쎄 율리아	**하나**	안녕! 나는 하나야.
Hana	Guten Tag! Ich bin Hana.	**율리아**	그리고 넌 이름이 뭐니?
	구튼 탁: 이히 빈 하나	**다니엘**	나의 이름은 다니엘 슈미트야.
Julia	Und wie heißt du?	**율리아**	만나서 반가워.
	운트 v비 하이슷 두:	**하나**	나도 만나서 반가워.
Daniel	Mein Name ist Daniel Schmidt.		
	마인 나:므 이스트 다니엘 슈미트		
Julia	Freut mich.		
	f프러이트 미히		
Hana	Freut mich auch.		
	f프러이트 미히 아우흐		

VOKA BELN **ich** (대명) 나는 **heiße** (동) ~(이)라고 불리다 (주어가 ich 일 때) **gut** (형) 좋은 (guten에서 en은 어미 변화) **r. Tag** (명) 날, 낮 **bin** (동) ~이다 (주어가 ich일 때) **und** (접) 그리고 **wie** (부) 어떻게 **heißt** (동) ~(이)라고 불리다 (주어가 du일 때) **du** (대명) 너는 **mein** 나의 **r. Name** (명) 이름 **ist** (동) ~이다 (주어가 3인칭 단수일 때) **Freut mich.** 만나서 반가워. **auch** (부) 역시, 또한

 • 포인트 잡GO!

❶ 독일어의 모든 명사의 첫 글자는 대문자로 적습니다.

❷ freuen f프러이엔 동사는 '~을(를) 기쁘게 하다'라는 뜻의 동사로, 'Freut mich. 반갑습니다.'는 앞에 주어 Es 또는 Das가 생략되어 처음 만난 사람에게 반가움을 전하는 표현입니다. 비슷한 말로 Angenehm. 안게네엠도 알아 두세요.

1 시간에 따라 인사하기

(Guten) Morgen!	구튼 모어겐	좋은 **아침**! (오전 인사. 보통 아침 11시 전까지)
(Guten) Tag!	구튼 탁:	좋은 **날**! (오후 인사. 보통 아침 11시경부터 해 질 무렵까지)
(Guten) Abend!	구튼 아벤트	좋은 **저녁**! (저녁 인사. 만났을 때)
(Gute) Nacht!	구트 나흐트	좋은 **밤**! (밤 인사. 헤어질 때. 잘 자라는 의미 포함)

> **Tipp** 완전한 문장은 'Ich wünsche dir / Ihnen einen guten Tag. 이히 v뷘쉐 디어 / 이:는 아이는 구튼 탁 나는 너에게 / 당신에게 좋은 한 날을 기원한다.'이며, 앞의 말을 모두 생략하고 간단하게 Guten Tag! / Abend!라고 말하는 형태입니다.

2 이름 묻기

v비: 하이쎈 지:		v비: 하이슷 두:	
Wie heißen Sie?	당신은 어떻게 불리나요?	**Wie heißt du?**	너는 어떻게 불리니?
v비: 이스트 이아 나:므		v비: 이스트 다인 나:므	
Wie ist Ihr Name?	당신의 이름은 어떻게 되세요?	**Wie ist dein Name?**	네 이름은 어떻게 돼?
v베아 진트 지:		v베아 비슷 두:	
Wer sind Sie?	당신은 누구십니까?	**Wer bist du?**	넌 누구니?

> **Tipp** 이름을 물어볼 때 의문사는 'Was v바스 무엇'이 아닌 'Wie v비: 어떻게'를 씁니다. 당신 또는 너의 이름이 '어떻게' 되는지 정중히 물어본다고 기억해 주세요.

3 이름 답하기

Ich bin Hana.	이히 빈 하나	**나는** 하나야.
Ich heiße Hana.	이히 하이쎄 하나	**나는** 하나라고 **해**.
Mein Name ist Hana.	마인 나:므 이스트 하나	**내 이름은** 하나야.

> **Tipp** 이름을 표현하는 문형 'Ich bin 이름', 'Ich heiße 이름', 'Mein Name ist 이름' 세 가지 모두 활용해 보세요.

SPRECHEN 말문 트 GO!

🎧 Track 01-02

 Dialog 2

하나와 알렉산드라는 어느 나라 사람인가요?

Hana	Bist du Lara? 비슷 두: 라흐라	하나 네가 라라니?
Alexandra	Nein, ich bin Alexandra. Wer bist du? 나인 이히 빈 알렉산드라 v베아 비슷 두:	알렉산드라 아니, 난 알렉산드라야. 너는 누구니?
Hana	Ich bin Hana. Bist du auch neu hier? 이히 빈 하나 비슷 두 아우흐 너이 히아	하나 나는 하나야. 너도 여기 새로 왔어?
Alexandra	Ja, ich bin neu hier. Bist du Chinesin? 야 이히 빈 너이 히아 비슷 두 히네:진	알렉산드라 응, 난 여기 새로 왔어. 너는 중국인이니?
Hana	Nein, ich bin Koreanerin. 나인 이히 빈 코흐레아너린	하나 아니, 나는 한국인이야.
Alexandra	Ach so, Entschuldigung! Ich bin 아흐 쏘 엔츌디궁 이히 빈 Italienerin. 이탈리에너흐린	알렉산드라 아 그렇구나, 미안! 나는 이탈리아인이야.
Hana	Aha. Mach nichts. 아하 마흐 니히츠	하나 아하. 괜찮아.

 VOKA BELN

nein 부정 아니, 아니요   **auch** 부 역시, 또한   **neu** 형 새로운   **hier** 부 여기   **Chinesin** 명 중국인(여)
Koreanerin 명 한국인(여)   **Entschuldigung!** 명 미안! / 실례합니다!   **Italienerin** 명 이탈리아인(여)
(Das) Macht nichts. 괜찮아. / 괜찮습니다.   **wer** 의문 누구, 누가

 ● 포인트 잡GO!

❶ 독일어로 국적을 나타낼 땐 남성의 경우 대부분 나라 이름에 -er을 붙이되 예외도 있습니다. 한국인은 남성의 경우 -er을 붙여 Koreaner, 여성의 경우 -erin을 붙여 Koreanerin이 됩니다.

    예 Japaner 야파:너 일본인(남) / Japanerin 야파:너린 일본인(여)

❷ 상대방이 실례나 사과를 표현하면 괜찮다는 의미의 대답으로 Das macht nichts. 라고 합니다. 직역하면 '그것은 아무것도 만들지 않는다.'입니다. 'Kein Problem! 카인 프흐로블렘 문제없어요! / 괜찮아요!'도 같은 의미로 쓰입니다.

1 **긍정, 부정 답하기**

(Hana) **Bist du Lara?** 비슷 두: 라흐라   네가 라라니?

긍정 **Ja, ich bin Lara.** 야 이히 빈 라흐라   응, 나는 라라야.

부정 **Nein, ich bin Alexandra.** 나인 이히 빈 알렉산드라   **아니**, 난 알렉산드라야.

Tipp 상대의 물음에 답할 때 긍정은 Ja 야 / 부정은 Nein 나인 으로 말합니다.

2 **국적 말하기**

Ich bin Koreaner. 이히 빈 코흐레아너   나는 **한국인(남)**이야.

Ich bin Italienerin. 이히 빈 이탈리에너린   나는 **이탈리아인(여)**이야.

Ich bin Deutsche. 이히 빈 더이췌   나는 **독일인(여)**이야.

3 **의문문 말하기**

Bist du Lara? 비슷 두: 라흐라   네가 라라니?

Heißt du Hana? 하이슷 두: 하나   네가 하나니?

Bist du neu hier? 비슷 두: 너이 히아   너 여기 새로 왔니?

Tipp 독일어 의문문 만들기는 아주 쉽습니다. 의문사가 있을 땐 '의문사-동사-주어?', 의문사가 없을 땐 '동사-주어?'
순서만 잘 지키면 됩니다.

문법 다지GO!

MERKEN

① sein 동사

'~이다'라는 뜻을 가진 sein 동사는 이름, 신분, 출신, 성격, 기분, 상태 등 다양한 표현을 하는 데 쓰입니다. sein 동사는 불규칙 동사이기 때문에 주어에 따른 어미 변화를 꼭 외워 둬야 합니다.

인칭대명사 (단수)		sein 동사	인칭대명사 (복수)		sein 동사
나는	ich 이히	bin 빈	우리는	wir v비아	sind 진트
너는	du 두	bist 비스트	너희는	ihr 이:아	seid 자이트
그는	er 에아		그들은	sie 지:	
그녀는	sie 지:	ist 이스트	당신은	Sie 지:	sind 진트
그것은	es 에스		당신들은		

Tipp 인칭대명사와 sein 동사 'ich bin', 'du bist'와 같이 통으로 여러 번 읽으며 연습하세요.

② 동사 어미 변화

독일어는 주격 인칭대명사에 따라 어미 변화가 있습니다. 동사 원형에서 -en 또는 -n으로 끝나는 어미 부분이 어떻게 변화하는지 기본 변화 규칙을 'kommen 오다' 동사로 익혀 보세요.

인칭대명사		어간	어미	인칭대명사		어간	어미
나는	ich 이히	komm	e 코메	우리는	wir v비아	komm	en 코멘
너는	du 두	komm	st 콤스트	너희는	ihr 이:아	komm	t 콤트
그는	er 에아			그들은	sie 지:		
그녀는	sie 지:	komm	t 콤트	당신은	Sie 지:	komm	en 코멘
그것은	es 에스			당신들은			

❸ heißen 동사

'heißen ~(이)라고 불리다'는 이름을 나타내는 동사입니다. 규칙 동사에 해당하지만 du가 주어일 때 -st가 아닌 -t만 붙여서 어미 변화합니다. 어간의 끝이 '-ß 에스체트'로 끝나므로 -st가 아닌 -t를 삽입해도 발음이 같습니다. 따라서 du - heißst가 아닌 du - heißt가 됩니다.

주어	heißen 변화형	주어	heißen 변화형
ich 이히	heiße 하이쎄	wir v비아	heißen 하이쎈
du 두	heißt 하이스트	ihr 이아	heißt 하이스트
er 에아		sie 지:	
sie 지:	heißt 하이스트		heißen 하이쎈
es 에스		Sie 지:	

Tipp Wie는 '어떻게'라는 의문사로, 'Wie heißt du?'는 직역하면 '너는 어떻게 불려?'가 되지만 '이름이 뭐야?', '이름이 뭐예요?' 정도로 해석하면 자연스럽습니다.

❹ 소유 관사

이름을 말할 때 '~의 이름은 ~이다'의 문형을 '이름'을 뜻하는 명사 'Name' 그리고 sein 동사로 표현할 수 있습니다. 이때 '~의'를 나타내는 소유 관사를 주격 인칭대명사에 알맞게 사용해야 합니다. 독일어의 소유 관사를 모두 알아볼까요?

	소유 관사 (단수)		소유 관사 (복수)
나의	mein- 마인	우리의	unser- 운자
너의	dein- 다인	너희의	euer- 어이아
그의	sein- 자인	그들의	ihr- 이:아
그녀의	ihr- 이:아		
그것의	sein- 자인	당신(들)의	Ihr- 이:아

예 ① A: Wie ist dein Name? v비 이스트 다인 나:므　너의 이름은 어떻게 되니?
　　 B: Mein Name ist Hana. 마인 나:므 이스트 하나　나의 이름은 하나야.

　 ② A: Wie ist Ihr Name? v비 이스트 이:아 나:므　당신의 이름은 어떻게 되나요?
　　 B: Mein Name ist Lara. 마인 나:므 이스트 라흐라　나의 이름은 라라입니다.

Tipp 존칭에 해당하는 소유 관사 'Ihr 당신(들)의'는 맨 앞글자를 대문자로 씁니다.

Aufgabe 1 녹음을 듣고, 빈칸에 알맞은 단어를 쓰세요. 🎧 Track 01-03

Julia: Hallo! Ich [ⓐ _____] Julia.

Hana: [ⓑ _____ _____]! Ich bin Hana.

Julia: Und wie [ⓒ _____] du?

Daniel: [ⓓ _____ _____] ist Daniel Schmidt.

Aufgabe 2 단어의 순서를 알맞게 배열하여 문장을 만들어 보세요.

ⓐ Ihr, Wie, ist, Name (당신의 이름이 어떻게 되세요?)

ⓑ Koreanerin, Ich, bin (나는 한국인(여)이야.)

ⓒ Name, Mein, ist, Hana (내 이름은 Hana야.)

ⓐ ⇨ _____ ?

ⓑ ⇨ _____ .

ⓒ ⇨ _____ .

Aufgabe 3 보기를 보고 빈칸에 알맞은 동사 변형 형태를 쓰세요.

> **보기**　　　**Ich bin Peter.**

ⓐ _____ du Peter?

ⓑ Er _____ Peter.

ⓒ Sie _____ Peter und Lara.

Aufgabe 4 아래의 문장을 독일어로 작문하고, 정답을 확인한 다음 올바른 문장을 소리 내어 말해 보세요.

> ⓐ 나는 Hana라고 불려.
> ⓑ 만나서 반가워.
> ⓒ 너의 이름은 어떻게 되니?
> ⓓ 당신은 누구십니까?

ⓐ ⇨ _____

ⓑ ⇨ _____

ⓒ ⇨ _____

ⓓ ⇨ _____

❶ ⓐ heiße ⓑ Freut mich ⓒ heißt ⓓ Mein Name

❷ ⓐ Wie ist Ihr Name? / ⓑ Ich bin Koreanerin. / ⓒ Mein Name ist Hana.

❸ ⓐ Bist ⓑ ist ⓒ sind

❹ ⓐ Ich heiße Hana. / ⓑ Freut mich. / ⓒ Wie heißt du? / ⓓ Wer sind Sie?

🎧 Track 01-04

⭐ 시간에 상관없이 인사하기

만났을 때

Hallo! 할로	안녕! / 안녕하세요!
Hallo! Wie geht's? 할로 v비: 게:엣츠	안녕! 어떻게 지내? (어떻게 지내세요?)
Hey! Alles klar? 헤이 알레스 클라:	헤이! 잘 지냈어?
Hey! Alles in Ordnung? 헤이 알레스 인 오얻눙	헤이! 다 괜찮은 거지?

> **Tipp** 아는 사람과 마주쳤을 때 습관처럼 안부를 주고받는 인사말입니다. 마음에 드는 인사 표현을 골라 연습해 보세요.
> Wie geht's는 Wie geht es의 줄임 표현입니다.

헤어질 때

Tschüs! 츄스	잘 가! / 안녕!
Ciao! (Tschau!) 챠오(챠우)	잘 가! / 안녕!
(Auf) Wiedersehen! (아우f) v비:더제엔	잘 가! / 잘 가요! (안녕! / 안녕히 계세요!)

> **Tipp** Ciao!는 이탈리아어에서 유래하였으며 독일어식으로는 Tschau 챠우!로 표기해요. Auf Wiedersehen에서 Auf
> 는 생략되기도 합니다.

Bis später! 비스 슈페에터	나중에 봐!
Bis dann! 비스 단	그때 봐!
Bis bald! 비스 발트	곧 보자!
Bis gleich! 비스 글라이히	조금 있다 보자!
Bis nachher! 비스 나흐헤아	나중에 봐!
Bis morgen! 비스 모어겐	내일 봐!
Bis Samstag! 비스 잠스탁:	토요일에 봐!

> **Tipp** bis는 '~까지'라는 뜻의 전치사예요. 어떤 시점을 동반하면 직역했을 때 '~ 때까지 잘 지내'라는 의미로, '~ 때 보
> 자!'가 됩니다. 헤어질 때 bis를 넣어서 다양하게 인사할 수 있겠죠?

DEUTSCHLAND

독일 만나GO!

 독일의 인기 있는 아이 이름 TOP 10

♀ 리나라에서는 아기의 이름을 지을 때 한글 발음, 한자 의미, 어감 등 여러 가지 요소를 고려하여 다양하게 짓습니다. 이와 달리 독일은 특이하거나 새로운 이름을 지어 내는 경우가 드물며 오히려 한정된 이름 목록이 있을 정도예요. 자연히 같은 이름을 가진 사람도 매우 많겠죠? 그중에서도 최근 인기가 높은 이름은 무엇인지 알아볼게요.

남자아이			여자아이		
1	Ean	에안	1	Burglind	부어클린트
2	Markus	마쿠스	2	Isabella	이자벨라
3	Patrik	파트흐릭	3	Leila	라일라
4	Jonte	욘트	4	Lani	라니
5	Milan	밀란	5	Samara	자마흐라
6	Bent	벤트	6	Vera	v베흐라
7	Rouven	흐루v벤	7	Nelli	넬리
8	Aljoscha	알요샤	8	Fee	f페에
9	Johnny	요니	9	Gloria	글로흐리아
10	Said	자이트	10	Renesmee	흐레네스메

* 출처: www.vorname.com

// 참고로 독일인들의 성씨는 직업 명사, 형용사 등 다양한 단어에서 유래했습니다. 예를 들면 본문에 나왔던 Schmidt라는 성은 대장장이를 뜻하는 직업 명사 Schmied에서 유래되었으며, Klein이라는 성은 '작은'이라는 형용사입니다. 또한 남자의 성 앞에는 영어의 Mr.에 해당하는 호칭인 Herr를 붙이고, 여성의 성 앞에는 Frau를 붙여서 '~씨'를 나타냅니다. 친한 사이일 경우 이름을 부르고, 상대적으로 격식이 있으며 존대를 하는 사이에서는 Herr나 Frau를 사용해 대화한답니다.

Woher kommst du?

Woher kommst du?

넌 어디에서 왔어?

▶ 2강

﹨ **학습 목표**

자신의 출신지 및 거주지, 전공을
말할 수 있다.
독일어의 기본 평서문 어순을
파악한다.

﹨ **공부할 내용**

출신지와 거주지 묻고 답하기
의문사 의문문
sprechen 동사
전치사 aus
전치사 in

﹨ **주요 표현**

Ich komme aus Korea.
Ich wohne in Seoul.
Ich studiere Germanistik.

SPRECHEN

🎧 Track 02-01

 Dialog 1

하나는 서울에서, 알렉산드라는 로마에서 왔어요.

Hana	Alexandra, woher kommst du?
	알렉산드라 v보헤아 콤슷 두:
Alexandra	Ich komme aus Italien. Und du?
	이히 콤메 아우스 이탈:리엔 운 두:
Hana	Ich komme aus Korea.
	이히 콤메 아우스 코흐레아
Alexandra	Kommst du aus Südkorea?
	콤슷 두 아우스 쥐트코흐레아
Hana	Ja, wo wohnst du in Italien?
	야 v보 v보온슷 두: 인 이탈:리엔
Alexandra	Ich wohne in Rom. Und du? Wohnst du
	이히 v보오네 인 롬 운 두: v본슷 두:
	in Seoul?
	인 서울
Hana	Ja, ich wohne in Seoul.
	야 이히 v보오네 인 서울

하나	알렉산드라, 넌 어디에서 왔어?
알렉산드라	난 이탈리아에서 왔어. 너는?
하나	나는 한국에서 왔어.
알렉산드라	남한에서 온 거야?
하나	응, 넌 이탈리아 어디에서
	살아?
알렉산드라	난 로마에 살아. 너는?
	넌 서울에 사니?
하나	응, 난 서울에 살아.

VOKA BELN

woher 🔳 어디로부터, 어디에서 **kommen** 🔳 오다 **s. Italien** 🔳 이탈리아 **aus** 🔳 ~(으)로부터 **wo** 🔳 어디에 **wohnen** 🔳 살다, 거주하다 **in** 🔳 ~에

 • 포인트 잡GO!

❶ 만약 독일에서 그냥 'Korea 한국'에서 왔다고 말하면 남한과 북한 중 어디에서 오는지 다시 질문을 받을 수도 있습니다. 그럴 땐 'Südkorea 남한'에서 왔다고 하면 됩니다. 북한은 Nordkorea 노어트코흐레아라고 합니다.

❷ 이번 과에서 배울 전치사는 aus 아우스와 in 인이 있습니다. 독일어가 가지고 있는 전치사의 특징은 격지배가 이루어진다는 점입니다. 격지배란 어떤 전치사 다음에 몇 격이 나올지 정해져 있다는 개념입니다. aus는 3격 지배 전치사, in은 3·4격 지배 전치사라고 우선 알아 두세요.

1 어디에서 왔는지 말하기

Woher kommen Sie? v보헤아 콤믄 지: 당신은 **어디에서 오셨나요?**

Woher kommst du? v보헤어 콤슷 두: 너는 **어디에서 왔니?**

Ich komme aus Korea. 이히 콤메 아우스 코흐레아   전 **한국에서** 왔어요.

Ich bin aus Korea. 이히 빈 아우스 코흐레아   난 **한국에서** 왔어.

> **Tipp** 출신지를 말할 땐 kommen 동사와 aus 전치사를 같이 쓰면 됩니다. 이때 kommen 동사 대신에 sein 동사를 사용할 수도 있습니다. 또는 1과에서처럼 'Ich bin Koreaner(in). 나는 한국인입니다.'라고 표현할 수도 있습니다.

2 어디에 사는지 말하기

Wo wohnen Sie? v보 v보오넨 지: 당신은 **어디에 사시나요?**

Wo wohnst du? v보 v보온슷 두: 너는 **어디에 살아?**

Ich wohne in Seoul. 이히 v보오네 인 서울   **나는** 서울에 **삽니다.**

> **Tipp** '동사 'wohnen ~에 거주하다, 살다'+전치사 in+장소명'으로 어디에 사는지 말해 보세요. wohnen 동사와 비슷한 leben 동사로도 말할 수 있습니다. wohnen과 leben 모두 규칙 동사입니다. 전치사는 명사나 대명사, 부사 앞에 위치하며 명사, 대명사, 부사와의 위치, 시간, 방향, 소유 등의 관계를 나타냅니다.

말문 트GO!

SPRECHEN

🎧 Track 02-02

 Dialog 2

율리아와 하나는 공강 시간에 함께 식사를 합니다.

Julia	Guten Appetit! 구튼　아페티트
Hana	Danke, gleichfalls! 당케　글라이히f팔스
Julia	Hana, was studierst du denn? 하나　v바스　슈투디어슷　두　덴
Hana	Ich studiere Germanistik. 이히　슈투디어흐레　게어마니스틱
Julia	Ach, deshalb sprichst du schon so 아흐　데스할프　슈프히리슷　두　숀　조 gut Deutsch! 굳　더이취
Hana	Haha. Danke. 하하　당케

율리아　맛있게 먹어!
하나　고마워, 너도!
율리아　하나야, 넌 뭘 전공해?
하나　나는 독어 독문학을 전공해.
율리아　아, 그래서 독일어를 벌써 그렇게
　　　잘하는구나!
하나　하하. 고마워.

VOKA BELN　**r. Appetit** 명 식욕　**Guten Appetit!** 맛있게 먹어!　**Danke.** 고마워.　**gleichfalls** 부 마찬가지로

was 의문 무엇　**studieren** 동 (대학에서) 전공하다　**denn** 부 도대체　**e. Germanistik** 명 독어 독문학

deshalb 부 그래서　**sprechen** 동 말하다 (불규칙 동사)　**so** 부 그렇게　**gut** 형 좋은

s. Deutsch 명 독일어

 ● 포인트 잡GO!

❶ Guten Appeitit!는 직역하면 좋은 식욕을 기원한다는 뜻으로, '맛있게 드세요!', '많이 드세요!'를 뜻하는
관용적 표현입니다.

❷ studieren 동사는 일반적인 '공부하다'의 의미가 아니라 '대학에서 공부하다' 즉, '~을(를) 전공하다'라는
의미로 반드시 구분해서 기억해 주세요. 일반적인 '공부하다', '배우다'는 동사 lernen 레어넨 입니다.

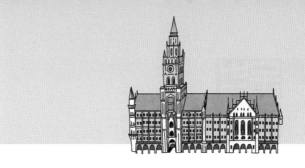

① 식사 전 대화하기

Guten Appetit! 구튼 아페티트   맛있게 먹어! / 맛있게 드세요!

Danke, gleichfalls! 당케 글라이히f팔스   고마워, 너도! / 고마워요, 당신도요!

> **Tipp** 식사 자리에서 상대방이 식사를 시작하기 전 건네는 말로, 친한 사이와 존대하는 사이에서 모두 쓸 수 있는 표현입니다. 대답으로는 똑같이 Guten Appetit! 해도 좋고, '당신도요.', '마찬가지로요.'라는 의미로 'Gleichfalls.'라고 말해도 좋습니다.

② 의문사 의문문 말하기

Was studierst du? v바스 슈투디어슷 두: 넌 **뭘** 전공해?

Was sprichst du? v바스 슈프흐리히슷 두: 넌 **무엇을** (어떤 언어를) 하니?

> **Tipp** 의문사 의문문은 '의문사-동사-주어?'순으로 만들면 됩니다.

문법 다지GO!

📍 MERKEN

❶ 독일어의 의문사

지금까지 1, 2과에 등장한 의문사를 포함하여 독일어에 어떤 의문사가 있는지 살펴보세요.

Wann	언제	Wie	어떻게
Warum	왜	Was	무엇을
Wer	누가	Wo	어디에
Woher	어디로부터 (어디에서)	Wohin	어디로 향해

❷ 평서문 어순

독일어의 평서문 기본 어순은 '주어+동사+기타 성분'입니다. 평서문에서 동사가 두 번째 자리에 위치한다는 원칙은 독일어 문법에서 간단하지만 매우 중요한 사항입니다.

1	2	3
Ich	**studiere**	Germanistik.
주어	**동사**	목적어

평서문에서 주어는 일반적으로 맨 앞에 나오지만, 반드시 그렇지 않아도 괜찮습니다. 주어와 동사 다음에 제시되는 문장 성분 중 강조하려는 것을 맨 앞에 위치시킬 수 있는데, 아래와 같이 목적어를 맨 앞으로 꺼내 보겠습니다.

1	2	3
Germanistik	**studiere**	ich.
목적어	**동사**	주어

이때 동사의 위치는 변함없이 두 번째 자리라는 점을 잊지 마세요. 본문에 등장했던 문장과 같이 부사가 맨 앞에 와도, 동사는 당연히 두 번째 자리입니다.

1	2	3	4		
Deshalb	**sprichst**	du	so	gut	Deutsch!
부사	**동사**	주어	기타 성분		

③ sprechen 동사

'sprechen 말하다'는 du, er / sie / es가 주어로 왔을 때 어간의 e가 i로 바뀌는 불규칙 동사입니다. 주격 인칭대명사에 따른 변화형을 표로 익히세요.

주격 인칭대명사	sprechen 변화형	주격 인칭대명사	sprechen 변화형
ich 이히	spreche 슈프레헤	wir v비:아	sprechen 슈프레헨
du 두:	sprichst 슈프리히스트	ihr 이:아	sprecht 슈프레히트
er 에:아 sie 지: es 에스	spricht 슈프리히트	sie 지: Sie 지:	sprechen 슈프레헨

> **Tipp** 3인칭 단수 er / sie / es와 2인칭 복수 ihr는 어간에 -t를 붙이는 규칙이 있어 얼핏 보면 같은 규칙에 따라 어미 변화를 하는 것 같지만, 일반적인 불규칙 동사는 2인칭 단수와 3인칭 단수에서만 불규칙이 일어납니다. 또한 ihr는 정말로 어간에 -t만 붙이므로 규칙을 잘 지키는 주어라고 기억해 두세요.

④ sprechen과 같은 방식으로 불규칙 변화하는 동사

sprechen과 같이 주어가 du, er / sie / es일 때 어간의 e가 i로 바뀌는 불규칙 동사를 추가로 배워 보겠습니다.

주격 인칭대명사	geben ~에게 ~을(를) 주다	helfen ~에게 도와주다	essen ~을(를) 먹다
ich	gebe	helfe	esse
du	gibst	hilfst	isst
er / sie / es	gibt	hilft	isst
wir	geben	helfen	essen
ihr	gebt	helft	esst
sie / Sie	geben	helfen	essen

Aufgabe 1 녹음을 듣고, 빈칸에 알맞은 단어를 쓰세요.　🎧 Track 02-03

> Hana: Alexandra, [ⓐ ＿＿＿＿＿＿] kommst du?
>
> Alexandra: Ich komme [ⓑ ＿＿＿＿＿＿] Italien. Kommst du aus Südkorea?
>
> Hana: Ja, wo [ⓒ ＿＿＿＿＿＿] du in Italien?

Aufgabe 2 단어의 순서를 알맞게 배열하여 문장을 만들어 보세요.

> ⓐ Sie, kommen, Woher (당신은 어디에서 오셨나요?)
>
> ⓑ Wohnst, Seoul, in, du (넌 서울에 사니?)
>
> ⓒ studierst, du, Was (넌 무엇을 전공하니?)

ⓐ ⇨ ＿＿＿＿＿＿＿＿＿＿＿＿＿＿＿＿＿＿＿＿＿＿＿＿＿＿＿＿ ?

ⓑ ⇨ ＿＿＿＿＿＿＿＿＿＿＿＿＿＿＿＿＿＿＿＿＿＿＿＿＿＿＿＿ ?

ⓒ ⇨ ＿＿＿＿＿＿＿＿＿＿＿＿＿＿＿＿＿＿＿＿＿＿＿＿＿＿＿＿ ?

Aufgabe3 보기를 보고 빈칸에 알맞은 동사 변형 형태를 쓰세요.

> **보기**　　　Ich **spreche** Deutsch.

ⓐ　Was _____ du?

ⓑ　Er _____ Koreanisch.

ⓒ　_____ Sie Deutsch?

Aufgabe4 아래의 문장을 독일어로 작문하고, 정답을 확인한 다음 올바른 문장을 소리 내어 말해 보세요.

> ⓐ 난 한국에서 왔어.
> ⓑ 당신은 어디에 사세요?
> ⓒ 맛있게 먹어!

ⓐ ⇨ _____

ⓑ ⇨ _____

ⓒ ⇨ _____

❶ ⓐ woher ⓑ aus ⓒ wohnst

❷ ⓐ Woher kommen Sie? / ⓑ Wohnst du in Seoul? / ⓒ Was studierst du?

❸ ⓐ sprichst ⓑ spricht ⓒ Sprechen

❹ ⓐ Ich komme aus (Süd)korea. / ⓑ Wo wohnen Sie? / ⓒ Guten Appetit!

🎧 Track 02-04

여러 나라의 이름과 국민을 독일어로 말해 보세요.

국가	명사	국민(남성)	국민(여성)
대한민국	Korea 코흐레아	Koreaner 코흐레아너	Koreanerin 코흐레아너린
독일	Deutschland 더이췰란트	Deutscher 더이춰	Deutsche 더이췌
오스트리아	Österreich 외스터흐라이히	Österreicher 외스터라이허	Österreicherin 외스터라이혀린
스위스	die Schweiz 디 슈v바이츠	Schweizer 슈v바이처	Schweizerin 슈v바이처린
미국	Amerika 아메흐리카	Amerikaner 아메흐리카너	Amerikanerin 아메흐리카너린
중국	China 히:나	Chinese 히네:제	Chinesin 히네:진
일본	Japan 야:판	Japaner 야파:너	Japanerin 야파:너린
프랑스	Frankreich f프랑크흐라이히	Franzose f프흐란초제	Französin f프흐란최진
스페인	Spanien 슈파:니엔	Spanier 슈파:니어	Spanierin 슈파:니어린

* 미국은 'die USA 디:우에스아'라고도 말합니다.

독일의 인기 대학

// Heidelberg 대학교

1386년에 설립되어 독일에서 가장 오래된 대학이자 국립 종합 대학교인 이 학교의 정식 명칭은 '루프레히트 카를스 하이델베르크 대학교 Ruprecht-Karls-Universität Heidelberg'입니다. 독일 서남부 바덴뷔르템베르크주에 위치해 있습니다. 하이델베르크 대학교는 2013년까지 노벨상 수상자 수로 세계 13위, 유럽에서 4위, 독일 내에서 1위를 기록하고 있는 명문 대학입니다. 2012년 뉴욕타임즈 대학 평가에 따르면 고용 부문에서 하이델베르크 대학은 13위를 기록한 바 있습니다.

// Berlin 예술 대학교

음악 대학 유학을 원하는 학생이라면 한번쯤 들어 보았을 법한 베를린의 명문 예술 대학교입니다. 정식 명칭은 '우니베어지테트 데어 퀸스테 Universität der Künste'로, UDK라고 줄여서 많이 부릅니다. 예술 방면 교육의 질이 유럽에서도 최상위권에 속하는 것으로 알려져 있습니다. 음악 관련 학과뿐만 아니라 미술, 공연, 건축 등 다양한 분야를 전공할 수 있는 학교입니다.

// Köln 체육 대학교

체육 단과 대학인 '더이췌 슈포어트호흐슐레 쾰른 Deutsche Sporthochschule Köln'은 스포츠와 관련된 모든 것을 배울 수 있는 학교라고 해도 과언이 아닙니다. 전 세계적으로 스포츠 마케팅, 재활 치료 등을 배우려는 학생들에게 선호도가 높습니다. 독일은 대학 학비가 전반적으로 저렴한 편이어서, 미국이나 영국의 유명한 체육대학 유학 비용에 부담을 느끼는 유학 준비생들에게 더욱 인기를 얻고 있습니다.

◀ Heidelberg 대학교

Was sind Sie von Beruf?

TAG
03

Was sind Sie von Beruf?

직업이 뭐예요?

▶ 3강

＼ 학습 목표

전입 신고에 관한 표현을 할 수 있다.
직업, 전공에 대해 묻고 답할 수 있다.
공손하게 요청, 부탁을 말할 수 있다.
가족을 간단히 소개할 수 있다.

＼ 공부할 내용

화법조동사 möchten, müssen
명사의 성, 수, 격

＼ 주요 표현

Was sind Sie von Beruf?
Ich studiere Germanistik an der Uni.
Berlin.
Was machen deine Eltern?

SPRECHEN

말문 트GO!

Track 03-01

Dialog 1

유학생인 하나는 독일 관청에 전입 신고를 하러 갑니다.

Hana Guten Tag, ich möchte mich anmelden.
구:튼 타악 이히 뫼히테 미히 안멜덴

Beamter Ja, Sie müssen dann das Formular ausfüllen.
야 지: 뮈쎈 단 다스 f포물라: 아우스f퓔렌

Hana Hier, bitte.
히:어 비테

Beamter Was machen Sie hier in Deutschland?
v바스 마흐엔 지: 히:어 인 더이칠란트
Was sind Sie von Beruf?
v바스 진트 지: f폰 베:흐루f프

Hana Ich studiere hier.
이히 슈투디:어흐레 히:어

Beamter Ach so, schön. Wo und was studieren Sie?
아흐 조 쇼앤 v보: 운트 v바스 슈투디:어흐렌 지:

Hana Ich studiere Germanistik an der Uni. Berlin.
이히 슈투디:어흐레 게어마니스틱 안 데어 우니 베알린

하나 안녕하세요. 전입 신고를 하고 싶어요.
공무원 네, 그럼 이 서류를 작성하셔야 해요.
하나 여기 있습니다.
공무원 여기 독일에서 무엇을 하시나요? 직업이 뭐예요?
하나 전 여기서 대학교를 다녀요.
공무원 그렇군요, 좋네요. 어디에서 무엇을 전공하세요?
하나 베를린 대학교에서 독어 독문학을 전공하고 있습니다.

VOKABELN

sich anmelden 동 전입 신고하다, 등록하다 **möchten** 조동 ~하고 싶다, 원하다 (+동사 원형) **müssen** 조동 ~해야 한다 (+동사 원형) **dann** 부 그러면 **s. Formular** 명 양식, 서류 **ausfüllen** 동 기입하다, 작성하다 **machen** 동 하다 **von Beruf** (=beruflich) 직업상, 직업적으로 **schön** 형 좋은 **e. Uni.** 'Universität 대학교'의 줄임말 **an** 전 ~에서

• 포인트 잡GO!

❶ 외국인이 독일에 여행 외의 목적으로 체류하는 경우 반드시 'Anmeldung 안멜둥 거주지 등록' 즉, 전입 신고를 해야 합니다.

❷ 직업을 묻는 표현 'Was+sein 동사+주어+von Beruf?'에서 Was는 '무엇', von Beruf는 '직업상, 직업적으로'라는 뜻입니다. 만약 그(er)의 직업을 묻는다면 Was ist er von Beruf?라고 활용해서 말하면 됩니다. von Beruf는 beruflich로 바꿔 쓸 수 있으며, 생략해도 됩니다.

❸ 전치사 an이 '~에'라는 뜻으로 쓰이면 3격을 지배하며, '~(으)로'라는 뜻으로 쓰여서 4격을 지배할 수도 있습니다. Uni.는 여성 명사로 여성 3격의 정관사 형태가 der입니다.

1 **직업 묻고 답하기**

Was sind Sie **von Beruf?** v바스 진트 지: f폰 베:흐루f프   당신은 **직업이** 뭐예요?

Was bist du **von Beruf?** v바스 비슷 두 f폰 베:흐루f프   너는 **직업이** 뭐야?

Ich **studiere.** 이히 슈투디:어흐레   저는 **대학교를 다녀요.**

Ich bin **Student(in).** 이히 빈 슈투덴트(틴)   난 **남(여)대생**이야.

> **Tipp** 직업을 묻는 표현으로 'Was machen Sie (beruflich)?'도 쓸 수 있습니다. 직업이 무엇인지 대답할 땐 관사 없이 'Ich bin 직업명' 또는 'Ich arbeite als ~ ~(으)로 일하다'로 말해 보세요.

2 **공손하게 요청하기**

Ich möchte mich anmelden. 이히 뫼히테 미히 안멜덴   **저는** 전입 신고를 하고 **싶습니다.**

Ich möchte Kaffee trinken. 이히 뫼히테 카f페: 트흐링켄   **저는** 커피를 마시고 **싶어요.**

> **Tipp** möchten 동사를 사용하여 원하는 것을 공손하게 요청, 부탁할 수 있습니다. 동사 원형과 함께 쓰며 이때 동사 원형은 문장 맨 뒤에 위치합니다. anmelden은 재귀 동사로 'Ich möchte mich anmelden.'을 직역하면 '나는 나 자신을 신고하고 싶다.'라는 의미로, 독일에서 전입 신고를 할 때 쓰는 표현이 됩니다.

SPRECHEN

 Track 03-02

💬 **Dialog 2**

율리아는 하나의 가족사진을 보고 있습니다.

Julia	Ist das dein Familienfoto? 이슷 다스 다인 f파밀리엔f포:토
Hana	Ja, das ist mein Vater und das ist 야 다스 이슷 마인 f파:터 운트 다스 이슷 meine Mutter. 마이느 무터
Julia	Was machen deine Eltern? v바스 마흔 다이느 엘터은
Hana	Mein Vater arbeitet bei einer Firma und 마인 f파:터 아으바이텥 바이 아이너 f피어마 운트 meine Mutter ist Lehrerin. 마이느 무터 이슷 레흐러흐린
Julia	Ach was, meine Mutter ist auch 아흐 v바스 마이느 무터 이슷 아우흐 Lehrerin und mein Vater arbeitet als 레흐러흐린 운트 마인 f파:터 아으바이텥 알스 Arzt. 아:츠트

율리아 이게 너의 가족사진이니?

하나 응, 이 분이 나의 아빠고
이 분이 나의 엄마야.

율리아 너의 부모님은 뭘 하셔?

하나 나의 아빠는 한 회사에서 일하시고
나의 엄마는 선생님이셔.

율리아 뭐야, 나의 엄마도 선생님인데
그리고 나의 아빠는 의사로 일하셔.

 VOKABELN

s. Familienfoto 몡 가족사진 **r. Vater** 몡 아빠 **e. Mutter** 몡 엄마 **pl. Eltern** 몡 부모님 (항상 복수)
arbeiten 동 일하다 **bei** 전 (회사)에서 **e. Firma** 몡 회사 **e. Lehrerin** 몡 선생님(여) **als** 분 ~로서
r. Arzt 몡 의사

🎯 **• 포인트 잡GO!**

❶ das는 '이것', '저것'이라고 해석하며 뒤에 오는 사람이나 사물을 소개 또는 설명할 때 'Das ist 단수 명사'로 말합니다. 뒤에 오는 명사가 복수일 경우 'Das sind 복수 명사'로 말할 수 있습니다.

❷ 소유 관사는 수식하는 명사의 성, 수, 격에 따라 어미 변화를 합니다. 단수 명사를 수식하는 경우 부정 관사의 어미 변화, 복수 명사를 수식하는 경우 정관사 어미 변화에서 따 온 어미 변화가 일어납니다. 우선 소유 관사 뒤 여성 명사나 복수 명사가 올 경우 소유 관사 뒤에 -e를 붙인다고 간단히 알아 두세요.

예 mein Vater 나의 아빠(남성) / mein**e** Mutter 나의 엄마(여성) / mein**e** Eltern 나의 부모님(복수)

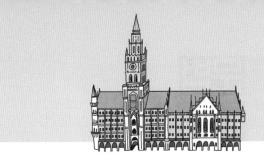

1 가족 소개하기

Das ist mein Vater. 다스 이슷 마인 f파:터   **이 분이** 저의 아빠**입니다.** (나의 아빠야.)

Das ist meine Mutter. 다스 이슷 마이느 무터   **이 분이** 저의 엄마**입니다.** (나의 엄마야.)

> **Tipp** (나와 관계있는) 사람을 소개할 때 'Das ist (mein/e) 사람.'이라고 말하면 됩니다.

2 가족의 직업 말하기

Mein Vater arbeitet **bei einer Firma.**   나의 아빠는 **한 회사에서** 일하신다.

마인 f파:터 아으바이텥 바이 아이너 f피어마

Meine Mutter ist **Lehrerin.** 마이느 무터 이슷 레흐러흐린   나의 엄마는 **선생님**이다.

> **Tipp** 직업명, 신분명 앞에는 관사를 쓰지 않습니다. 직장을 나타낼 경우 3격 지배 전치사 'bei ~에서'로 말합니다. ein-은 '하나의'라는 뜻을 가진 부정 관사이며, 뒤에 수식하는 성, 수, 격에 따라 어미 변화가 있습니다. Firma는 여성 명사로 bei 때문에 3격 지배를 받아 여성 3격 부정 관사인 einer가 된 형태입니다.

문법 다지GO!

① 화법조동사 möchte / müssen

화법조동사란 '~할 수 있다', '~해야 한다', '~할 것이다' 등의 의미를 나타내는 조동사입니다. 본동사는 동사 원형 형태를 취하며 문장 맨 뒤에 위치합니다. 화법조동사는 모두 불규칙 동사로, 주격 인칭대명사 에 따른 변화형을 숙지해야 합니다. 화법조동사에서는 ich의 변화와 er / sie / es의 변화가 항상 같습니다. 아래의 표와 예문으로 익혀 보세요.

주격 인칭대명사	möchte ~하고 싶다	müssen ~해야 한다
ich	möchte	muss
du	möchtest	musst
er / sie / es	möchte	muss
wir	möchten	müssen
ihr	möchtet	müsst
sie / Sie	möchten	müssen

예 Ich **möchte** hier schlafen. 이히 뫼히테 히:어 슐라:f펜   나는 여기에서 자고 **싶다**.

Musst du jetzt gehen? 무슷 두: 예츠트 게:엔   너는 지금 가**야 하니**?

Er **möchte** in Deutschland arbeiten.   그는 독일에서 일하고 **싶다**.
에어 뫼히테 인 더이췰란트 아으바이튼

② 명사의 성과 수

독일어에서 모든 명사는 남성, 여성, 중성 중 하나의 성을 가집니다. 따라서 명사의 성을 모두 알아야 합니다. 명사들 중 -er, -or로 끝나면 남성 명사가 많다거나, -e로 끝나면 여성 명사가 많은 등 어느 정도의 규칙성은 있습니다. 또한 명사에는 단수형과 복수형이 존재하는데, 복수형을 만드는 방법은 여러 가지 이며 규칙도 다양합니다. **Ready!**의 복수형 만들기 부분을 다시 한 번 짚어 보세요. 규칙을 개별적으로 외우기보다는 명사 단어 하나하나를 학습할 때 의미, 성별, 복수 형태까지 통으로 암기하는 것이 효과적 입니다.

③ 명사의 격과 관사 어미 변화

한국어의 조사 개념이 독일어에서는 격이라고 할 수 있습니다. '은, 는, 이, 가'의 조사가 붙으면 주격(1격) / '~의'는 소유격(2격) / '~에게'는 여격(3격)/ '~을(를)'은 목적격(4격)입니다. 또한 독일어에서 명사는 거의 대부분 관사와 함께 씁니다. 먼저 대표적으로 특정한 것을 가리키거나 이미 언급한 것, 잘 알려진 것을 언급하는 '정관사'가 있습니다. 반면 불특정한 것, 처음 언급하는 것에 쓰이는 관사는 '부정 관사'입니다. 우선 정관사를 붙인 명사의 격 변화표를 살펴보세요.

격/성·수	남성	여성	중성	복수
주격(1격) /은, 는, 이, 가/	der Vater 그 아빠가	die Mutter 그 엄마가	das Kind 그 아이는	die Leute 그 사람들은
소유격(2격) /~의/	des Vaters 그 아빠의	der Mutter 그 엄마의	des Kindes 그 아이의	der Leute 그 사람들의
여격(3격) /~에게/	dem Vater 그 아빠에게	der Mutter 그 엄마에게	dem Kind 그 아이에게	den Leuten 그 사람들에게
목적격(4격) /~을(를)/	den Vater 그 아빠를	die Mutter 그 엄마를	das Kind 그 아이를	die Leute 그 사람들을

위의 표와 같이 명사의 성, 수, 격에 따라 관사도 변화합니다. 격은 해석을 통하여 붙게 되는 조사로 파악하거나, 전치사의 격 지배로 결정되기도 합니다.

부정 관사 어미 변화표도 살펴보세요.

격/성·수	남성	여성	중성	복수
주격(1격) /은, 는, 이, 가/	ein Vater 한 아빠가	eine Mutter 한 엄마가	ein Kind 한 아이가	
소유격(2격) /~의/	eines Vaters 한 아빠의	einer Mutter 한 엄마의	eines Kindes 한 아이의	없음
여격(3격) /~에게/	einem Vater 한 아빠에게	einer Mutter 한 엄마에게	einem Kind 한 아이에게	
목적격(4격) /~을(를)/	einen Vater 한 아빠를	eine Mutter 한 엄마를	ein Kind 한 아이를	

* 남성 명사나 중성 명사가 2격으로 쓰일 때 명사 뒤에도 -s / -es를 붙여야 합니다.
* 복수가 3격으로 쓰일 땐 명사 뒤에 -n을 붙여야 합니다.

> **Tipp** 본문에 나왔던 문장의 정관사 변화를 분석해 볼까요?
> Ich studiere Germanistik an **der** Uni. Berlin. (an+3격 지배, 여성 → der)
> Sie müssen dann **das** Formular ausfüllen. (이 서류를 / 중성, 4격 → das)
> Mein Vater arbeitet bei **einer** Firma. (bei+3격 지배, 여성 → einer)

Aufgabe 1 녹음을 듣고, 빈칸에 알맞은 단어를 쓰세요.

🎧 Track 03-03

Hana: Guten Tag, ich möchte mich [ⓐ _____].

Beamter: Ja, Sie müssen dann [ⓑ _____ _____] ausfüllen.

Hana: Hier, bitte.

Beamter: Was machen Sie hier in Deutschland?
　　　　　Was sind Sie von Beruf?

Hana: Ich [ⓒ _____] hier.

Aufgabe 2 단어의 순서를 알맞게 배열하여 문장을 만들어 보세요.

ⓐ sind, Was, von, Beruf, Sie (직업이 무엇입니까?)

ⓑ deine, Was, machen, Eltern (너의 부모님은 뭘 하셔?)

ⓒ Germanistik, an, Ich studiere, der, Uni. (나는 대학교에서 독어 독문학을 전공해.)

ⓐ ⇨ _____ ?

ⓑ ⇨ _____ ?

ⓒ ⇨ _____ .

Aufgabe 3 보기를 보고 빈칸에 알맞은 관사 변형 형태를 쓰세요.

> **보기**　　　Ich studiere Germanistik an **der** Uni.

ⓐ　Sie müssen dann d_____ Formular ausfüllen.

ⓑ　Mein Vater arbeitet bei ein_____ Firma.

Aufgabe 4 아래의 문장을 독일어로 작문하고, 정답을 확인한 다음 올바른 문장을 소리 내어 말해 보세요.

> ⓐ 전입 신고를 하고 싶어요.
>
> ⓑ 이 분이 나의 아빠고, 이 분이 나의 엄마야.
>
> ⓒ 나의 엄마는 선생님이셔.
>
> ⓓ 당신은 여기 독일에서 뭘 하시나요?

ⓐ ⇨ _____

ⓑ ⇨ _____

ⓒ ⇨ _____

ⓓ ⇨ _____

❶ ⓐ anmelden ⓑ das Formular ⓒ studiere

❷ ⓐ Was sind Sie von Beruf? / ⓑ Was machen deine Eltern? / ⓒ Ich studiere Germanistik an der Uni.

❸ ⓐ as ⓑ er

❹ ⓐ Ich möchte mich anmelden. / ⓑ Das ist mein Vater und das ist meine Mutter. / ⓒ Meine Mutter ist Lehrerin.
　　/ ⓓ Was machen Sie hier in Deutschland?

어휘 늘리GO!

🎧 Track 03-04

 다양한 직업명

의미	남성 (복수형)	여성 (복수형)
교사	Lehrer (Lehrer)	Lehrerin (Lehrerinnen)
의사	Arzt (Ärzte)	Ärztin (Ärztinnen)
간호사	Krankenpfleger (Krankenpfleger)	Krankenschwester (Krankenschwestern)
판매원	Verkäufer (Verkäufer)	Verkäuferin (Verkäuferinnen)
회사원	* Angestellter (Angestellten)	Angestellte (Angestellten)
공무원	*Beamter (Beamten)	Beamte (Beamten)
요리사	Koch (Köche)	Köchin (Köchinnen)
택시 기사	Taxifahrer (Taxifahrer)	Taxifahrerin (Taxifahrerinnen)
주부	Hausmann (Hausmänner)	Hausfrau (Hausfrauen)
미용사	Friseur (Friseure)	Friseurin (Friseurinnen)
작가	Schriftsteller (Schriftsteller)	Schriftstellerin (Schriftstellerinnen)
가수	Sänger (Sänger)	Sängerin (Sängerinnen)
프로그래머	Programmierer (Programmierer)	Programmiererin (Programmiererinnen)
변호사	Rechtsanwalt (Rechtsanwälte)	Rechtsanwältin (Rechtsanwältinnen)

* 회사원과 공무원은 정관사와 함께 쓸 땐 der Angestellte(남자), die Angestellte(여자) / der Beamte(남자),
die Beamte(여자)로 형태가 바뀌는 직업 명사입니다. 공무원의 여성 단수형은 Beamtin으로도 말합니다.

전입 신고하기

독

일에 3개월 이상 체류하는 외국인은 관청(Bürgeramt 또는 Einwohnermeldebehörde)에서 거주지 등록 즉, 전입 신고를 해야 합니다. 독일 체류의 목적이 어학연수든, 교환 학생이든, 워킹 홀리데이든 마찬가지이며 직장인인 경우에도 예외 없이 전입 신고를 해야합니다. 전입 신고를 하게 되면 Meldebescheinigung이라고 하는 등록 확인서를 받게되는데, 만약 이 확인서가 없으면 독일에서 은행 계좌 개설, 휴대폰 계약, 보험 가입 등에제한을 받을 수 있습니다. 지역에 따라 다르긴 하지만 보통 입국 후 2주 내에 하는 것이 좋습니다.

// **전입 신고 기본 서류 양식**

해석을 참조하여 자신의 신상 정보를 아래의 신고서 양식에 작성해 보세요.

Familienname 성	
Vorname 이름	
Heimatland 고국	
Geburtsort 출생지	
Straße 도로명	
Postleitzahl 우편번호	
Wohnort 거주지 (도시명)	
Telefonnummer 전화번호	
Familienstand 가족 사항	☐ ledig (미혼의) ☐ verwitwet (사별한) ☐ verheiratet (기혼의) ☐ geschieden (이혼한)
Kinder 자녀	☐ 1 Kind (1명) ☐ __ Kinder (여러 명) ☐ keine Kinder (자녀 없음)
Alter 나이	

Ich koche gern.

TAG
04

Ich koche gern.

난 요리를 즐겨 해.

(▶ 4강)

＼ 학습 목표
취미에 대해 말할 수 있다.
무엇을 좋아하는지 말할 수 있다.

＼ 공부할 내용
불규칙 동사 essen, treffen
lesen 동사 (+sehen동사)
소유 관사의 어미 변화

＼ 주요 표현
Was ist dein Hobby?
Mein Lieblingsfilm ist 'Old boy'.
Was isst du gern?

🎧 Track 04-01

 Dialog 1

하나와 알렉산드라의 취미는 무엇일까요?

Hana	Was ist dein Hobby?
	v바스 이슷 다인 호비
Alexandra	Mein Hobby ist Musik hören.
	마인 호비 이스트 무직: 회흐렌
	Und was machst du gern?
	운트 v바스 마흐슷 두: 게안
Hana	Ich koche gern. Du?
	이히 코헤 게안 두:
Lara	Ich gehe gern ins Kino.
	이히 게:에 게안 인스 키:노
Hana	Was ist dein Lieblingsfilm?
	v바스 이슷 다인 립블링스f필름
Lara	Mein Lieblingsfilm ist 'Old boy'.
	마인 립블링스f필름 이스트 올드 보이
	Was machst du noch in der Freizeit?
	v바스 마흐슷 두: 너흐 인 데어 f프흐라이차이트
Alexandra	Ich spiele gern Klavier und lese gern.
	이히 슈필:레 게안 클라v비:어 운트 레:제 게안

하나	너의 취미는 뭐야?
알렉산드라	나의 취미는 음악 감상이야.
	그럼 넌 뭘 즐겨 하니?
하나	나는 요리를 즐겨 해. 넌?
라라	나는 영화관을 즐겨 가.
하나	너의 가장 좋아하는 영화는 뭐야?
라라	나의 가장 좋아하는 영화는 '올드 보이'야.
	넌 여가 시간에 또 뭘 해?
알렉산드라	나는 피아노를 즐겨 치고 독서를 즐겨 해.

VOKABELN

s. Hobby 몡 취미 **hören** 동 듣다 **gern** 뷔 즐겨, 기꺼이 **kochen** 동 요리하다 **ins** ('in+das'의 줄임말) ~(안으로) **s. Kino** 몡 영화관 **r. Lieblingsfilm** 가장 좋아하는 영화 **noch** 뷔 아직, 더 **e. Freizeit** 몡 여가 시간 **spielen** 동 연주하다, 경기하다 **s. Klavier** 몡 피아노 **lesen** 동 읽다, 독서하다

 ◎ 포인트 잡GO!

❶ 취미를 묻는 표현으로 'Was ist dein Hobby?', 'Was machst du gern (in der Freizeit)?'가 있습니다. 대답할 땐 'Mein Hobby ist ~'또는 'Ich 동사 어간e gern 목적어'로 말해 보세요.

❷ 부사 gern을 쓰면 어떤 것을 즐겨 한다 즉, '~하는 것을 좋아한다'의 의미가 됩니다.

❸ 합성 명사의 경우 마지막에 위치한 명사가 그 명사의 최종 성을 결정합니다. 예를 들어 Lieblingsfilm에서는 'Film 영화'이 남성이므로 Lieblingsfilm은 최종적으로 남성 명사가 되고, Lieblingsessen에서는 'Essen 음식'이 중성이므로 Lieblingsessen은 최종적으로 중성 명사가 됩니다.

핵심 배우GO!

SCHLÜSSEL

1 취미 묻고 답하기

Was ist dein Hobby? v바스 이슷 다인 호비   **너의 취미**는 뭐야?

Was ist Ihr Hobby? v바스 이스트 이:어 호비   **당신의 취미**는 무엇입니까?

Was machst du gern? v바스 마흐슷 두: 게안   너는 뭘 **즐겨** 해?

Was machen Sie gern? v바스 마흔 지: 게안   당신은 뭘 **즐겨** 하세요?

Ich höre gern Musik. 이히 회흐레 게안 무직: 저는 음악을 **즐겨 들어요.**

(= Mein Hobby ist Musik hören. 마인 호비 이스트 무직: 회흐렌)   (= **나의 취미**는 음악 감상이야.)

> **Tipp** 취미 여러 개를 대답할 땐 'Mein**e** Hobby**s sind** ~ 내 취미들은'과 같이 말하면 됩니다.

2 가장 좋아하는 것 말하기

Mein Lieblingsfilm ist 'Old boy'.   나의 **가장 좋아하는 영화**는 '올드 보이'야.
마인 립블링스f필름 이스트 올드 보이

> **Tipp** 'Lieblings+명사'는 '가장 좋아하는 ~'라는 의미가 됩니다.

> **예** **Lieblings**farbe 립블링스f파아베 **가장 좋아하는** 색깔
>
> **Lieblings**essen 립블링스에쎈 **가장 좋아하는** 음식

🎧 Track 04-02

 Dialog 2

하나는 피자와 맥주를 좋아합니다. 율리아는 무엇을 즐겨 먹을까요?

Julia	**Was isst du gern?** v바스 이슷 두: 게안	율리아	넌 뭘 즐겨 먹어?
Hana	**Ich esse gern Pizza. Und du?** 이히 에쎄 게안 핏자 운 두:	하나	난 피자를 즐겨 먹어. 그럼 너는?
Julia	**Mein Lieblingsessen ist Schnitzel.** 마인 립블링스에쎈 이스트 슈닛첼	율리아	나의 가장 좋아하는 음식은 슈닛첼이야.
Hana	**Was trinkst du denn gern?** v바스 트흐링크슷 두: 덴 게안	하나	그럼 뭘 즐겨 마시니?
Julia	**Ich trinke gern Apfelschorle.** 이히 트흐링케 게안 앞f펠숄레	율리아	나는 아펠숄레를 즐겨 마셔. 너도 아펠숄레를 즐겨 마시니?
	Trinkst du auch gern Apfelschorle? 트흐링크슷 두: 아우흐 게안 앞f펠숄레	하나	응, 맥주도 즐겨 마셔.
Hana	**Ja, Bier trinke ich auch gern.** 야 비어 트흐링케 이히 아우흐 게안		

 VOKA BELN

essen 동 먹다 (불규칙 동사, du - isst, er / sie / es - isst)   **s. Lieblingsessen** 명 가장 좋아하는 음식

s. Schnitzel 명 슈닛첼(커틀릿 요리)   **trinken** 동 마시다   **denn** 부 도대체, 그런데   **e. Apfelschorle** 명

아펠숄레 (탄산 사과 주스)   **s. Bier** 명 맥주

 • 포인트 잡GO!

❶ essen 동사는 '~을(를) 먹다'라는 뜻으로 불규칙 동사입니다. 주어가 du, er / sie / es일 때 isst로 현재형 어미 변화를 합니다.

❷ 독일인들은 탄산이 들어간 사과 주스 'Apfelschorle 앞f펠숄레'를 즐겨 마시는 편입니다. 탄산이 없는 사과 주스는 Apfelsaft 앞f펠자:f트입니다. Schnitzel은 소고기, 양고기 등 육류를 납작하게 펴서 빵가루를 발라 튀겨 먹는 커틀릿 요리입니다.

1 좋아하는 음식 말하기

Ich esse gern Pizza. 이히 에쎄 게안 핏자   나는 피자를 즐겨 먹어.

Mein Lieblingsessen ist Pizza.   나의 **가장 좋아하는** 음식은 피자야.
마인 립블링스에쎈 이스트 핏자

Tipp essen+gern 또는 Lieblingsessen 립블링스에쎈으로 좋아하는 음식이 무엇인지 말해 보세요.

2 좋아하는 음료 말하기

Ich trinke gern Apfelschorle.   나는 아펠숄레를 즐겨 마셔.
이히 트흐링케 게안 앞f펠숄레

Mein Lieblingsgetränk ist Apfelschorle.   나의 **가장 좋아하는** 음료는 아펠숄레야.
마인 립블링스게트흐랭크 이스트 앞f펠숄레

Tipp trinken+gern 또는 Lieblingsgetränk 립블링스게트흐랭크로 좋아하는 음료는 무엇인지 말해 보세요.

① 불규칙 동사 essen / treffen

essen 동사는 주어가 du, er / sie / es일 때 어간에 있는 e가 i로 바뀌는 불규칙 동사입니다. 불규칙 동사들 중 모든 주어가 아닌 du, er / sie / es가 주어로 올 때만 불규칙이 되는 경우가 많으므로 잘 알아두어야 합니다. treffen 동사도 같은 방식의 불규칙 변화가 일어나므로 함께 살펴봅시다.

주격 인칭대명사	essen ~을(를) 먹다	treffen ~을(를) 만나다
ich	esse	treffe
du	isst	triffst
er / sie / es	isst	trifft
wir	essen	treffen
ihr	esst	trefft
sie / Sie	essen	treffen

② lesen 동사 (+sehen 동사)

lesen 동사는 주어가 du, er / sie / es일 때 어간에 있는 e가 ie로 바뀌는 불규칙 동사입니다. lesen 동사는 '~을(를) 읽다'라는 뜻으로 gern과 함께 말하면 독서를 즐겨 한다는 표현이 됩니다. 굳이 책이라는 명사와 함께 쓰지 않아도 무방합니다. 또한 어간의 끝이 s로 끝나므로 du에 대한 어미 변화에서 st가 아닌 t만 추가합니다. 비교를 위해 sehen 동사의 어미 변화도 함께 알아 두세요.

주격 인칭대명사	lesen 읽다	sehen 보다
ich	lese	sehe
du	liest	siehst
er / sie / es	liest	sieht
wir	lesen	sehen
ihr	lest	seht
sie / Sie	lesen	sehen

3 소유 관사의 어미 변화

이번 과에서는 소유 관사의 어미 변화에 대해 알아보겠습니다. 우선 어떤 소유 관사가 있는지 살펴보세요.

나의	mein-	우리의	unser-
너의	dein-	너희의	euer-
그의	sein-	그들의	ihr-
그녀의	ihr-	당신의	Ihr-
그것의	sein-	당신들의	Ihr-

많은 소유 관사 중 대표로 'mein- 나의'의 어미 변화를 연습해 보세요.

격/성·수	남성	여성	중성	복수
주격(1격) /은, 는, 이, 가/	나의 아빠가 mein Vater	나의 엄마가 meine Mutter	나의 아이가 mein Kind	나의 사람들이 meine Leute
소유격(2격) /~의/	나의 아빠의 meines Vaters	나의 엄마의 meiner Mutter	나의 아이의 meines Kindes	나의 사람들의 meiner Leute
여격(3격) /~에게/	나의 아빠에게 meinem Vater	나의 엄마에게 meiner Mutter	나의 아이에게 meinem Kind	나의 사람들에게 meinen Leuten
목적격(4격) /~을(를)/	나의 아빠를 meinen Vater	나의 엄마를 meine Mutter	나의 아이를 mein Kind	나의 사람들을 meine Leute

소유 관사 mein에서 m을 빼면 ein이 보이죠? 부정 관사가 숨겨져 있다고 보면 됩니다. 즉, 앞서 배운 부정 관사의 어미 변화와 소유 관사의 어미가 동일합니다. 다만 부정 관사는 복수 명사를 수식할 수 없고, 소유 관사는 복수 명사를 수식할 수 있습니다. 따라서 소유 관사가 복수 명사를 수식할 때의 어미는 정관사 어미 변화에서 가져오게 됩니다.

> 예 Ich liebe meinen Vater. (남성, 4격) 나는 나의 아빠를 사랑한다.
>
> Sie ist die Schwester meiner Mutter. (여성, 2격) 그녀는 나의 엄마의 언니이다.
>
> Du gibst meinem Bruder das Buch. (남성, 3격) 너는 나의 형에게 그 책을 준다.
>
> Dort kommen meine Freunde. (복수, 1격) 저기 나의 친구들이 온다.

소유 관사의 수식을 받는 **명사 뒤에 붙는 조사가 격을 결정한다**는 것을 잊지 마세요. 또, 전치사의 격 지배를 받기도 합니다.

> 예 나는 나의 친구들과 함께 영화관으로 간다.
> Ich gehe mit meinen Freunden ins Kino. (복수, 3격, 명사에도 n 붙이기)
>
> * mit는 3격 지배 전치사

Aufgabe 1 녹음을 듣고, 빈칸에 알맞은 단어를 쓰세요.　　　　🎧 Track 04-03

Hana: Was ist [ⓐ ＿＿＿＿＿] Hobby?

Alexandra: Mein Hobby ist Musik hören. Und was [ⓑ ＿＿＿＿＿] du gern?

Hana: Ich koche gern und [ⓒ ＿＿＿＿＿] gern. Du?

Lara: Ich gehe gern ins [ⓓ ＿＿＿＿＿].

Aufgabe 2 단어의 순서를 알맞게 배열하여 문장을 만들어 보세요.

ⓐ ist, Was, dein, Lieblingsfilm (너의 가장 좋아하는 영화는 뭐야?)

ⓑ spiele, Ich, Klavier, gern (나는 피아노를 즐겨 연주해.)

ⓒ Was, du, machst, gern (넌 무엇을 즐겨 해?)

ⓐ ⇨ ＿＿＿＿＿＿＿＿＿＿＿＿＿＿＿＿＿＿＿＿＿＿＿ ?

ⓑ ⇨ ＿＿＿＿＿＿＿＿＿＿＿＿＿＿＿＿＿＿＿＿＿＿＿ .

ⓒ ⇨ ＿＿＿＿＿＿＿＿＿＿＿＿＿＿＿＿＿＿＿＿＿＿＿ ?

보기를 보고 빈칸에 알맞은 동사 변형 형태를 쓰세요.

> **보기**   Ich **esse** gern Pizza.

ⓐ Was _____ du gern? (essen)

ⓑ Er _____ sie. (treffen)

ⓒ Du _____ gern. (lesen)

ⓓ Sie(Sg.) _____ mich. (sehen)

Aufgabe 4 아래의 문장을 독일어로 작문하고, 정답을 확인한 다음 올바른 문장을 소리 내어 말해 보세요.

> ⓐ 나는 맥주를 즐겨 마셔.
> ⓑ 넌 뭘 즐겨 먹니?
> ⓒ 나의 가장 좋아하는 음식은 슈닛첼이야.

ⓐ ⇨ _____

ⓑ ⇨ _____

ⓒ ⇨ _____

❶ ⓐ dein ⓑ machst ⓒ lese ⓓ Kino

❷ ⓐ Was ist dein Lieblingsfilm? / ⓑ Ich spiele gern Klavier. / ⓒ Was machst du gern?

❸ ⓐ isst ⓑ trifft ⓒ liest ⓓ sieht

❹ ⓐ Ich trinke gern Bier. / ⓑ Was isst du gern? / ⓒ Mein Lieblingsessen ist Schnitzel.

🎧 Track 04-04

 여러 가지 취미 말하기

뜻	독일어	나의 취미 말하기
수영	schwimmen	Ich schwimme gern. Mein Hobby ist Schwimmen.
자전거	(Fahr)rad fahren	Ich fahre gern (Fahr)rad. Mein Hobby ist (Fahr)rad fahren.
기타	Gitarre spielen	Ich spiele gern Gitarre. Mein Hobby ist Gitarre spielen.
사진	fotografieren	Ich fotografiere gern. Mein Hobby ist Fotografieren.
TV	fernsehen	Ich sehe gern fern. Mein Hobby ist Fernsehen.
축구	Fußball spielen	Ich spiele gern Fußball. Mein Hobby ist Fußball spielen.
스키	Ski fahren (laufen)	Ich fahre gern Ski. Mein Hobby ist Ski fahren.
산책	spazieren gehen	Ich gehe gern spazieren. Mein Hobby ist spazieren gehen.
쇼핑	einkaufen gehen	Ich gehe gern einkaufen. Mein Hobby ist einkaufen gehen.
인터넷 서핑	im Internet surfen	Ich surfe gern im Internet. Mein Hobby ist im Internet surfen.
컴퓨터 게임	Computerspiele spielen	Ich spiele gern Computerspiele. Mein Hobby ist Computerspiele spielen.
친구 만나기	Freunde treffen	Ich treffe gern Freunde. Mein Hobby ist Freunde treffen.

독일인들이 즐기는 대표 요리

// **Schnitzel**

고기를 얇게 펴서 빵가루를 입혀 튀긴 커틀릿입니다. 돈가스와 같은 요리 방식을 생각하면 됩니다. 특별한 소스 없이 그냥 먹기도 합니다.

// **Schweinehaxen**

돼지 족발을 삶아 구운 요리로, 겉은 바삭하고 속은 부드러운 식감입니다. 한국인 입맛에는 약간 짜다고 느껴질 수 있으나, 독일 대표 음식 중 하나인 만큼 독일을 여행할 기회가 있다면 반드시 맛보기를 추천합니다.

// **Brötchen**

독일인들의 주식이라고 할 수 있는 빵입니다. 겉은 바삭하고 속은 부드럽고 쫄깃합니다. 안에 버터와 잼, 초콜릿 스프레드 등을 발라 아침 식사로 먹거나 치즈, 햄, 야채를 곁들여 샌드위치처럼 먹기도 합니다.

// **Wurst**

전형적인 독일 대표 음식 중 하나라고 말할 수 있습니다. 특히 'Bratwurst 구운 소시지'를 반으로 가른 Brötchen에 끼우고 노란 겨자 소스인 Senf를 곁들여 핫도그처럼 만든 형태로 즐겨 먹습니다.

// **Currywurst**

구운 소시지에 커리 소스를 끼얹은 요리로 독일인들에게 두루 사랑받는 음식입니다. 상가가 많은 곳이나 기차역 등에서 쉽게 접할 수 있으며 보통 감자튀김과 함께 먹습니다.

// **Sauerkraut**

소금에 절인 양배추를 발효시킨 음식으로 다양한 요리에 사이드 메뉴로 쓰입니다. 아삭아삭하며 새콤한 맛을 갖고 있어 육류 또는 느끼한 음식을 먹을 때 곁들이면 좋습니다.

// **Pomme frites**

감자튀김은 프랑스에서 유래했지만 독일인들의 감자 요리에 대한 애정은 각별합니다. 실제로 독일의 감자튀김 전문점에서 맛을 본다면 누구나 감탄할 것입니다. 마요네즈를 얹거나 다진 양파를 곁들이기도 합니다.

// **Brezel**

프레즐이라고 잘 알려진 하트 모양의 빵입니다. 겉부분은 딱딱하며 굵은 소금이 군데군데 붙어 있습니다. 고소한 빵맛과 소금의 풍미가 잘 어울립니다.

// **Döner Kebab**

터키의 음식이지만 독일에서도 매우 사랑받는 메뉴입니다. 실제로 독일에는 터키인이 운영하는 케밥집이 많으며 다양한 야채와 고기, 빵을 소스와 함께 즐길 수 있습니다.

// **Kartoffelsalat**

슈닛첼이나 기타 육류 요리에 사이드 메뉴로도 자주 등장하는 감자 샐러드입니다. 삶은 감자를 으깨어 피클, 기호에 맞는 채소와 함께 마요네즈에 버무려 먹습니다. 독일인들이 집에서도 손쉽게 만들어 먹는 요리입니다.

Das ist meine Großmutter.

TAG
05

Das ist meine Großmutter.

이 분이 나의 할머니셔.

▶ 5강

\ **학습 목표**
가족 및 소유 관계에 대해 설명할 수 있다.

\ **공부할 내용**
소유 관계 표현하기
의견 말하기
인칭대명사로 바꿔 말하기

\ **주요 표현**
Sind Sie die Tante von Lara?
Laras Mutter ist meine Schwester.
Wie heißt das auf Deutsch?
Ich glaube, ~
Ich meine, ~

 SPRECHEN

🎧 Track 05-01

 Dialog 1

하나는 라라의 가족들을 만나 인사를 합니다.

Lara	Hana, das ist meine Großmutter und das ist mein Großvater.
	하나 다스 이스트 마이느 그흐로쓰무터 운 다스 이스트 마인 그흐로쓰f파터
Hana	Ah, freut mich. Ich bin Hana aus Südkorea.
	아 f프러이트 미히 이히 빈 하나 아우스 쥐트코흐레아
Großmutter und Großvater	Sehr erfreut. Willkommen in Deutschland!
	제:어 에어f프러이트 v빌코멘 인 더이칠란트
Hana	Danke sehr. Und sind Sie die Tante von
	당케 제:어 운트 진트 지: 디: 탄테 f폰
	Lara?
	라흐라
Tante	Genau. Laras Mutter ist meine
	게나우 라흐라쓰 무터 이스트 마이느
	Schwester. Und das ist mein Mann.
	슈v베스터 운트 다스 이스트 마인 만
Hana	Aha.
	아하
Tante	Und das sind unsere Kinder.
	운트 다스 진트 운저흐레 킨더
Hana	Oh, sie sind sehr süß.
	오 지: 진트 제:어 쥐:쓰

라라	하나야, 이 분이 나의 할머니시고 이 분은 나의 할아버지셔.
하나	아, 반갑습니다. 저는 한국에서 온 하나라고 해요.
할머니와 할아버지	반가워요. 독일에 온 걸 환영해요!
하나	정말 감사합니다. 그리고 당신이 라라의 이모인가요?
이모	맞아요, 라라의 엄마가 제 언니예요. 그리고 이 사람은 제 남편이에요.
하나	아하.
이모	그리고 얘들은 우리의 아이들이에요.
하나	오, 그들은 너무 귀여워요.

VOKABELN

e. **Großmutter** 명 할머니   r. **Großvater** 명 할아버지   **willkommen** 형 환영받는   **sehr** 부 매우

e. **Tante** 명 이모, 고모, 숙모   **von** 전 ~의   **genau** 형 정확한   r. **Mann** 명 남자, 남편   s. **Kind** 명 아이

pl. Kinder   **süß** 형 귀여운, 달콤한

 • 포인트 잡GO!

❶ 만나서 반갑다는 표현 'Freut mich!' 기억하시나요? 상대방을 환영하는 표현은 Willkommen으로 말합니다.

❷ 고유 명사의 소유격 즉, '~의'라고 말할 땐 이름 옆에 s를 붙이면 됩니다.

예 Lara**s** Mutter 라라**의** 엄마 / Hana**s** Vater 하나**의** 아빠

1 소유 관계 말하기

Das ist meine Großmutter. 다스 이스트 마이느 그흐로쓰무터   이 분이 **나의** 할머니예요.

Das ist mein Großvater. 다스 이스트 마인 그흐로쓰f파터   이 분이 **나의** 할아버지예요.

Laras Mutter ist meine Schwester.   **라라의** 엄마가 제 언니예요.
라흐라쓰 무터 이스트 마이느 슈v베스터

> **Tipp** 소유 관사 뒤 명사가 여성 또는 복수일 땐 소유 관사 옆에 e를 붙입니다.

Das ist mein Mann. 다스 이스트 마인 만   이 사람은 **나의** 남편이에요.

Das sind unsere Kinder. 다스 진트 운저흐레 킨더   얘들은 **우리의** 아이들이에요.

> **Tipp** 'Das ist+단수 명사', 'Das sind+복수 명사'로도 말해 보세요.

2 von 전치사로 소유 관계 말하기

Sind Sie die Tante von Lara? 진트 지: 디: 탄테 f폰 라흐라   당신이 라라**의** 이모인가요?

> **Tipp** von은 '~의'라는 뜻을 가지므로 소유 표현이 가능합니다. 3격 지배 전치사이며 die Tante von Lara를 Laras Tante로 바꿔 쓸 수도 있습니다.

🎧 Track 05-02

 Dialog 2

율리아의 남편은 요리도 잘하고 매우 친절합니다.

Hana	Ich glaube, dein Freund ist sehr nett.
	이히 글라우베 다인 f프러인트 이스트 제:어 네트
Julia	Oh, das ist nicht mein Freund, er ist
	오 다스 이스트 니히트 마인 f프러인트 에어이스트
	mein Mann.
	마인 만
Hana	Wirklich?
	v비어클리히
Julia	Ja. Ich mag auch seine Eltern. Sie sind
	야 이히 막 아우흐 자이느 엘턴 지 진트
	nett.
	네트
Hana	Wie heißt das auf Deutsch? Ich meine,
	v비 하이숫 다스 아우f프 더이취 이히 마이느
	die Eltern von deinem Mann.
	디 엘턴 f폰 다이늠 만
Julia	Schwiegereltern. Schwiegermutter und Schwiegervater.
	슈v비:거엘턴 슈v비:거무터 운트 슈v비:거f파:터
Hana	Aha. Danke.
	아하 당케

하나   내 생각에, 너의 남자 친구 정말 친절해.

율리아   오, 저 사람은 내 남자 친구가 아니야, 그는 나의 남편이야.

하나   정말?

율리아   응. 나는 그의 부모님도 좋아해. 그들은 친절하시거든.

하나   그것을 독일어로 뭐라고 해? 내 말은, 네 남편의 부모님 말야.

율리아   Schwiegereltern. 어머니는 Schwiegermutter 그리고 아버지는 Schwiegervater.

하나   아하. 고마워.

 VOKABELN

glauben 동 생각하다, 믿다   **r. Freund** 명 남자 친구   **nett** 형 친절한   **wirklich** 부 정말   **mag** 동 좋아하다 (동사 원형: mögen)   **sein** 소유 그의   **pl. Eltern** 명 부모님   **auf Deutsch** 독일어로   **meinen** 동 의미하다, 생각하다   **pl. Schwiegereltern** 명 배우자의 부모님   **e. Schwiegermutter** 명 배우자의 어머니   **r. Schwiegervater** 명 배우자의 아버지

 • **포인트 잡GO!**

❶ 부정어 nicht는 소유 관사 앞에서 소유 관계를 부정합니다. 전체 문장을 부정할 땐 문장 맨 뒤에, 부분 부정을 할 땐 부정하고자 하는 대상 앞에 씁니다.

❷ 'nicht A, sondern B A가 아니라 B이다'에서 sondern을 생략할 수 있습니다. 율리아의 설명에 sondern을 넣는다면 'Er ist nicht mein Freund, sondern (er ist) mein Mann.' 구조가 됩니다.

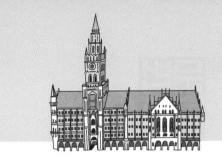

① 생각, 의견 말하기

Ich glaube, 이히 글라우베 **주어+동사**　　　　내 생각에, ~

Ich meine, 이히 마이느 **주어+동사**　　　　내 말은, ~

> **Tipp** glauben 동사와 meinen 동사 모두 '생각하다'라는 뜻이지만 glauben은 '~(이)라는 것을 믿는다, 의견이 ~하다'에 가깝다면 meinen은 화자가 의미한 바나 의견을 보충 설명할 때 주로 쓰입니다. 의문문으로 예를 들면 Was denken Sie?는 어떻게 생각하는지 묻는 말이며, 때에 따라 Was meinen Sie? 역시 의견을 묻기도 하지만 Was meinen Sie?는 무엇을 의미하는지 묻는 의미도 됩니다.

② 인칭대명사로 바꿔 말하기

Oh, das ist nicht mein Freund, er ist mein Mann.
오 다스 이스트 니히트 마인 f프러인트, 에어 이스트 마인 만
오, 저 사람은 내 남자 친구가 아니야, 그는 나의 남편이야.

Ich mag auch seine Eltern. Sie sind nett.
이히 막 아우흐 자이느 엘턴 지 진트 네트
나는 그의 부모님도 좋아해. 그들은 친절하시거든.

> **Tipp** 남자 친구는 3인칭 단수 인칭대명사 'er 그', 부모님은 3인칭 복수 인칭대명사 'sie 그들'로 바꿔 말할 수 있습니다. 독일어의 모든 명사는 성을 가지므로 사람뿐만 아니라 사물 또한 이미 언급된 것을 다시 말할 땐 인칭대명사를 이용해 남성은 er, 여성은 sie, 중성은 es, 복수는 sie로 바꿔 말하면 됩니다.

1 mögen 동사

mögen 동사는 복수 주어와 존칭 주어를 제외한 단수 주어가 올 때 동사 원형과 생김새가 많이 달라지는 불규칙 동사입니다. 기호를 나타내어 활용도가 높은 동사이며 조동사 용법일 땐 동사 원형을 이끌어 '~하는 것을 좋아하다'로도 활용됩니다.

주격 인칭대명사	mögen ~을(를) 좋아하다
ich	mag
du	magst
er / sie / es	mag
wir	mögen
ihr	mögt
sie / Sie	mögen

// 본동사 (동사 원형 없이) 용법

Ich **mag** dich. 나는 너를 좋아한다.

Magst du Eis? 너는 아이스크림을 좋아하니?

Wir **mögen** den Lehrer. 우리는 그 선생님을 좋아한다.

// 조동사 (동사 원형과 함께. 동사 원형은 맨 뒤) 용법

Er **mag** schwimmen. 그는 수영하는 것을 좋아한다.

2 von 전치사의 격 지배

von 전치사는 3격 지배 전치사로, von 다음 나오는 관사류나 대명사가 반드시 3격의 형태여야 합니다. 아래의 예문을 통해 자세히 알아보세요.

예 Das ist ein Freund von **mir**. (대명사 ich의 3격) 이쪽은 나의 친구야.

Er ist der Mann von **der** Frau. (정관사 여성 3격) 그는 그 여자의 남편이다.

Schokolade von **einem** Kind (부정 관사 중성 3격) 한 아이의 초콜릿

Die Eltern von **deinem** Mann (소유 관사 남성 3격) 너의 남편의 부모님

1	ich	du	er	sie	es	wir	ihr	sie	Sie
3	mir	dir	ihm	ihr	ihm	uns	euch	ihnen	Ihnen

	남성	여성	중성	복수
정관사 3격	dem	der	dem	den

	남성	여성	중성	복수
부정 관사 3격	einem	einer	einem	X

	남성	여성	중성	복수
소유 관사 3격	-em	-er	-em	-en

3 부정 관사 → 정관사 → 인칭대명사로 바꿔 말하기

어떤 명사를 처음 언급할 땐 부정 관사를 사용하고, 그 명사를 다시 받아 언급할 땐 정관사나 인칭대명 사로 쓸 수 있습니다. 이때 처음 언급되었던 명사가 사람이든 사물이든 남성이면 er, 여성이면 sie, 중성 이면 es, 복수면 sie로 받습니다. 아래의 예문을 통해 부정 관사 → 정관사 → 인칭대명사로 바꿔 말하기 를 연습해 보세요.

Das ist **ein** Tisch.   → **Der** Tisch ist billig.   → **Er** ist aber gut.
이것은 하나의 책상이다.   → 이 책상은 싸다.   → 그러나 **이것은(그는 X)** 좋다.

Das ist **eine** Tasche.   → **Die** Tasche ist schön.   → **Sie** ist aber teuer.
이것은 하나의 가방이다.   → 그 가방은 예쁘다.   → 그러나 **그것은(그녀는 X)** 비싸다.

* er/sie: '그는 / 그녀는' 외에 그것(사물)의 뜻이 있습니다.

Das ist **ein** Heft.   → **Das** Heft ist dünn.   → **Es** ist billig.
이것은 하나의 공책이다.   → 이 공책은 얇다.   → **이것은** 싸다.

Hier ist **ein** Mädchen.   → **Das** Mädchen ist hübsch. → **Es** ist jung.
여기 한 소녀가 있다.   → 이 소녀는 예쁘다.   → **그녀는(그것은 X)** 젊다.

* es: '그것은' 외에 그 사람(사람 중 중성 명사)의 뜻이 있습니다. 사람 중 중성 명사로는 das Kind / das Baby / das Mädchen이 있습니다.

Das sind Schuhe.   → **Die** Schuhe sind sauber. → **Sie** sind neu.
이것들은 신발(복수)이다.   → 이 신발은 깨끗하다.   → **이것은(그들은 X)** 새것이다.

Aufgabe 1 녹음을 듣고, 빈칸에 알맞은 말을 쓰세요.

🎧 Track 05-03

Lara: Hana, das ist meine [ⓐ ＿＿＿＿＿＿] und das ist mein Großvater.

Hana: Ah, freut mich. Ich bin Hana aus [ⓑ ＿＿＿＿].

Großmutter und Großvater: Sehr erfreut! [ⓒ ＿＿＿＿＿＿] in Deutschland!

Hana: Danke sehr. Und sind Sie die [ⓓ ＿＿＿＿] von Lara?

Tante: Genau. Laras Mutter ist meine Schwester. Und das ist mein Mann.

Aufgabe 2 단어의 순서를 알맞게 배열하여 문장을 만들어 보세요.

ⓐ Schwester, Mutter, Laras, meine, ist (라라의 엄마가 제 언니예요.)

ⓑ unsere, Kinder, Das, sind (얘들은 우리의 아이들이에요.)

ⓒ mein, Freund, nicht, Das, ist (저 사람은 나의 남자 친구가 아니야.)

ⓐ ⇨ ＿＿＿＿＿＿＿＿＿＿＿＿＿＿＿＿＿＿＿＿＿ .

ⓑ ⇨ ＿＿＿＿＿＿＿＿＿＿＿＿＿＿＿＿＿＿＿＿＿ .

ⓒ ⇨ ＿＿＿＿＿＿＿＿＿＿＿＿＿＿＿＿＿＿＿＿＿ .

Aufgabe 3 보기를 보고 빈칸에 알맞은 동사 변형 형태를 쓰세요.

> **보기**   Wir **mögen** Pizza.

ⓐ   Ich _____ dich.

ⓑ   Er _____ sie.

ⓒ   Du _____ Bier.

ⓒ   Ihr _____ mich.

Aufgabe 4 아래의 문장을 독일어로 작문하고, 정답을 확인한 다음 올바른 문장을 소리 내어 말해 보세요.

> ⓐ 이것을 독일어로 뭐라고 해?
>
> ⓑ 내 생각에, 너의 남자 친구 정말 친절해.
>
> ⓒ 내 말은, 네 남편의 부모님 말야.

ⓐ ⇨ _____

ⓑ ⇨ _____

ⓒ ⇨ _____

❶ ⓐ Großmutter ⓑ Korea ⓒ Willkommen ⓓ Tante

❷ ⓐ Laras Mutter ist meine Schwester. / ⓑ Das sind unsere Kinder. / ⓒ Das ist nicht mein Freund.

❸ ⓐ mag ⓑ mag ⓒ magst ⓓ mögt

❹ ⓐ Wie heißt das auf Deutsch? / ⓑ Ich glaube, dein Freund ist sehr nett. /
   ⓒ Ich meine, die Eltern von deinem Mann.

어휘 늘리GO!

🎧 Track 05-04

 가족 명칭

남성		
독일어	**복수형**	**의미**
Großvater (Opa)	Großväter (Opas)	할아버지
Vater (Papa)	Väter (Papas)	아버지
Schwiegervater	Schwiegerväter	배우자의 아버지
Schwiegersohn	Schwiegersöhne	사위
Verwandte	Verwandten	친척
Onkel	Onkel	삼촌
Sohn	Söhne	아들
Schwager	Schwäger	배우자의 남자 형제
Neffe	Neffen	조카
Cousin	Cousins	사촌
Enkel	Enkel	손자
Ehemann	Ehemänner	남편
Bruder	Brüder	남자 형제

여성		
독일어	**복수형**	**의미**
Großmutter (Oma)	Großmütter (Omas)	할머니
Mutter (Mama)	Mütter (Mamas)	어머니
Schwiegermutter	Schwiegermütter	배우자의 어머니
Schwiegertochter	Schwiegertöchter	며느리
Verwandte	Verwandten	친척
Tante	Tanten	이모
Tochter	Töchter	딸
Schwägerin	Schwägerinnen	배우자의 여자 형제
Nichte	Nichten	조카
Cousine	Cousinen	사촌
Enkelin	Enkelinnen	손녀
Ehefrau	Ehefrauen	아내
Schwester	Schwestern	여자 형제

독일의 결혼 문화

독일의 가정에서 일반적으로 자녀들은 대학에 진학하거나 성년이 되면서 자연스럽게 부모로부터 독립하게 됩니다. 기숙사에 살거나 자취를 하는 경우가 대부분이며 커플은 어느 정도 사귀면 동거를 하는 경우도 많습니다. 한국인들이 대화 중 상대의 연인에 대해 물을 때 '얼마나 사귀었어?'라고 묻는다면 독일인들은 '그럼 같이 사니?'라는 질문이 자연스러울 정도입니다. 같이 산 지 오래되었거나 아기가 생겨도 바로 결혼하지 않는 사람들이 많습니다. 만약 결혼하는 커플이라면 결혼식에는 50명 내외의 하객만 초대하고, 하객들은 각자 선물을 전달합니다.

독일의 전통 결혼식 풍습에 따르는 경우, 3일간 결혼식을 치릅니다. 첫째 날은 'Polterabend 폴터아벤트'라 하여 결혼식 전날 저녁에 파티를 엽니다. 오래된 접시를 예비 부부의 집 앞에 던져 깨뜨리며 악귀를 쫓아낸다고 믿습니다. 둘째 날은 결혼식 당일로, 관청에 가서 혼인 신고를 합니다. 그리고 각자의 종교에 따라 성당이나 집에 가족 및 친한 사람들을 초대해 예식을 치르기도 합니다. 셋째 날에는 피로연을 엽니다. 피로연에서 신랑 신부는 참석해 준 하객들에게 감사의 말을 하고, 식사를 하며 선물을 주고받습니다. 결혼식에 소요되는 기간이나 규모는 개인적인 사정에 따라 다소 달라질 수 있습니다.

Wie geht es Ihnen?

TAG
06

Wie geht es Ihnen?

어떻게 지내세요?

▶ 6강

\ **학습 목표**
안부를 묻고 답할 수 있다.

\ **공부할 내용**
안부 묻고 답하기
이유 말하기
제안하기

\ **주요 표현**
Wie geht's?
Es geht mir sehr gut.
Wollen wir etwas bestellen?

 Track 06-01

🗨 Dialog 1

하나는 예전 독일어 선생님을 만나 안부를 묻습니다.

Hana	Guten Morgen, Herr Kohl!
	구튼　모어겐　헤어 코:올
Herr Kohl	Morgen, Frau Kim!
	모어겐　f프흐라우 김
Hana	Wie geht's?
	v비: 게:엣츠
Herr Kohl	Es geht mir super! Und Ihnen?
	에스 게:트 미어 주퍼 운트 이:넨
	Wie geht es Ihnen?
	v비: 게:트 에쓰 이:넨
Hana	Auch sehr gut, danke.
	아우흐 제:어 구:트 당케
	Haben Sie heute noch Unterricht?
	하벤 지: 허이테 너흐 운터흐리히트
Herr Kohl	Ja. Und lernen Sie fleißig Deutsch?
	야 운트 레어는 지: f플라이씨히 더이취
Hana	Ja, natürlich!
	야 나튀:얼리히

하나	안녕하세요, 콜 선생님!
콜 씨	좋은 아침, 하나 씨!
하나	어떻게 지내세요?
콜 씨	저는 아주 잘 지내요! 당신은요?
	어떻게 지내세요?
하나	저도 잘 지내요, 고마워요.
	오늘 수업이 더 있으세요?
콜 씨	네. 열심히 독일어 배우고 있나요?
하나	네, 그럼요!

 VOKA BELN　**Wie geht's?** 어떻게 지내세요? **super** (형) 좋은, 멋진 **heute** (부) 오늘 **noch** (부) 아직, 더 **r. Unterricht** (명) 수업 **lernen** (동) 배우다 **fleißig** (부) 열심히 **s. Deutsch** (명) 독일어 **natürlich** (부) 물론, 당연히

 ● 포인트 잡GO!

❶ 상대방의 안부를 묻는 Wie geht's?의 원래 문장은 'Wie geht es (Ihnen)? 어떻게 그것이 당신에게 가는 가?'로 직역되지만, 간단히 '어떻게 지내세요?'로 쓰인다고 알아 두세요.

❷ 남성에게는 'Herr+성씨', 여성에게는 'Frau+성씨'로 부르면 '~씨'라는 호칭이 되며, 서로 존칭하는 관계에 서 사용합니다. 직역하면 Herr Kohl은 '콜 씨', Frau Kim은 '김 씨'이지만 여기에서는 자연스럽게 해석하였 습니다.

1 안부 묻기

Wie geht's? v비: 게:엣츠

어떻게 지내? / 어떻게 지내세요?

Wie geht es Ihnen? v비: 게:트 에쓰 이:넨

당신은 어떻게 지내세요?

Wie geht es dir? v비: 게:트 에쓰 디어

넌 어떻게 지내?

> **Tipp** 'Wie geht es+3격 목적어?'로 다른 사람의 안부를 물을 수 있습니다.

2 안부 답하기

Es geht mir sehr gut. 에쓰 게:트 미어 제:어 구:트

저는 **매우 잘** 지내요.

Es geht uns gut. 에쓰 게:트 운쓰 구:트

우리는 **잘** 지내요.

Gut, danke. 구:트 당케

좋아요, 고마워요.

> **Tipp** 'Es geht+3격 목적어'로 안부를 대답할 수 있습니다. 앞부분을 모두 생략하고 부사 'gut'만 써도 무방합니다.
> 안부를 물어봐 준 것에 대한 감사의 의미로 'Danke'를 덧붙여 답하면 좋습니다.

3 오늘 계획 묻기

Haben Sie heute noch Unterricht? 하벤 지: 허이테 너흐 운터흐리히트   오늘 수업이 더 있으세요?

> **Tipp** haben 동사는 '~을(를) 가지고 있다'라는 의미의 4격 지배 동사입니다. 위 문장에서는 수업이라는 명사가 4격 목적어로 쓰였고, 만약 수업 하나가 더 있는지를 묻고 싶다면 부정 관사 남성 4격인 einen을, '(특정) 그 수업'이 있느냐고 묻고 싶다면 남성 4격 정관사인 den을 쓸 수 있습니다.

 SPRECHEN

말문 트GO!

🎧 Track 06-02

💬 **Dialog 2**

하나는 오랜만에 라라를 만나 카페에 왔습니다.

Lara	**Hana, wie geht's?** 하나　ᵥ비: 게:엣츠
Hana	**Mir geht es gut. Danke. Und dir?** 미어 게:트 에스 구:트　당케　운트 디어
Lara	**Auch gut. Danke.** 아우흐 구:트　당케
Hana	**Ich habe bald eine Prüfung, deshalb** 이히 하브 발트 아이느 프흐뤼:f풍　데스할프 **lerne ich fleißig Deutsch.** 레어느 이히 f플라이씨히　더이취
Lara	**Aha. Ich glaube, ich kann dir helfen.** 아하 이히 글라우베 이히 칸 디어 헬f펜
Hana	**Echt? Danke, Lara!** 에히트　당케　라흐라
Lara	**Kein Problem! Übrigens, wollen wir etwas bestellen?** 카인 프흐로블렘　위브리겐스　ᵥ볼렌 ᵥ비:어 에트ᵥ바스　베슈텔렌
Hana	**Ja. Ich lade dich ein!** 야 이히 라드 디히 아인
Lara	**Oh, danke.** 오　당케

라라　하나야, 어떻게 지내?
하나　난 잘 지내지. 고마워. 넌?
라라　나도. 고마워.
하나　난 곧 시험이 하나 있어, 그래서 열심히 독일어를 공부하고 있어.
라라　아하. 내 생각에, 내가 널 도울 수 있을 것 같아.
하나　정말? 고마워, 라라!
라라　괜찮아! 어쨌든, 우리 뭐 좀 시킬까?
하나　그래. 내가 사 줄게!
라라　오, 고마워.

 VOKA BELN

bald (부) 곧　**e. Prüfung** (명) 시험　**deshalb** (부) 그래서　**kann** (화법) ~할 수 있다 (동사 원형: können)
helfen (동) ~에게 도움을 주다　**echt** (부) 정말　**kein** (부정) (부정 관사) ~이(가) 아닌　**s. Problem** (명) 문제
übrigens (부) 어쨌든, 여하튼　**wollen** (동) ~하려고 하다, 할 계획이다　**etwas** (대명) 무언가　**bestellen** (동)
~을(를) 주문하다　**einladen** (동) ~을(를) 초대하다, 한턱내다 (분리 동사로 ein을 분리시켜 맨 뒤에 위치시킴)

 ● **포인트 잡GO!**

❶ 안부를 되물을 때 존칭은 'Und Ihnen? 당신은 어때요?', 친칭은 'Und dir? 넌 어때?'라고 말합니다.
또한 'Und wie geht es dir?'에서 wie geht es가 생략되었기 때문에 Und du?가 아닌 Und dir?임을
잊지 마세요.

❷ 고맙다는 말에 대한 대답 '괜찮아!', '뭘 그런 걸 가지고.' 표현은 'Kein Problem!', 'Gerne.', 'Gern
geschehen.', 'Nichts zu danken.' 등으로 말해 보세요.

1 이유 말하기

이히 하브 발트 아이느 프흐뤼:f풍 데쓰할프 레어느 이히 f플라이씨히 더이취

Ich habe bald eine Prüfung, deshalb <u>lerne</u> <u>ich</u> fleißig Deutsch.
부사적 접속사 　동사　주어

난 곧 시험이 하나 있어, 그래서 열심히 독일어를 공부하고 있어.

> **Tipp** deshalb는 '그래서'라는 뜻의 부사적 접속사로, 문장 사이를 잇는 역할을 하는 동시에 부사입니다. 평서문에서 주어가 아닌 문장 성분이 맨 앞에 올 때도 동사는 두 번째 자리를 유지합니다. 따라서 이처럼 부사적 접속사 다음에 동사를 먼저 쓰고, 그다음에 주어를 씁니다.

2 제안하기

Wollen wir etwas bestellen? v볼렌 v비:어 에트v바스 베슈텔렌 　　우리 뭐 좀 시킬까?

> **Tipp** 'Wollen wir+동사 원형?'으로 '우리 ~할까?' 제안을 말해 보세요. 동사 원형이 문장 맨 뒤에 위치하는 점을 기억하세요.

3 한턱내기

Ich lade dich ein! 이히 라드 디히 아인 　　　　　　　　　내가 사 줄게!

> **Tipp** 'Ich lade dich ein!'을 직역하면 '내가 너를 초대할게!'이지만 계산할 때 이렇게 말하면 '대신 돈을 내 주겠다', '사 주겠다'가 됩니다. 같은 표현으로 'Du bist eingeladen.', 'Du bist mein Gast.', 'Das geht auf mich.'라고 말할 수 있습니다.

> **Tipp** 독일어의 기본 동사 앞에 특정 접두어가 추가되면 위치를 분리하는데, 이러한 접두어를 분리전철이라 하며 분리전철이 붙은 동사는 분리동사라고 합니다. 분리전철은 문장의 맨 마지막에 위치시키며 분리전철을 제외한 나머지 동사는 주어에 따른 어미 변화를 합니다. 아래의 예를 살펴보세요.

> **예** ein │ laden ~을(를) 초대하다 (ein은 분리전철, einladen은 분리동사)
>
> → Ich einlade dich. (X) / Ich **lade** dich **ein**. (O)

문법 다지GO!

MERKEN

1 ## 3격 지배 동사

숙어 'es geht ~하게 지내다'와 동사 'helfen ~에게 도움을 주다'는 목적어로 반드시 3격을 취합니다. 5과에서 공부한 3격 목적어를 다시 한 번 잘 살펴보고, 예문과 함께 익혀 보세요.

1격	3격 인칭대명사	1격	3격 인칭대명사
ich	mir	wir	uns
du	dir	ihr	euch
er / sie / es	ihm / ihr / ihm	sie / Sie	ihnen / Ihnen

예 Wie geht es ihm? 그는 어떻게 지내?

Es geht ihnen gut. 그들은 잘 지내.

Ich helfe euch. 나는 너희에게 도움을 준다.

Du hilfst ihr. 너는 그녀에게 도움을 준다.

2 ## 4격 지배 동사

독일어에는 4격 목적어를 취하는 동사가 매우 많습니다. 이번 과에 등장한 'haben ~을(를) 가지고 있다', 'lernen ~을(를) 배우다', 'bestellen ~을(를) 주문하다', 'einladen ~을(를) 초대하다'를 중심으로 예문과 함께 살펴보세요.

예 Ich habe einen Sohn. 나는 하나의 아들을 가지고 있다. (부정 관사 남성 4격)

Du lernst die Grammatik. 너는 그 문법을 배운다. (정관사 여성 4격)

Er bestellt es. 그는 그것을 시킨다. (인칭대명사 중성 4격)

Wir laden unsere Freunde ein. 우리는 우리의 친구들을 초대한다. (소유 관사 복수 4격)

// 관사 및 인칭대명사의 4격 모음

1	ich	du	er	sie	es	wir	ihr	sie	Sie
4	mich	dich	ihn	sie	es	uns	euch	sie	Sie

	남성	여성	중성	복수
정관사 4격	den	die	das	die

	남성	여성	중성	복수
부정 관사 4격	einen	eine	ein	X

	남성	여성	중성	복수
소유 관사 4격	-en	-e	-	-e

3 화법조동사 können / wollen

화법조동사는 본동사의 내용을 제한, 수식 또는 보충하는 기능을 합니다. 완료 시제나 수동태를 만들 때 쓰이는 조동사는 자체적인 별도의 의미가 없지만, 화법조동사는 조동사 자체에도 의미가 있습니다. 그중 'können ~할 수 있다'와 'wollen ~하려고 하다'의 어미 변화를 표로 살펴보겠습니다.

주격 인칭대명사	können ~할 수 있다	wollen ~하려고 하다
ich	kann	will
du	kannst	willst
er / sie / es	kann	will
wir	können	wollen
ihr	könnt	wollt
sie / Sie	können	wollen

예 나는 너에게 도움을 줄 수 있다.   Ich kann dir helfen. 이히 칸 디어 헬f펜

그녀는 독일어를 말할 수 있다.   Sie kann Deutsch sprechen. 지: 칸 더이취 슈프흐레헨

우리 뭐 좀 시킬까?   Wollen wir etwas bestellen? v볼렌 v비:어 에트v바스 베슈텔렌

너는 지금 가려고 하니?   Willst du jetzt gehen? v빌슷 두: 예츠트 게:엔

4 불규칙 동사 haben / einladen

이번 과에 등장한 불규칙 동사 'haben ~을(를) 가지고 있다'와 'einladen ~을(를) 초대하다'의 변화형을 살펴봅시다. einladen은 분리동사로 분리전철 ein을 제외한 laden 부분에서 어미 변화가 일어나는 데 유의하세요.

주격 인칭대명사	haben ~을(를) 가지고 있다	einladen ~을(를) 초대하다
ich	habe	lade ... ein
du	hast	lädst ... ein
er / sie / es	hat	lädt ... ein
wir	haben	laden ... ein
ihr	habt	ladet ... ein
sie / Sie	haben	laden ... ein

Aufgabe 1 녹음을 듣고, 빈칸에 알맞은 말을 쓰세요.

🎧 Track 06-03

Hana: Guten Morgen, Herr Kohl!

Herr Kohl: Morgen, [ⓐ _____] Kim!

Hana: Wie [ⓑ _____]?

Herr Kohl: Es geht mir super! Und [ⓒ _____]? Wie geht es [ⓒ _____]?

Hana: Auch sehr gut. Danke. Haben Sie heute noch [ⓓ _____]?

Aufgabe 2 단어의 순서를 알맞게 배열하여 문장을 만들어 보세요.

ⓐ mir, Es, geht, super (전 잘 지내요.)

ⓑ Unterricht, Sie, Haben, heute, noch (당신은 오늘 더 수업이 있으신가요?)

ⓒ Sie, Lernen, Deutsch, fleißig (당신은 열심히 독일어를 배우고 있나요?)

ⓐ ⇨ _____ .

ⓑ ⇨ _____ ?

ⓒ ⇨ _____ ?

Aufgabe 3 보기를 보고 빈칸에 알맞은 동사 변형 형태를 쓰세요.

> **보기** Wir **können** Deutsch sprechen.

ⓐ Ich _____ dir helfen. (können)

ⓑ Er _____ gehen. (wollen)

ⓒ _____ du gut kochen? (können)

ⓓ Ich _____ schlafen. (wollen)

Aufgabe 4 아래의 문장을 독일어로 작문하고, 정답을 확인한 다음 올바른 문장을 소리 내어 말해 보세요.

> ⓐ 난 곧 시험이 하나 있어, 그래서 열심히 독일어를 공부하고 있어.
>
> ⓑ 내 생각에, 내가 널 도울 수 있을 것 같아.
>
> ⓒ 내가 사 줄게! (내가 너를 초대할게!)

ⓐ ⇨ _____

ⓑ ⇨ _____

ⓒ ⇨ _____

❶ ⓐ Frau ⓑ geht's ⓒ Ihnen ⓓ Unterricht

❷ ⓐ Es geht mir super. / ⓑ Haben Sie heute noch Unterricht? / ⓒ Lernen Sie fleißig Deutsch?

❸ ⓐ kann ⓑ will ⓒ Kannst ⓓ will

❹ ⓐ Ich habe bald eine Prüfung, deshalb lerne ich fleißig Deutsch. / ⓑ Ich glaube, ich kann dir helfen. / ⓒ Ich lade dich ein!

어휘 늘리GO!

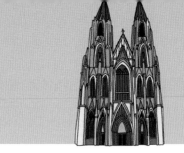

🎧 Track 06-04

 안부를 묻는 다양한 표현

Wie geht's?	어떻게 지내?
Alles in Ordnung?	다 괜찮니? (잘 지냈어?)
Alles klar?	다 괜찮니? (잘 지냈어?)
Na, alles Okay?	모두 괜찮지? (잘 지냈어?)
Geht's dir gut?	너 잘 지내니?

 안부 답하기

매우 좋을 때

Super!	최고야!
Sehr gut!	아주 좋아!
Ausgezeichnet!	매우 좋아!
Prima!	훌륭해!

좋을 때

Gut.	좋아.
Nicht schlecht.	나쁘지 않아.

그저 그럴 때

Es geht.	그저 그래.
So lala.	그럭저럭.
So so.	그냥 그래.

좋지 않을 때

Nicht so gut.	별로 안 좋아.
Schlecht.	나빠. (좋지 않아.)

독일의 인사 문화와 지역별 다양한 인사말

독일인들은 모르는 사람과도 길을 가다 눈을 마주치면 자연스레 인사를 나누며, 그렇게 하는 것이 예의라고 생각합니다. 안부를 물어봐 준 것에 대해 답할 땐 'Danke, gut.'이 가장 일반적인 대답이며, 'Es geht mir gut.'의 줄임말입니다. 혹시라도 한국어식으로 'Ich bin gut.'라고 말하지 않도록 주의하세요. 독일어로는 '나는 ~을(를) 잘한다', '나는 훌륭하다.'의 뜻이 되어 적절하지 않은 대답이 됩니다.

// **지역별 다양한 인사말 (시간에 상관없이 쓰는 Hallo와 같은 뜻)**

독일은 지역마다 방언이 있으며 발음의 차이 외에 같은 의미를 다른 어휘로 나타내기도 합니다. 인사말 역시 지역별로 다양합니다.

독일 북부
Moin! 모인
독일 남부 또는 오스트리아
Servus! 제어 v부스
오스트리아
Grüß Gott! 그뤼스 곹
Grüß dich! 그뤼스 디히
스위스
Grüezi! 그뤼에치

TAG
07

Was kostet es?

이거 얼마예요?

▶ 7강

╲ **학습 목표**
가격을 묻고 답할 수 있다.

╲ **공부할 내용**
의견 묻기
가격 묻고 답하기
도움 요청하기

╲ **주요 표현**
Was kostet es?
Wie findest du das?
Können Sie mir helfen?

🎧 Track 07-01

 Dialog 1

율리아는 원피스 한 벌을 사려고 합니다.

Julia	**Hey, wie findest du das Kleid?** 헤이 v비: f핀데슷 두: 다스 클라이트	
Hana	**Es ist schön!** 에스 이스트 쇼엔	
Julia	**Ach, ich weiß nicht, die Farbe steht mir** 아흐 이히 v바이쓰 니히트 디: f파아브 슈테:트 미:어 **irgendwie nicht.** 이어겐트v비: 니히트	
Hana	**Mir gefällt die Farbe. Und es ist sehr** 미:어 게f펠트 디 f파아브 운트 에스 이스트 제:어 **billig.** 빌리히	
Julia	**Ja? Was kostet es?** 야 v바스 코스텟 에스	
Hana	**Nur 19 Euro.** 누어 너인첸 어이흐로	
Julia	**Wirklich günstig!** v비어클리히 균스티히	

율리아 헤이, 이 원피스 어떻게 생각해?
하나 예쁜데!
율리아 아, 잘 모르겠어, 색깔이 왠지 나에게 잘 안 어울려.
하나 난 그 색깔 좋은데. 그리고 정말 저렴해.
율리아 그래? 얼만데?
하나 19유로밖에 안 돼.
율리아 정말 싸다!

 VOKABELN

finden 동 ~을(를) ~라고 생각하다 · **s. Kleid** 명 원피스 · **schön** 형 예쁜 · **weiß** 동 알다 (동사 원형: wissen) · **e. Farbe** 명 색깔 · **stehen+3격 목적어** 동 ~에게 어울리다 · **irgendwie** 어쩐지, 왠지 · **gefallen** 동 ~에게 마음에 들다 · **sehr** 부 매우 · **günstig** 형 싼 · **kosten** 동 값이 나가다 · **nur** 부 오직 · **wirklich** 부 정말

 • **포인트 잡GO!**

❶ 'Es ist schön!'에서의 es는 앞의 중성 명사인 원피스를 받습니다. 앞서 언급된 명사의 성이 남성일 땐 er, 여성은 sie로 받을 수 있습니다.

❷ 가격을 읽을 때는 콤마를 Euro라고 생각하고 읽어 주세요. 예를 들어 19,90 유로는 neunzehn(19) Euro neunzig(90)이라고 읽고, Cent 단위는 읽지 않습니다. 다만 1유로 미만일 땐 Cent까지 말해 줍니다. 예를 들어 0,90 Euro는 90 Cent입니다.

① 의견 묻기

Wie findest du das Kleid? v비: f핀데슷 두 다스 클라이트   이 원피스 **어때?**

Wie findest du das? v비: f핀데슷 두 다스   이거 **어때?**

Wie finden Sie das? v비: f핀덴 지: 다스   이거 **어떠세요?**

> **Tipp** 'Wie findest du+4격 목적어?'로 상대방의 의견을 물을 수 있습니다.

② 가격 묻고 답하기

Was kostet es? v바스 코스텟 에스   이거 얼마야? / 얼마예요?

(=Wie viel kostet das? v비: f피:일 코스텟 다스**)**   (= 이거 얼마야? / 얼마예요?)

> **Tipp** 가격을 묻는 두 가지 표현을 모두 알아 둡시다. kosten 동사는 '~의 값이다'를 뜻하며 무엇(was)을 값으로 가지는 지 또는 얼마나 많이 (wie viel) 값을 가지는지 말하면 됩니다.

③ 어울리는지 말하기

Die Farbe steht dir gut. 디: f파아브 슈테:트 디어 굳: 이 색이 **너에게 잘 어울려.**

Die Farbe steht mir nicht. 디: f파아브 슈테:트 미어 니히트   이 색이 **나에게 안 어울려.**

> **Tipp** 'stehen 동사는 본래 '서 있다'의 뜻이지만 3격 목적어(~에게)와 같이 쓰이면 '~에게 어울리다'를 의미합니다.

④ 마음에 드는지 말하기

Mir gefällt die Farbe. 미어 게f펠트 디: f파아브   **나에게** 이 색이 **마음에 들어.**

Mir gefällt die Farbe nicht. 미어 게f펠트 디: f파아브 니히트   **나에게** 이 색이 **마음에 안 들어.**

> **Tipp** gefallen 동사는 3격 지배 동사로 '~에게 마음에 들다'라는 의미입니다. 마음에 들어 하는 주체를 3격으로 말해야 합니다.

🎧 Track 07-02

 Dialog 2

라라는 하나에게 독일어 사전을 선물하려고 합니다.

Lara	Hallo, können Sie mir helfen? 할로 쾨넨 지: 미어 헬f펜
Verkäufer	Gerne, was kann ich für Sie tun? 게어느 v바스 칸 이히 f퓌어 지: 툰:
Lara	Ich suche ein Wörterbuch für meine 이히 주:흐 아인 v뵈어터부흐 f퓌어 마이느 Freundin. f프러인딘
Verkäufer	Ist das zu dünn? 이슷 다스 쭈 둔
Lara	Ja, es muss noch dicker sein. 야 에스 무쓰 노흐 디커 자인 Meine Freundin lernt Deutsch. 마이느 f프러인딘 레언트 더이취
Verkäufer	Ach so, dann empfehle ich Ihnen dieses 아흐 조 단 엠프f펠:레 이히 이:는 디제쓰 Wörterbuch hier. v뵈어터부흐 히:어
Lara	Oh, das sieht gut aus. Wie viel kostet das? 오 다스 지:트 굴: 아우스 v비: f피:일 커스텟 다스
Verkäufer	Es ist 16,50 Euro. 에스 이스트 제히첸 어이흐로 f퓐f치히
Lara	OK. Ich nehme das. 오케이 이히 네:므 다스

라라	안녕하세요, 저에게 도움을 좀 주시겠어요?
판매원	그럼요, 뭘 도와드릴까요?
라라	저는 저의 (여자인) 친구를 위한 사전을 하나 찾고 있어요.
판매원	이건 너무 얇은가요?
라라	네, 좀 두꺼워야 해요. 제 친구가 독일어 공부를 하고 있거든요.
판매원	그렇군요, 그럼 저는 여기에 있는 이 사전을 추천해 드릴게요.
라라	오, 좋아 보이네요. 얼마죠?
판매원	16.50유로예요.
라라	네. 이걸로 할게요.

VOKABELN

gerne (부) 기꺼이, 물론 **tun** (동) ~하다 **suchen** (동) ~을(를) 찾고 있다 **zu** (부) 너무 **dünn** (형) 얇은
e. Freundin (명) 여자(인) 친구 **lernen** (동) 배우다, 공부하다 **genau** (부) 정확한, 틀림없는 **empfehlen** (동)
추천해 주다 **s. Wörterbuch** (명) 사전 **dies-** (관) 바로 이, 그, 저 (정관사류) **aussehen** (동) ~하게 보이다 (분
리동사 sieht ... aus) **nehmen** (동) 취하다, 사다, 복용하다, 먹다, 타다

 ● **포인트 잡GO!**

❶ suchen 동사는 현재 '~을(를) 찾고 있다'의 뜻으로, 판매원에게 도움을 요청할 때 말할 수 있습니다.

❷ nehmen 동사의 기본 뜻은 '~을(를) 취하다'로, 상점에서 물건을 취하며 'Ich nehme das.'라고 하면 이것
을 사겠다는 표현이 됩니다. 식당에서는 주문하겠다는 표현으로도 말할 수 있습니다.

❸ für는 4격 지배 전치사로 '당신을 위해서'라고 표현할 땐 für 다음에 '당신'의 4격 인칭대명사인 Sie를 씁니다.

1 도움 요청하기

Können Sie mir helfen? 쾨넨 지: 미:어 헬f펜

저에게 도움을 좀 주시겠어요?

Kannst du mir helfen? 칸슷 두 미:어 헬f펜

나에게 도움을 좀 주겠니?

> **Tipp** können 동사는 화법조동사로 동사 원형이 맨 뒤에 옵니다. helfen 동사는 3격 지배 동사이므로 '저를 도와주시겠어요?'라고 해석 가능하지만, mich라고는 쓰지 않는다는 점에 유의하세요.

2 도움 제공하기

Was kann ich für Sie tun? v바스 칸 이히 f퓌어 지: 툰   뭘 도와드릴까요?

> **Tipp** 직역하면 '제가 당신을 위해 무엇을 할 수 있을까요?'입니다. 도움이 필요한지 묻는 간단한 표현으로 알아 두세요.

3 무엇을 찾고 있는지 말하기

Ich suche ein Wörterbuch für meine Freundin.
이히 주:흐 아인 v뵈어터부흐 f퓌어 마이느 f프흐러인딘

저는 저의 (여자인) 친구를 위한 **사전을 하나 찾고** 있어요.

> **Tipp** 무엇을 찾고 있는지 말할 때 'Ich suche+4격 목적어'를 활용해 보세요. 사전은 중성 명사이므로 '하나의 사전'을 말할 때 부정 관사 4격인 ein을 사용합니다.

문법 다지GO!

MERKEN

① 3격 지배 동사 gefallen / stehen

3격 지배 동사는 목적어로 3격만을 취할 수 있는 동사입니다. 이번 과에 등장한 3격 지배 동사들을 익혀 봅시다.

예▶ Das gefällt mir gut.　　　그것이 나에게 마음에 든다.

Die Bluse steht dir gut.　　그 블라우스가 너에게 잘 어울린다.

② 4격 지배 동사 finden / nehmen / suchen / brauchen

이번 과에 등장한 4격 지배 동사의 쓰임을 예문을 통해 알아보겠습니다.

예▶ Ich finde das gut.　　　　나는 그것을 좋다고 생각해.

Wir nehmen den Bus.　　　우리는 버스를 탄다.

Suchst du eine Bluse?　　너는 하나의 블라우스를 찾고 있니?

Er braucht mich.　　　　그는 나를 필요로 해.

③ 분리동사 aussehen

분리동사는 현재 시제와 과거 시제에서 전철이 분리됩니다. 아직 과거 시제는 배우지 않았으므로 현재 시제 예문으로 복습해 보겠습니다. 분리전철의 종류에는 ab, ein, auf, aus, fern, teil, mit, zurück, zu, bei, vor 등이 있습니다.

예▶ aus | sehen ~하게, ~처럼 보이다

Sie sehen gut aus.　　　　당신은 좋아 보이시네요.

Du siehst nicht gut aus.　너 안 좋아 보여.

4 자주 쓰이는 분리동사 익히기

분리동사	의미	예문	해석
fernsehen	TV 보다	Ich sehe gern fern.	나는 TV를 즐겨 본다.
zuhören	~에게 귀 기울이다	Er hört mir zu.	그는 나에게 귀 기울인다.
einladen	초대하다	Wir laden dich ein.	우리는 너를 초대한다.
ausgehen	외출하다	Sie geht mit Sara aus.	그녀는 Sara와 외출한다.

5 불규칙 동사 nehmen / wissen / finden / gefallen / aussehen

이번 과에 나온 불규칙 동사의 어미 변화를 표로 살펴보세요.

주격 인칭대명사	nehmen 취하다	wissen 알다	finden 생각하다	gefallen 마음에 들다	aussehen ~하게 보이다
ich	nehme	weiß	finde	gefalle	sehe...aus
du	nimmst	weißt	findest	gefällst	siehst...aus
er / sie / es	nimmt	weiß	findet	gefällt	sieht...aus
wir	nehmen	wissen	finden	gefallen	sehen...aus
ihr	nehmt	wisst	findet	gefallt	seht...aus
sie / Sie	nehmen	wissen	finden	gefallen	sehen...aus

6 정관사류 dies- 어미 변화

정관사의 의미를 굳이 번역하자면 '이', '그', '저'의 의미가 되는데, dies-도 이와 비슷합니다. 정관사보다는 조금 더 구체적이고 집중적인 표현 즉, '바로 이', '바로 그', '바로 저'의 의미가 될 수 있습니다. 정관사와 같은 어미 변화를 하기 때문에 정관사류라고 불리는 관사입니다. 표를 통해 어미 변화를 확인하세요.

	남성	여성	중성	복수
1격	dieser	diese	dieses	diese
2격	dieses	dieser	dieses	dieser
3격	diesem	dieser	diesem	diesen
4격	diesen	diese	dieses	diese

Aufgabe 1 ▶ 녹음을 듣고, 빈칸에 알맞은 단어를 쓰세요.   🎧 Track 07-03

Julia: Hey, wie findest du das [ⓐ _____]?

Hana: Es ist schön!

Julia: Ach, ich [ⓑ _____] nicht, die Farbe steht mir irgendwie nicht.

Hana: Mir gefällt die Farbe. Und es ist sehr [ⓒ _____].

Julia: Ja? Was [ⓓ _____] es?

Aufgabe 2 ▶ 단어의 순서를 알맞게 배열하여 문장을 만들어 보세요.

ⓐ Sie, Können, mir, helfen (저 좀 도와주시겠어요?)

ⓑ Was, Sie, kann, ich, für, tun (뭘 도와드릴까요?)

ⓒ Freundin, lernt, Meine, Deutsch (제 친구(여)는 독일어를 배워요.)

ⓐ ⇨ _____ ?

ⓑ ⇨ _____ ?

ⓒ ⇨ _____ .

Aufgabe 3 보기를 보고 빈칸에 알맞은 동사 변형 형태를 쓰세요.

> **보기**   **Können** Sie mir helfen?

ⓐ Was _____ ich für Sie tun? (können)

ⓑ Das _____ gut aus. (sehen)

ⓒ Was _____ du? (nehmen)

ⓓ Ich _____ es nicht. (wissen)

Aufgabe 4 아래의 문장을 독일어로 작문하고, 정답을 확인한 다음 올바른 문장을 소리 내어 말해 보세요.

> ⓐ 저는 하나의 사전을 찾고 있습니다.
> ⓑ 이거 얼마예요?
> ⓒ 저는 이것으로 하겠습니다.

ⓐ ⇨ _____

ⓑ ⇨ _____

ⓒ ⇨ _____

❶ ⓐ Kleid ⓑ weiß ⓒ billig ⓓ kostet

❷ ⓐ Können Sie mir helfen? / ⓑ Was kann ich für Sie tun? / ⓒ Meine Freundin lernt Deutsch.

❸ ⓐ kann ⓑ sieht ⓒ nimmst ⓓ weiß

❹ ⓐ Ich suche ein Wörterbuch. / ⓑ Was kostet das? / ⓒ Ich nehme das.

🎧 Track 07-04

 쇼핑할 때 유용한 표현

손님이 하는 말	점원이 하는 말
계산은 어디서 할 수 있나요? **Wo kann ich bezahlen?**	봉투 필요하세요? **Brauchen Sie eine Tüte?**
계산하는 곳은 어디에 있나요? **Wo ist die Kasse?**	사이즈가 어떻게 되세요? **Wie ist Ihre Größe?**
쌀을 못 찾겠어요. **Ich finde den Reis nicht.**	영수증 필요하세요? **Brauchen Sie den Beleg / die Quittung/ den Kassenbon?** *Beleg은 계산된 것이 적힌 증거 서류의 의미가 강하고 Quittung이 일반적으로 많이 쓰이는 영수증을 의미합니다. Kassenbon은 전표의 의미가 있지만 세 가지 모두 영수증을 요구할 때 쓸 수 있는 단어입니다.
(이것) 입어 봐도 될까요? **Darf ich das anprobieren?**	여기에 사인해 주세요. **Unterschreiben Sie hier bitte.**
이거 세일하나요? **Ist das im Angebot?**	
전부 다 해서 얼마인가요? **Wie viel kostet alles zusammen?**	

Wie viel kosten sie?

독일 만나GO!

DEUTSCHLAND

독일의 식당과 상점

독일의 식당 주인들은 한국이나 일본처럼 '손님은 왕이다.'로 대표되는 서비스 정신을 크게 내세우지 않는 편입니다. 한국인이 독일에서 식당이나 상점에 처음 방문한 상황이라면 점원의 태도가 불친절하게 느껴질지도 모릅니다. 예를 들어 식당에 손님이 들어와도 바로 자리를 안내해 주지 않을 수도 있고, 자리를 잡은 후에도 메뉴판을 받는 데까지 오래 기다려야 할 수 있습니다. 게다가 메뉴판을 받고 나서도 주문을 받으러 바로바로 오지 않으며, 10분 이상 기다려야 할지도 모릅니다. 그러니 독일을 여행한다면 상점에서든, 식당에서든 다소 느긋하게 마음을 먹고 있는 게 좋습니다.

식당에서 물을 먹을 때도 차이가 있습니다. 대부분의 한국인들에게는 식당에서 물을 따로 사 먹는 방식이 익숙하지 않겠지만, 독일의 식당에서 물을 마시고 싶다면 따로 주문을 해야 합니다. 보통 음식을 시키기 전 우선 음료를 시키고 나중에 음식을 시키는데, 기다리기 힘들거나 번거롭다면 음료와 음식을 한꺼번에 주문해도 됩니다. 식당에서 계산을 할 땐 식사를 마치고 앉은자리에서 지불하는데, 점원을 불러 계산서를 받고 음식값을 지불하는 방식입니다. 이때 보통 총 금액의 10% 정도는 팁으로 주는 것이 일반적입니다. 팁을 줄 때는 'Stimmt so. 거스름돈은 팁입니다.'라고 말해도 좋습니다.

상점들은 오후 8시 정도면 모두 영업을 종료하며, 주말에는 기차역이나 주유소의 마트를 제외하면 거의 모든 슈퍼마켓이 문을 닫는다는 점도 알아 두세요.

◀ 독일의 식당 풍경

TAG
08

Ich möchte
ein Dunkles,
bitte!

저는 흑맥주 한 잔 주세요!

▶ 8강

＼ 학습 목표
음식과 음료를 주문할 수 있다.
맛 평가와 계산을 할 수 있다.

＼ 공부할 내용
화법조동사
접속법 2식 동사
과거 표현
형용사 어미 변화

＼ 주요 표현
Können wir jetzt bestellen?
Was hätten Sie gern?
Wir möchten bezahlen.
Das macht alles 37 Euro.
Ja, es war super.

🎧 Track 08-01

📑 Dialog 1

라라와 율리아는 레스토랑에서 식사와 음료를 주문합니다.

Lara	Können wir jetzt bestellen? 쾨넨 v비:어 예츠트 베슈텔렌
Kellner	Aber natürlich. Was hätten Sie gern? 아버 나튀:얼리히 v바스 해튼 지: 게안
Lara	Ich nehme die Speise mit der Nummer 이히 네:므 디 슈파이제 밑 데어 누머 20. Das ist ein Schweinebraten. 츠v반치히 다스 이스트 아인 슈v바이네브흐라:텐
Kellner	Ja. Und für Sie? 야 운트 f퓌어 지:
Julia	Für mich ein Wiener Schnitzel bitte. f퓌어 미히 아인 v비:너 슈닛첼 비테
Kellner	Und was möchten Sie trinken? 운트 v바스 뫼히텐 지: 트흐링크
Lara	Ich hätte gern ein helles Bier. 이히 해테 게안 아인 헬레스 비:어
Julia	Ich möchte ein Dunkles, bitte! 이히 뫼히테 아인 둥클레스 비테
Kellner	In Ordnung! Danke. 인 오언농 당케

라라	저희 지금 주문할 수 있을까요?
웨이터	그럼요. 뭐 드릴까요?
라라	저는 여기 20번 메뉴요. 돼지고기 구이요.
웨이터	네. 당신은요?
율리아	저는 비너 슈닛첼 하나요.
웨이터	마실 것은 뭘 원하시나요?
라라	저는 보통 맥주 하나 주세요.
율리아	저는 흑맥주 한 잔 주세요!
웨이터	알겠습니다! 감사합니다.

 VOKABELN **können** (화법) ~할 수 있다 **jetzt** (부) 지금 **natürlich** (부) 당연하게, 물론 **hätte gern** ~을(를) 원하다, 하고 싶다 **nehmen** (동) ~을(를) 주문하다 **e. Speise** (명) 음식, 메뉴 (pl.) Speisen **e. Nummer** (명) 번호 (pl.) Nummern **mit** (전) ~와(과) 함께, ~을(를) 가진 **r. Schweinebraten** (명) 돼지고기구이 **für** (전) ~을(를) 위한, ~에게 **s. Wiener Schnitzel** (명) 비너 슈닛첼 (소고기 커틀릿) **hell** (형) 밝은 (↔ dunkel 어두운) **helles Bier** 보통 맥주 **dunkles (Bier)** 흑맥주 **in Ordnung** (= ok) 알겠습니다.

 ● **포인트 잡GO!**

❶ 동사 nehmen은 '~을(를) 취하다'의 뜻으로 여기에서처럼 주문할 때 동사 nehmen을 사용하면 '~을(를) 선택하여 주문하겠다, 먹겠다, 사겠다'를 나타내는 표현이 됩니다.

❷ 특정 메뉴나 식사는 'die Speise', 메뉴판은 'die (Speise) Karte'이며 'das Menü'는 주로 정식이나 세트 메뉴를 뜻합니다.

1 주문하고 싶다고 말하기

Wir möchten bestellen! v비:어 뫼히텐 베슈텔른   저희 **주문하고 싶어요!**

Ich möchte bestellen. 이히 뫼히테 베슈텔른   저는 **주문하고 싶습니다.**

Bestellen, bitte! 베슈텔른 비테   **주문**이요!

Tipp 주문하겠다고 말할 땐 bestellen 동사를 사용합니다.

2 주문하기

Ich nehme 이히 네:메 **음식 / 음료명**   저는 ~을(를) **먹을게요.**

Ich möchte 이히 뫼히테 **음식 / 음료명**   저는 ~을(를) **원합니다.**

Ich hätte gern 이히 해테 게안 **음식 / 음료명**   저는 ~을(를) **원합니다.**

Tipp möchte와 hätte gern는 접속법 2식 동사로 '~을(를) 원하다', ~하고 싶다'의 표현입니다.

3 형용사 어미 변화하여 말하기 (혼합 변화)

	남성	여성	중성	복수
1	er	e	es	en
2	en -(e)s	en	en -(e)s	en
3	en	en	en	en -(n)
4	en	e	es	en

Tipp 독일어에서 형용사가 명사를 수식할 때, 형용사 뒤에 다양한 어미가 붙습니다. 그중 이번 과에 등장한 혼합 변화 (부정관사류+형용사+명사) 형태를 살펴보세요.
- Ich hätte gern **ein** hell**es** Bier. (혼합 변화 중성 4격 어미 -es) 저는 하나의 보통 맥주를 원해요.
- Ich möchte **ein** Dunkl**es**, bitte! (혼합 변화 중성 4격 어미 -es) 저는 흑맥주를 원합니다.
두 번째 문장에서는 Bier를 생략하고 d를 대문자로 쓰면서 형용사를 명사로 변형시켜 흑색의 것(=흑맥주)으로 말할 수 있습니다.

Dialog 2

라라는 웨이터에게 거스름돈을 팁으로 줍니다.

Lara	Wir möchten bezahlen.
	v비:어 뫼히텐 베찰:렌
Kellner	Ok. Zusammen oder getrennt?
	오케이 추잠믄 오더 게트렌트
Lara	Zusammen, bitte.
	추잠믄 비테
Kellner	Das macht alles 37 Euro.
	다스 마흐트 알레스 지:븐 운트 드흐라이씨히 어이흐로
Lara	Hier 40 Euro. Stimmt so.
	히:어 f피어치히 어이흐로 슈팀트 조
Kellner	Oh, vielen Dank. Hat das Essen
	오 v필:렌 당크 할 다스 에쎈
	geschmeckt?
	게슈메크트
Julia	Ja, es war super.
	야 에스 v바 주퍼
Lara	Mir hat es auch sehr gut geschmeckt.
	미어 할 에스 아우흐 제:어 굳: 게슈메크트

라라	저희 계산하고 싶어요.
웨이터	네. 같이 하시겠어요 따로 하시겠어요?
라라	같이 해 주세요.
웨이터	다 해서 37유로입니다.
라라	여기 40유로요. 거스름돈은 팁입니다.
웨이터	오, 정말 감사합니다. 음식은 맛있으셨나요?
율리아	네, 최고였어요.
라라	저에게도 맛이 아주 좋았어요.

 bezahlen 동 지불하다, 계산하다 **zusammen** 부 함께, 같이 **getrennt** 부 따로, 나누어서 **Das macht alles ~** 다 해서 (~가격)입니다 **(Das) stimmt so.** 거스름돈은 팁입니다. / 가지세요. **s. Essen** 음식 **schmecken** 동 맛이 나다 **war** 동 ~이었다 (sein 동사의 과거형)

 ● 포인트 잡GO!

❶ 독일의 레스토랑에서 계산은 종업원이 직접 테이블에 와서 해 주는 경우가 대부분입니다. 일반적으로 각자 자기가 먹은 것을 계산하는 'getrennt 더치페이'를 합니다. 상대를 초대했거나 대접할 땐 'zusammen 같이' 계산하겠다고 말하면 됩니다.

❷ 팁은 총 금액의 10% 정도가 일반적입니다.

1 계산해 달라고 말하기

Wir möchten bezahlen! v비:어 뫼히텐 베찰:렌   저희 **계산하고** 싶어요!

Ich möchte bezahlen. 이히 뫼히테 베찰:렌   저는 **계산하고** 싶습니다.

Bezahlen bitte! 베찰:렌 비테   **계산**이요!

> **Tipp** bezahlen 동사를 사용하여 계산하겠다고 말하면 됩니다.

2 팁 주기

(Das) Stimmt so. (다스) 슈팀트 조   거스름돈은 팁입니다.

> **Tipp** stimmen 동사는 '일치하다', '맞다'라는 뜻이며 위 문장을 직역하면 'so 그렇게 해서' 맞는 것으로 하자는 의미입니다. 원래 가격은 37유로지만 40유로를 주면서 'Stimmt so.'라고 말하면 40유로로 계산하겠다 즉, 나머지 3유로는 팁이라는 의미가 됩니다.

3 음식이 맛있었는지 말하기

Hat das Essen geschmeckt? 핱 다스 에쎈 게슈메크트   음식은 맛있었나요?

Ja, es war super. 야 에스 v바 주퍼   네, 최고였어요.

Mir hat es auch sehr gut geschmeckt.   저에게도 맛이 아주 좋았어요.
미어 핱 에스 아우흐 제:어 귙: 게슈메크트

> **Tipp** schmecken 동사는 '~에게 맛이 나다'라는 뜻으로 3격 목적어를 갖는 3격 지배 동사입니다. geschmeckt는 schmecken 동사의 과거 분사형이고요. 'haben+과거 분사(과거 분사의 위치는 문장 맨 뒤)'는 현재 완료 시제로, 독일어에서는 과거를 표현할 때 주로 현재 완료 시제를 사용합니다. 다만 '~였다'라고 표현할 때는 sein 동사의 과거형인 war의 형태를 씁니다. 즉, sein 동사는 현재 완료보다 단순 과거 시제를 주로 사용합니다. sein, haben, werden처럼 많이 쓰는 기본 동사이거나 화법조동사는 과거 시제를 써서 과거 표현을 합니다.

1 화법조동사

화법조동사는 화자의 능력, 의지, 의무, 기호 등을 나타내는 조동사로, 본동사는 동사 원형으로 문장 맨 뒤에 위치합니다. 다양한 화법조동사의 의미와 동사 변화를 표로 살펴보세요.

주격 인칭대명사	können ~할 수 있다	wollen ~하려고 하다	müssen ~해야 한다	sollen ~해야 한다	dürfen ~해도 좋다	möchte ~하고 싶다
ich	**kann**	will	muss	soll	darf	möchte
du	kannst	willst	musst	sollst	darfst	möchtest
er / sie / es	**kann**	will	muss	soll	darf	möchte
wir	können	wollen	müssen	sollen	dürfen	möchten
ihr	könnt	wollt	müsst	sollt	dürft	möchtet
sie / Sie	können	wollen	müssen	sollen	dürfen	möchten

// 모든 독일어 조동사의 현재 인칭 어미 변화 형태는 불규칙하며, 1인칭 단수인 ich와 3인칭 단수 er / sie / es 의 변화형이 같습니다. 그리고 du에 대한 어미 변화는 여기에 -st를 붙이면 됩니다. 즉 ich의 형태 하나만 잘 외워 두면 du, er / sie / es의 변화를 자연스럽게 같이 외울 수 있습니다. 나머지 복수 및 존칭 주어는 원래의 규칙을 따르므로 따로 외우지 않아도 됩니다.

Ich bestelle jetzt. 나는 이제 주문한다.

→ Ich **möchte** jetzt **bestellen**. 나는 이제 **주문하고 싶다.**

Wir bezahlen jetzt. 우리는 이제 계산한다.

→ Wir **möchten** jetzt **bezahlen**. 우리는 이제 **계산하고 싶어요.**

> **Tipp** '조동사+동사 원형'으로 쓰되, 동사 원형은 문장에서 맨 뒤로 가는 것을 잊지 마세요.

2 전치사의 격 지배

독일어는 전치사마다 각각 격 지배를 합니다. 전치사마다 그 뒤에 와야 하는 격이 정해져 있다는 뜻입니다. 전치사를 공부할 땐 전치사의 의미와 격 지배까지 함께 외워 둬야 문장을 제대로 말하고 쓸 수 있습니다. 이번 과에 등장한 전치사의 격 지배를 살펴보겠습니다.

예 **mit**: ~와(과) 함께 / (+교통수단)~을(를) 타고 / (+수단 / 도구)~으로 / ~을(를) 곁들여+3격 지배

- mit der Nummer 20: 20번이 쓰여진 (20번과 함께)

Nummer의 성은 여성, 여성 3격 정관사는 der

für: ~을(를) 위한 / ~에 찬성하는 / ~에게 + 4격 지배
- Für Sie: 당신을 위하여, 당신에게
- Für mich: 나를 위해, 나에게
Sie와 mich는 인칭대명사의 4격 - Sie: 당신을 / mich: 나를

③ 접속법 2식 동사

접속법 2식이란 '~할 텐데' 또는 직설법보다 조금 더 공손한 표현이라고 우선 간단히 알아 두세요. 그중 이번 과에 등장한 möchte는 '~하면 좋을 텐데'에서 확장되어 '~을(를) 원하다', '~하고 싶다'라는 뜻이 되었습니다. hätte gern 역시 직역은 '~을(를) (즐겨) 가질 텐데(가졌으면 좋을 텐데)'의 뜻에서 '~을(를) 원하다', '~하고 싶다'라는 뜻이 되었습니다. möchte와 같은 뜻으로 알아 두면 됩니다.

예 hätte gern (=möchte): ~을(를) 원하다, ~하고 싶다 → ~을(를) 주세요, ~을(를) 원해요

Tipp möchte 동사 역시 동사 'mögen ~을(를) 좋아하다'에서 파생된 접속법 2식 동사입니다.

// 접속법 2식 동사 만드는 법: 동사 원형 → 과거형 → 접속법 어미 붙이기
예 haben → hatte → hätte (+불규칙 동사로 a, o, u가 있을 경우 변모음 추가)

접속법 어미

주격 인칭대명사	접속법 어미
ich	-e
du	-est
er / sie / es	-e
wir	-en
ihr	-et
sie / Sie	-en

hätte 동사의 변형 형태 한눈에 보기

주격 인칭대명사	hätte 가질 텐데
ich	hätte
du	hättest
er / sie / es	hätte
wir	hätten
ihr	hättet
sie / Sie	hätten

④ nehmen 동사 어미 변화

nehmen 동사는 2인칭 단수와 3인칭 단수가 주어일 때 불규칙 변화하는 동사입니다.

주격 인칭대명사	nehmen 취하다, 사다, 선택하다
ich	nehme
du	nimmst
er / sie / es	nimmt
wir	nehmen
ihr	nehmt
sie / Sie	nehmen

Aufgabe 1 녹음을 듣고, 빈칸에 알맞은 단어를 쓰세요.

🎧 Track 08-03

Lara: Können wir jetzt [ⓐ _____] ?

Kellner: Aber natürlich. Was hätten Sie gern?

Lara: Ich [ⓑ _____] die Speise mit der Nummer 20.
Das ist ein Schweinebraten.

Kellner: Ja. Und für Sie?

Julia: [ⓒ _____ _____] ein Wiener Schnitzel bitte.

Kellner: Und was [ⓓ _____] Sie trinken?

Lara: Ich [ⓔ _____ _____] ein helles Bier.

Julia: Ich möchte ein Dunkles, bitte!

Kellner: In Ordnung! Danke.

Aufgabe 2 단어의 순서를 알맞게 배열하여 문장을 만들어 보세요.

ⓐ hätte, Ich, helles, gern, ein, Bier (저는 보통 맥주 한 잔 주세요.)

ⓑ hätten, Was, Sie, gern (무엇을 원하시나요?)

ⓒ bezahlen, Wir, möchten (저희는 계산하고 싶어요.)

ⓐ ⇨ _____ .

ⓑ ⇨ _____ ?

ⓒ ⇨ _____ .

Aufgabe3 단어의 순서를 알맞게 배열하여 문장을 만들어 보세요.

> **보기**   Ich **nehme** ein Schnitzel.

ⓐ Was _____ du?

ⓑ Er _____ ein Eis.

ⓒ Ihr _____ zwei Bier.

Aufgabe4 아래의 문장을 독일어로 작문하고, 정답을 확인한 다음 올바른 문장을 소리 내어 말해 보세요.

> ⓐ 당신은 무엇을 마시고 싶습니까?
> ⓑ 같이 또는 따로 (계산해 드릴까요)?
> ⓒ 거스름돈은 팁입니다.

ⓐ ⇨ _____

ⓑ ⇨ _____

ⓒ ⇨ _____

❶ ⓐ bestellen ⓑ nehme ⓒ Für mich ⓓ möchten ⓔ hätte gern

❷ ⓐ Ich hätte gern ein helles Bier. / ⓑ Was hätten Sie gern? / ⓒ Wir möchten bezahlen.

❸ ⓐ nimmst ⓑ nimmt ⓒ nehmt

❹ ⓐ Was möchten Sie trinken? / ⓑ Zusammen oder getrennt? / ⓒ (Das) stimmt so.

🎧 Track 08-04

 레스토랑에서 유용한 표현

예약

Haben Sie schon reserviert?	예약하셨나요?
Ja. Ich habe einen Tisch für 4 Personen reserviert.	네. 4명을 위한 한 테이블을 예약했어요.

* einen Tisch reservieren 한 테이블을 예약하다

주문

Entschuldigung! Kann ich jetzt bestellen?	여기요! 지금 주문할 수 있을까요?
Ja, ich komme gleich.	네, 곧 가겠습니다.

* 웨이터를 부를 때는 먼저 Entschuldigung!(실례합니다!)라고 해도 좋습니다. 또한 메뉴판을 달라고 할 때는
Speisekarte, bitte. 라고 할 수도 있습니다.

계산

Die Rechnung, bitte!	계산서 좀 주세요!
Ich möchte jetzt bezahlen.	지금 계산하고 싶어요.

* die Rechnung 계산서

① 음식 (das Essen)

애피타이저	die Vorspeise
수프	die Suppe
샐러드	der Salat
스테이크	das Steak
닭 요리	das Hähnchen
해산물	die Meeresfrüchte
소스	die Soße
디저트	die Nachspeise
아이스크림	das Eis
감자튀김	die Pommes Frites
케이크	der Kuchen

③ 식사 도구 (das Besteck)

나이프	das Messer
포크	die Gabel
숟가락	der Löffel
젓가락	die Stäbchen

② 음료 (das Getränk)

물	das Mineralwasser
와인	der Wein
오렌지 주스	der Orangensaft
커피	der Kaffee
차	der Tee
우유	die Milch

④ 기타 단어 및 표현 (etc.)

세트 메뉴	das Menü
매장에서 먹고 가는	zum hier Essen
포장하는	zum Mitnehmen
냅킨	die Serviette
화장실	die Toilette
신용 카드	die Kreditkarte
영수증	die Quittung
팁	das Trinkgeld

독일의 지역별 대표 맥주

//1 쾰른 - Kölsch

'Kölsch 쾰쉬'라는 이름은 쾰른 양조 협회에 속한 쾰른의 양조장에서 만든 맥주에만 쓸 수 있으며 쾰쉬의 종류만 해도 10가지 이상입니다. 그중 우리나라에 잘 알려진 것은 'Gaffel Kölsch 가펠 쾰쉬'로, 1302년 설립된 독일 쾰른 가펠 양조장에서 양조한 쾰쉬 스타일의 맥주입니다.

//2 뒤셀도르프 - Altbier

고소하면서도 쓴맛이 있는 'Altbier 알트비어'는 뒤셀도르프의 지역 맥주입니다. 뒤셀도르프에 방문할 기회가 있다면 꼭 맛보기를 권합니다. 물론 병맥주로도 생산되며 그중 Diebels가 많이 알려진 편입니다.

//3 뮌헨 - Weissbier

맥주 축제인 Oktoberfest로 유명한 뮌헨의 대표 맥주는 'Weissbier 바이스비어'로, 옅은 황금색의 보통 맥주, 또는 백맥주입니다. 뮌헨에서는 앞에서 배운 대로 Helles, bitte!라고 외치면 바로 백맥주라고 알아듣습니다. 또한 뮌헨에서는 1리터짜리의 큰 맥줏잔 Mass에 맥주를 담아 마시는 것을 즐깁니다.

//4 베를린 - Berliner Weisse

베를리너 필스너라는 맥주도 유명하지만 'Berliner Weisse 베를리너 바이스비어'는 과일 시럽이 더해져 달콤하면서도 도수가 높지 않은 맥주입니다. 가볍고 상큼하게 즐길 수 있으며 Berliner Kindle Weisse라는 이름의 병맥주가 잘 알려져 있습니다. 한 아이가 맥줏잔에 빼꼼히 숨어 있는 그림이 그려져 있습니다.

◀ 독일의 맥주 축제 Oktoberfest

Wo ist hier eine Bank?

TAG
09

Wo ist hier eine Bank?

여기 은행이 어디에 있나요?

▶ 9강

＼ 학습 목표
다양한 기관명, 장소명을 말할 수 있다.
길을 묻고 답할 수 있다.

＼ 공부할 내용
어디로 가는지 묻고 답하기
얼마나 먼지 묻고 답하기
방향을 나타내는 어휘

＼ 주요 표현
Entschuldigung!
Wo ist hier eine Bank?
Gibt es hier in der Nähe eine Bank?

🎧 Track 09-01

 Dialog 1

하나는 은행에 가려고 합니다.

Hana	Entschuldigen Sie, wo ist hier eine 엔츌:디겐 지: v보:이스트 히:어 아이느 Bank? 방크
Passant 1	Oh, tut mir leid. Ich bin auch fremd hier. 오: 투트 미어 라이트 이히 빈 아우흐 f프흐렘트 히:어
Hana	Entschuldigung! Gibt es hier in der 엔츌:디궁 깁트 에쓰 히:어 인 데어 Nähe eine Bank? 내:에 아이느 방크
Passant 2	Ja, gehen Sie geradeaus und dann 야 게:엔 지: 그흐라데아우스 운 단 nach rechts. 나흐 흐레히츠
Hana	Geradeaus und dann nach rechts? 그흐라데아우스 운 단 나흐 흐레히츠
Passant 2	Ja, genau. Die Bank ist auf der linken Seite. 야 게나우 디: 방크 이스트 아우f 데어 링큰 자이테
Hana	Ok, danke sehr! 오케이 당케 제:어
Passant 2	Gern geschehen! Tschüs! 게안 게슈에:엔 츄스

하나	실례합니다, 여기 은행이 어디에 있나요?
행인 1	오, 미안합니다. 저도 여기 잘 몰라요.
하나	실례합니다! 여기 근처에 은행이 하나 있나요?
행인 2	네, 직진으로 가서서 오른쪽으로 가세요.
하나	직진하고 나서 오른쪽으로요?
행인 2	네, 맞아요. 은행은 왼쪽에 있어요.
하나	알겠습니다, 정말 감사해요!
행인 2	별말씀을요! 안녕히 가세요!

> **VOKA BELN** entschuldigen ⑧ 실례하다 e. Bank ⑲ 은행 **(Es)Tut mir leid.** 미안합니다. / 유감입니다. **fremd** ⑲ 낯선, 초행의 **es gibt** ~이(가) 있다 **in der Nähe** 가까이에, 근처에 **geradeaus** ⑨ 직진으로 **rechts** ⑨ 오른쪽 **nach rechts** 오른쪽으로 **links** ⑨ 왼쪽의 **e. Seite** ⑲ 편, 쪽 **Gern geschehen.** 천만에요.

🎯 **● 포인트 잡GO!**

❶ 상대방에게 '실례합니다.', '말씀 좀 여쭤볼게요.'라고 실례나 양해를 구할 땐 'Entschuldigen Sie!' 또는 'Entschuldigung!'이라고 말해 보세요.

❷ 상대의 감사 표현에 대해 '괜찮아요', '별말씀을요.', '뭘 그런 걸 가지고.'라고 답하고 싶다면 'Gern geschehen.'이라고 말해 보세요. 비슷한 표현으로는 'Nichts zu danken! 고마워할 것 없어요!', 'Bitte sehr! 괜찮아요!'가 있습니다.

1 길 묻기

Entschuldigen Sie, wo ist hier eine Bank? 실례합니다, 여기 은행이 어디에 있나요?
엔츌:디겐 지: v보: 이스트 히:어 아이느 방크

Entschuldigung! Gibt es hier in der Nähe eine Bank?
엔츌:디궁 깁트 에쓰 히:어 인 데어 내:에 아이느 방크
실례합니다! 여기 근처에 은행이 하나 있나요?

> **Tipp** 모르는 사람에게 길을 묻거나 호의를 구할 땐 'Entschuldigen Sie!'또는 'Entschuldigung!'으로 말문을 열면 자연스럽습니다. '~이(가) 어디에 있나요?'라고 장소를 물어볼 땐 'Wo ist hier+장소?'라고 말해 보세요. 'Gibt es hier in der Nähe+장소?'는 '여기에 ~이(가) 있나요?'입니다.

2 길 알려 주기

Gehen Sie geradeaus und dann nach rechts. 직진으로 가서서 **오른쪽으로 가세요**.
게:엔 지: 그흐라데아우스 운 단 나흐 흐레히츠

Die Bank ist auf der linken Seite.   은행은 **왼쪽에** 있어요.
디: 방크 이스트 아우f 데어 링큰 자이테

> **Tipp** 길을 묻거나 알려 줄 때 유용한 표현 'Gehen Sie ~' 및 'geradeaus 직진', 'nach rechts 우회전', 'nach links 좌회전'을 알아 두세요. 목적지가 왼쪽에 있으면 'auf der linken Seite', 오른쪽에 있으면 'auf der rechten Seite'라고 말하면 됩니다.

3 길 모른다고 말하기

Ich bin auch fremd hier.   저도 여기 잘 몰라요.
이히 빈 아우흐 f프흐렘트 히:어

> **Tipp** fremd는 '낯선, 잘 모르는'의 뜻으로, 말하는 자신 역시 길을 잘 모른다는 표현입니다. 'Ich bin auch nicht von hier. 저는 여기 사람이 아니에요.'라고 말해도 됩니다.

말문 터 GO!

Goetheplatz

BANK

🎧 Track 09-02

 Dialog 2

은행 볼일을 모두 마친 하나는 이제 괴테 광장에 가려고 합니다.

Hana	Entschuldigung, ich suche den
	엔츌디궁 이히 주헤 덴
	Goetheplatz.
	괴:테플라츠
Passant	Goetheplatz? Warten Sie mal.
	괴:테플라츠 v바으텐 지: 말
	Gehen Sie hier links und dann die erste
	게:엔 지: 히:어 링스 운 단 디: 에어스테
	Straße rechts.
	슈트흐라쎄 흐레히츠
Hana	Oh, danke. Ist hier ein Supermarkt?
	오 당케 이스트 히어 아인 수퍼마으크트
Passant	Ja, aber er ist ein bisschen weit von hier.
	야 아버 에어이스트 아인 비스혠 v바이트 f폰 히:어
Hana	Wie weit ist es denn? Kann ich zu Fuß gehen?
	v비: v바이트 이스트 에스 덴 칸 이히 추 f푸:쓰 게:엔
Passant	Zu Fuß? Nein, Sie müssen mit der
	추 f푸:쓰 나인 지: 뮈쎈 밑 데어
	U-Bahn oder mit dem Bus fahren.
	우:반: 오더 밑 뎀 부:스 f파:흐렌
Hana	Ah, vielen Dank!
	아 f피:일렌 당크

하나 실례합니다, 저는 괴테 광장을 찾고 있어요.

행인 괴테 광장이요? 잠시만 기다려 보세요. 여기서 왼쪽으로 가시고 첫 번째 길에서 우회전하세요.

하나 오, 감사합니다. 여기 수퍼마켓이 있나요?

행인 네, 그런데 여기서 좀 멀어요.

하나 얼마나 먼데요? 걸어서 갈 수 있나요?

행인 걸어서요? 아뇨, 지하철이나 버스를 타고 가야 해요.

하나 아, 정말 감사합니다!

 VOKA BELN

warten 동 기다리다 **mal** 부 한번 **erst** 형 첫 번째의 **e. Straße** 명 거리, 길, 도로 **r. Supermarkt** 명 수퍼마켓 **genau** 부 정확한, 틀림없는 **ein bisschen** 부 약간 **weit** 형 먼 **denn** 부 도대체 **zu Fuß** 걸어서 **e. U-Bahn** 명 지하철 **r. Bus** 명 버스 **fahren mit+3격** ~을(를) 타고 가다 **Vielen Dank!** 정말 감사합니다!

 • 포인트 잡GO!

❶ suchen 동사는 '~을(를) 찾고 있다'라는 의미로, 상점에서 원하는 물건을 찾을 때나 가고자 하는 장소를 찾을 때 씁니다. 길을 물을 때 'Ich suche+장소'로 말해 보세요.

❷ 잠시 생각해 봐야 할 땐 'Warten Sie mal. 잠깐만요. / 잠시만 기다려 보세요.'라고 말해 보세요.

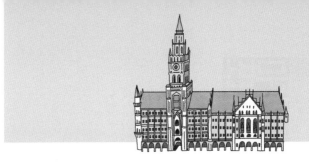

1 얼마나 먼지 묻기

Wie weit ist der Supermarkt?　　　　수퍼마켓은 **얼마나 먼**데요?

v비: v바이트 이스트 데어 수퍼마으크트

Wie weit ist die Bank?　　　　은행은 **얼마나 먼**데요?

v비: v바이트 이스트 디: 방크

> **Tipp** Wie weit는 '얼마나 먼'의 의미를 갖고 있으며 이때 es는 비인칭 주어입니다. 의문문에 denn이 있으면 '도대체'
> 라고 해석되는데, 굳이 해석하지 않고 생략해도 무방합니다.

2 걸어서 갈 수 있는지 말하기

Sie können **zu Fuß gehen**.　　　　걸어서 갈 수 있어요.

지: 쾨넨 추 f푸:쓰 게:엔

Sie können **nicht zu Fuß gehen**.　　　　걸어서 갈 수 없어요.

지: 쾨넨 니히트 추 푸:쓰 게:엔

> **Tipp** 걸어서 간다는 표현은 숙어 'zu Fuß gehen'을 씁니다. Fuß 앞에 관사를 쓰지 않는 숙어로 잘 알아 두세요.

3 이동 수단 말하기

Sie müssen mit der U-Bahn oder mit dem Bus fahren.

지: 뮈쎈 밑 데어 우:반: 오더 밑 뎀 부:스 f파:흐렌

지하철이나 버스를 타고 가야 해요.

> **Tipp** fahren 동사와 함께 mit 전치사를 쓰면 '~을(를) 타고 가다'의 의미가 됩니다. mit는 3격 지배 전치사입니다.
> 'nehmen 동사+4격 목적어 (전치사 없이)'로 말할 수도 있습니다. 3격 지배 전치사들을 아래의 표로 한눈에 정리
> 해 보세요.

von	~의, ~(으)로부터	seit	~(전)부터 지금도
bei	~(집)에, 근처에, (회사)에서, ~할 때	gegenüber	~건너편에
aus	~출신의, 안에서 밖으로, ~(으)로 만들어진	zu	~(으)로(사람, 건물), ~할 때, ~을(를) 위해
mit	~와(과) 함께, ~을(를) 타고, ~을(를) 곁들여, ~을(를) 가지고	nach	~(으)로(나라, 도시), ~한 후에, ~에 따라
außer	~을(를) 제외하고		

1 장소를 나타내는 전치사 (3, 4격 지배 전치사)

장소를 나타내는 전치사 중 3격과 4격을 모두 지배할 수 있는 전치사를 알아봅시다. 예를 들어 in은 '~에'라고 정지의 의미로 쓰일 땐 3격 지배, '~(으)로'라고 이동이나 방향을 나타낼 땐 4격 지배를 받습니다. 아래의 표와 예문으로 익혀 보세요.

전치사	3격 지배	4격 지배
hinter	~뒤에	~뒤로
an	~가(옆)에 (접촉)	~가(옆으)로 (접촉)
neben	~옆에	~옆으로
auf	~위에 (접촉)	~위로 (접촉)
in	~안에	~안으로
zwischen	~사이에	~사이로
unter	~아래에	~아래로
vor	~앞에	~앞으로
über	~위에 (비접촉)	~위로 (비접촉)

3격 지배	4격 지배
라라는 학교 **안에** 있다. Lara ist in **der** Schule. 3격 여성 정관사	라라는 학교 **안으로** 간다. Lara geht in **die** Schule. 4격 여성 정관사
나는 한 의자 **위에** 앉아 있다. Ich sitze auf **einem** Stuhl. 3격 남성 부정 관사	나는 그것을 한 의자 **위로** 놓는다. Ich stelle das auf **einen** Sthul. 4격 남성 부정 관사
그는 네 **앞에** 있다. Er steht vor **dir**. 3격 인칭대명사	그는 네 **앞으로** 간다. Er geht vor **dich**. 4격 인칭대명사

2 명령법

명령을 받는 대상에 따라 명령문의 형태는 달라집니다. 'du 너' 명령문에서는 du에 대한 현재 인칭 변화에서 -st를 삭제한 형태이고, 'ihr 너희들', 'Sie 당신 / 당신들' 명령형은 sein 동사를 제외하면 모두 현재 인칭 변화에서의 형태와 같습니다.

	현재 인칭 어미 변화	명령형
du	gehst	Geh!
ihr	geht	Geht!
Sie	gehen	Gehen Sie!

불규칙 동사 중 어간의 모음이 e→i / ie로 바뀌는 경우 동사 원형의 어간을 따 오는 것이 아니라 현재 인 칭 어미 변화에서 어미 st를 삭제해야 합니다. ihr나 Sie에 비해 주의할 점이 많으므로 du에 대한 명령 형에 유의해야 합니다.

	du	ihr	Sie
lesen	Lies!	Lest!	Lesen Sie!
essen	Iss!	Esst!	Essen Sie!
helfen	Hilf!	Helft!	Helfen Sie!

❸ 형용사 어미 변화 (약변화)

형용사가 명사를 수식하는 용법으로 쓰일 때는 수식받는 명사의 성, 수, 격 및 형용사 앞 관사의 유무와 종류에 따라 어미 변화를 합니다. '정관사+형용사+명사'의 경우 약변화라고 합니다.

	남성	여성	중성	복수
1격	-e	-e	-e	
2격			-en	
3격				
4격		-e	-e	

// 이번 과에 등장한 문장의 어미 변화를 분석해 볼까요?

Die Bank ist auf **der** link**en** Seite. 약변화 여성 3격 어미 -en (an+정지 3격)
　　　　　　　정관사 형용사　명사
Gehen Sie **die** erst**e** Straße rechts. 약변화 여성 4격 어미 -e (~을(를) 가다)
　　　　　　정관사 형용사　명사

❹ 전치사+정관사 축약

전치사 다음에 정관사를 쓸 때 축약형을 많이 씁니다. 만약 축약해서 쓰지 않으면 정관사의 의미, 즉 '이, 그, 저'를 강조하게 되기 때문이라고 기억해 두세요. 아래와 같이 축약형으로 말해 보세요.

전치사+정관사	축약형	전치사+정관사	축약형
zu dem	zum	an dem	am
zu der	zur	an das	ans
in dem	im	bei dem	beim
in das	ins	von dem	vom

Aufgabe 1 녹음을 듣고, 빈칸에 알맞은 단어를 쓰세요.

🎧 Track 09-03

Hana: [ⓐ _____] Sie, wo ist hier eine Bank?

Passant 1: Oh, tut mir leid. Ich bin auch [ⓑ _____] hier.

...

Hana: Entschuldigung! Gibt es hier [ⓒ _____ _____ _____] eine Bank?

Passant 2: Ja, gehen Sie [ⓓ _____] und dann nach rechts.

Aufgabe 2 단어의 순서를 알맞게 배열하여 문장을 만들어 보세요.

ⓐ in, eine, Gibt, hier, es, der, Nähe, Bank (근처에 은행이 있나요?)

ⓑ ist, Wie, weit, es (얼마나 먼가요?)

ⓒ Seite, ist, Die, Bank, auf, der, linken (은행은 왼쪽에 있습니다.)

ⓐ ⇨ _____ ?

ⓑ ⇨ _____ ?

ⓒ ⇨ _____ .

Aufgabe 3 보기를 보고 빈칸에 알맞은 관사 및 대명사 변형 형태를 쓰세요.

> **보기**   Die Bank steht an __der__ linken Seite. (die)

ⓐ   Lara ist in _____ Schule. (die)

ⓑ   Ich stelle das auf _____ Stuhl. (ein)

ⓒ   Er steht vor _____ . (du)

ⓒ   Lara geht in _____ Schule. (die)

Aufgabe 4 아래의 문장을 독일어로 작문하고, 정답을 확인한 다음 올바른 문장을 소리 내어 말해 보세요.

> ⓐ 걸어서 갈 수 있나요?
> ⓑ 지하철을 타거나 버스를 타고 가야 해요.
> ⓒ 저는 괴테 광장을 찾고 있어요.

ⓐ ⇨ _____

ⓑ ⇨ _____

ⓒ ⇨ _____

❶ ⓐ Entschuldigen ⓑ fremd ⓒ in der Nähe ⓓ geradeaus

❷ ⓐ Gibt es hier in der Nähe eine Bank? / ⓑ Wie weit ist es? / ⓒ Die Bank ist auf der linken Seite.

❸ ⓐ der ⓑ einen ⓒ dir ⓓ die

❹ ⓐ Kann ich zu Fuß gehen? / ⓑ Sie müssen mit der U-Bahn oder mit dem Bus fahren. /
    ⓒ Ich suche den Goetheplatz.

 길 묻고 답하기

길 묻기

Wie komme ich zum / zur+장소?	~(으)로 어떻게 가나요?
Ich suche einen / ein / eine+장소	~을(를) 찾고 있습니다.
Wie weit ist es von hier bis zu+3격(장소)?	여기서 ~(으)로 가려면 얼마나 먼가요?
Wie lange dauert es von hier zu Fuß?	여기서 걸어서 얼마나 걸려요?
Wie heißt die Straße hier?	여기가 무슨 도로죠? (거리 이름 질문)
Ist hier ein / eine+장소?	여기 ~이(가) 하나 있나요?
(=Gibt es hier einen / eine / ein+장소?)	

길 답하기

Das ist ganz einfach.	그건 아주 간단해요.
Geradeaus und bei der zweiten Kreuzung rechts.	직진하시다가 두 번째 교차로에서 오른쪽으로 가세요.
Circa 10 Minuten zu Fuß.	걸어서 약 10분 정도 걸려요.
Sie müssen einen Bus nehmen.	버스를 타셔야 합니다.
Tut mir leid, ich bin auch fremd(neu) hier.	죄송하지만, 저도 여기 처음이라서요.

 다양한 장소 말하기

독일어	한국어	독일어	한국어
r. Markt	시장	e. Buchhandlung	서점
s. Kaufhaus	백화점	e. Bibliothek	도서관
s. Restaurant	식당	e. Tankstelle	주유소
e. Praxis	개인 병원	e. Reinigung	세탁소
e. Apotheke	약국	e. Bushaltestelle	버스 정류장
e. Post	우체국	r. Flughafen	공항
s. Kino	영화관	s. Theater	극장
r. Bahnhof	기차역	e. Kneipe	술집
s. Reisebüro	여행사	e. Disko / r. Club	클럽
e. Schule	학교	s. Fundbüro	분실물 센터
e. Universität	대학교		

Track 09-04

어휘 늘리GO!

WORTSCHATZ

독일 만나GO!

DEUTSCHLAND

// **독일의 업무 처리 방식**

한국 사람들이 독일의 관공서나 기업을 찾아가 업무를 볼 경우 '왜 이렇게 일 처리가 느릴까?'라고 생각할지도 모릅니다. 계좌 개설, 비자 신청 등의 처리 기간을 예로 들자면 짧게는 일주일, 길게는 한 달까지도 걸립니다. 한국과 비교하면 조금은 답답하게 느껴질 수 있지만, 이런 방식 또한 독일이라는 나라의 문화로 이해하는 것이 좋습니다.

// **독일의 시간 문화**

전반적으로 독일 사람들은 정해진 약속 시간을 잘 지킨다고 알려져 있습니다. 물론 개인에 따라 약속 시간을 잘 지키지 않는 독일 사람도 있을 순 있지만, 전반적인 평균으로 봤을 때 시간 준수 문화는 독일인의 국민성이라고 할 수 있을 정도입니다. 단 약속 시간에 비해 너무 미리 가는 것도 예의에 어긋날 수 있음을 고려하세요. 특히 초대를 받은 시간보다 너무 일찍 도착한다면, 상대방에게 준비할 시간을 충분히 주지 못한 것으로 여겨질 수 있습니다.

// **독일인과 친해지기**

독일 사람들은 지키지 못할 약속은 잘 하지 않는 편입니다. 이른바 '빈말'에 해당되는 소리를 하지 않는다고 보면 됩니다. 또한 남에게 피해를 주는 것도, 남으로부터 피해를 받는 것도 좋아하지 않는다는 인상을 풍깁니다. 얼핏 보면 타인에게 관심이 없거나 불친절하다는 느낌을 줄 수 있지만, 꼭 필요한 도움을 요청받으면 적극적으로 도와주려고도 합니다. 따라서 신중하게, 또 조금은 융통성 있게 행동하는 게 좋겠죠? 독일인과 친해지기 위해서는 오랜 시간이 걸릴 수 있지만, 한번 친해지면 평생 동안 친구가 될 수 있을 것입니다.

Wann fährt der nächste Zug?

Wann fährt der nächste Zug?

언제 다음 기차가 운행하나요?

▶ 10강

╲ **학습 목표**
차표를 구매할 수 있다.

╲ **공부할 내용**
차표 구매하기
기차 운행 정보에 대해 묻기
시각 표현하기

╲ **주요 표현**
Ich möchte eine Fahrkarte nach München.
Einfach oder hin und zurück?
Wann komme ich in München an?

SPRECHEN

🔊 Track 10-01

 Dialog 1

하나는 뮌헨으로 가는 기차표를 사려고 합니다.

Hana	Guten Tag, ich möchte eine Fahrkarte 구:튼 탁: 이히 뫼히테 아이느 f파:카으테 nach München. 나흐 뮌히엔
Angestellter	Einfach oder hin und zurück? 아인f파흐 오더 힌 운 추흐뤽
Hana	Einfach bitte. Wann fährt der nächste 아인f파흐 비테 v반 f페:어트 데어 네히스테 Zug? 쭈욱
Angestellter	In 20 Minuten. Um 9:30 Uhr. 인 츠반치히 미누:텐 움 너인 우:어 드흐라이씨히
Hana	Auf welchem Gleis fährt der Zug ab? 아우f v벨히엠 글라이스 f페:어트 데어 쭈욱 압
Angestellter	Auf Gleis 5. 아우f 글라이스 f퓐f프
Hana	Muss ich umsteigen? 무스 이히 움슈타이겐
Angestellter	Nein, der Zug fährt direkt nach München. 나인 데어 쭈욱 f페:어트 디흐렉트 나흐 뮌히엔

하나 안녕하세요, 뮌헨으로 가는 차표 하나 주세요.

직원 편도요, 왕복이요?

하나 편도로 주세요. 언제 다음 기차가 운행하나요?

직원 20분 후, 9시 30분이에요.

하나 어떤 승차장에서 기차가 출발하나요?

직원 5번 승차장이요.

하나 갈아타야 하나요?

직원 아니요, 그 기차가 바로 뮌헨으로 갑니다.

VOKA BELN

e. Fahrkarte 몧 차표 einfach 뮈 편도로 oder 졉 또는 hin und zurück 뮈 왕복으로 fahren
동 운행하다 nächst 혱 다음의 r. Zug 몧 기차 s. Gleis 몧 승차장 abfahren 동 출발하다
umsteigen 동 환승하다 direkt 뮈 곧바로

 • 포인트 잡GO!

❶ 'Ich möchte ~'는 원하는 것을 공손하게 부탁하는 '~을(를) 주세요.'의 의미입니다. 음식이나 음료 주문,
원하는 것 선택, 여기에서처럼 차표 구매 시에도 말할 수 있습니다. 뒤에 동사 원형을 이끌어 '~하고 싶다',
'~하겠다'로도 쓰입니다.

　예 Ich möchte ein Bier. 맥주 하나 주세요. / Ich möchte bestellen. 저 주문할게요.

❷ in 전치사 다음에 시간적인 개념이 나오면 '~후에'가 됩니다. 정각을 나타낼 땐 숫자 앞에 um 전치사로
말해 보세요. 시간을 말하는 순서는 'um+시+Uhr+분'입니다.

　예 **um** zwei Uhr (**um** 2 Uhr) 2시에 / **um** zwei Uhr zwanzig Minuten (**um** 2:20 Uhr) 2시 20분에

SCHLÜSSEL 핵심 배우GO!

1 차표 구매하기

Ich möchte eine Fahrkarte nach München.
이히 뫼히테 아이느 f파:카으테 나흐 뮌히엔

뮌헨으로 가는 차표 하나 주세요.

Ich möchte heute nach München fahren.
이히 뫼히테 허이테 나흐 뮌히엔 파흐렌

오늘 뮌헨으로 가고 싶습니다.

> **Tipp** 명사 'Fahrkarte 차표'로 말할 수도 있고, '언제 ~(으)로 가고 싶다'라는 표현으로 말할 수도 있습니다.

2 다음 차편은 언제인지 묻기

Wann fährt der nächste Zug?
v반 f페:어트 데어 네히스테 쭈윽

언제 **다음 기차**가 운행하나요?

Wann gibt es den nächsten Zug?
v반 깁트 에스 덴 네히스텐 쭈윽

언제 **다음 기차**가 있나요?

> **Tipp** fahren 동사는 '~을(를) 타고 가다' 외에도 '운행하다', '달리다', '운전하다' 등의 뜻이 있습니다. 2, 3인칭 단수 주어와 만났을 때 어간에 있는 a가 변모음이 되는 불규칙 동사입니다. 'es gibt+4격 ~이(가) 있다' 숙어를 사용하여 물어볼 수도 있습니다.

3 어디에서 출발하는지 묻기

Auf welchem Gleis fährt der Zug ab?
아우f v벨히엠 글라이스 f페:어트 데어 쭈윽 압

어떤 승차장에서 기차가 출발하나요?

Wo fährt der Zug ab?
v보: 페:어트 데어 쭈윽 압

어디에서 기차가 출발하나요?

> **Tipp** abfahren 동사는 분리동사로 분리전철인 ab이 문장 맨 뒤에 옵니다. welch는 정관사처럼 어미 변화하며, Auf welchem Gleis는 '어떤 승차장에서'라는 뜻으로 'auf+정지'의 개념으로 쓰이기 때문에 3격 지배를 받아 welch 뒤 중성 3격 어미인 em이 붙습니다.

말문트 GO!

🎧 Track 10-02

💬 Dialog 2

하나는 뮌헨에 12시 10분에 도착하는 표를 샀습니다.

Hana	Wann komme ich in München an?
	v반 콤므 이히 인 뮌히엔 안
Angestellter	Um 12:10 Uhr.
	움 츠v뷀프 우어 체:엔
Hana	Danke für die Information.
	당케 f퓌:어 디: 인f포어마치온
Angestellter	Bitte. Die Fahrkarte kostet 65
	비테 디: f파:카어테 코스텔 f퓐f운제히치히
	Euro.
	어이흐로
Hana	Bitte sehr.
	비테 제:어
Angestellter	Danke. Hier ist Ihre Fahrkarte.
	당케 히:어 이스트 이:어흐레 f파:카어테
	Und fünf Euro zurück.
	운트 f퓐f 어이흐로 추흐뤽
Hana	Ist der Zug pünktlich?
	이슷 데어 쭈옥 퓡크틀리히
Angestellter	Selbstverständlich! Auf Wiedersehen!
	젤프스트f페어슈텐틀리히 아우f v비:더제:엔
Hana	Auf Wiedersehen!
	아우f v비:더제:엔

하나 제가 뮌헨에 언제 도착하나요?
직원 12시 10분에요.
하나 정보를 주셔서 감사합니다.
직원 천만에요. 차표는 65유로예요.
하나 여기 있어요.
직원 고맙습니다. 여기 당신의 차표예요.
  그리고 5유로 거스름돈이요.
하나 기차는 제시간에 오나요?
직원 물론이죠! 안녕히 가세요!
하나 안녕히 계세요!

VOKABELN

ankommen 동 도착하다 **e. Information** 명 정보 (pl.) Informationen **zurück** 부 되돌려

pünktlich 형 시간을 잘 지키는, 제시간에 오는 **selbstverständlich** 부 물론, 당연히

🎯 ● 포인트 잡GO!

❶ '~에 대해 감사하다'는 'danken+für+4격'으로 말하면 됩니다.

  예 Danke für das Buch! 당케 f퓌:어 다스 부흐 책 줘서 고마워!

❷ 돈을 낼 때 '여기 있습니다.'는 'Bitte (sehr/schön).' 또는 'Hier bitte.'라고 할 수 있습니다. 돈 말고도 무엇을 건네줄 때 폭넓게 쓰입니다. 차를 건네며 'Hier bitte.'라고 말하면 '차 여기 있어요.' 즉, '차를 마시세요.'라는 의미가 됩니다.

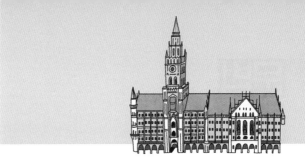

1 언제 도착하는지 묻기

Wann komme ich in München **an**?
v반 콤므 이히 인 뮌히엔 안

제가 뮌헨에 **언제** 도착하나요?

Wann kommt der Zug in München **an**?
v반 콤트 데어 쭈윽 인 뮌히엔 안

기차가 뮌헨에 **언제** 도착하나요?

> **Tipp** ankommen 동사는 '도착하다'라는 뜻을 가진 분리동사로, 분리전철인 an이 문장 맨 뒤에 위치했습니다. 주어를 ich로 할 수도 있고, 'Zug 기차'로 할 수도 있습니다.

2 거스름돈 주기

Und fünf Euro zurück.
운트 f퓐f프 어이흐로 추흐뤽

그리고 5유로 거스름돈이요.

> **Tipp** 위의 문장은 'Und ich gebe Ihnen fünf Euro zurück.'의 줄임 표현으로 볼 수 있습니다. 따라서 zurück은 원래 분리전철로 쓰였던 것이 앞의 Ich gebe Ihnen을 생략하며 마치 부사처럼 쓰이기도 합니다.

3 기차가 제시간에 오는지 묻기

Ist der Zug pünktlich?
이슷 데어 추윽 퓡크틀리히

기차는 **제시간에** 오나요?

> **Tipp** pünktlich는 '제시간에', '늦지 않게'의 의미를 가진 형용사로, 사람에게도 쓸 수 있습니다.

예 Er ist **pünktlich**. 그는 **시간 약속을 잘 지킨다**.

1 비분리동사, 분리동사

독일어의 기본 동사 앞에 다양한 접두어가 붙을 수 있습니다. 이런 접두어를 전철이라고 하며, 전철이 붙으면서 기본 동사의 뜻과는 다른 뜻의 동사가 만들어집니다. 주로 전치사의 형태를 띠는 전철이 많습니다. 분리되어 쓰이는 분리전철이 있고, 분리되지 않는 비분리전철이 있습니다.

> **예 비분리전철**: be, ge, emp, ent, er, ver, zer, miss
>
> **분리전철**: ab, an, mit, ein, auf, aus, zurück, fern, nach, teil, ...

전철의 분리 여부에 따라 구분되는 비분리동사, 분리동사의 쓰임새를 표와 예문으로 익혀 보세요.

비분리동사	분리동사
절대 분리 안 됨	현재, 과거 시제에서 분리
비분리전철에 강세 없음	분리전철에 강세 있음
'조동사+동사 원형'의 경우 동사 원형으로 쓰일 때는 분리되지 않은 원형 그대로 맨 뒤에 붙여 씀	

비분리동사	분리동사
Ich **verkaufe** das Auto. 나는 그 차를 판다.	Ich **kaufe** hier **ein**. 나는 여기서 장을 본다.
Ich muss das Auto **verkaufen**. 나는 그 차를 팔아야 한다.	Ich muss hier **einkaufen**. 나는 여기서 장을 봐야 한다.

2 시각 표현

시각을 표현할 땐 명사 Uhr를 씁니다. 분 단위는 명사 Minuten이 있지만 시간과 분을 말할 때 분은 단위를 읽지 않고, Uhr만 말합니다. 기차 시간, 수업 시간과 같이 공식적인 시간은 아래와 같이 24시간제로 표현하므로 비교적 말하기 쉽습니다.

	Es ist ...		Es ist ...
08.00 Uhr	acht Uhr	08.30 Uhr	acht Uhr dreißig
08.10 Uhr	acht Uhr zehn	08.35 Uhr	acht Uhr fünfunddreißig
08.15 Uhr	acht Uhr fünfzehn	12.00 Uhr	zwölf Uhr
08.20 Uhr	acht Uhr zwanzig	13.00 Uhr	dreizehn Uhr
08.25 Uhr	acht Uhr fünfundzwanzig	23.00 Uhr	dreiundzwanzig Uhr

단, 일상적으로 시각을 얘기할 땐 한국어의 '3시 반'과 같이 구어체 표현으로 말하는 경우가 많습니다. 회화에서 더 많이 쓰이는 방식도 다음의 표로 연습해 보세요.

	Es ist …		Es ist …
08.00 Uhr	acht (Uhr)	08.40 Uhr	zwanzig vor neun
08.10 Uhr	zehn nach acht	08.45 Uhr	Viertel vor neun
08.15 Uhr	Viertel nach acht	08.50 Uhr	zehn vor neun
08.20 Uhr	zwanzig nach acht	08.55 Uhr	fünf vor neun
08.25 Uhr	fünf vor halb neun	12.00 Uhr	zwölf
08.30 Uhr	halb neun	13.00 Uhr	ein Uhr / eins
08.35 Uhr	fünf nach halb neun	23.00 Uhr	elf

❸ 전치사 수반 동사

동사가 특정 전치사와 함께 쓰이는 용법을 전치사 수반 동사라고 합니다. 예를 들어 danken 동사와 함께 '~에 대해' 고맙다고 표현하려면 für라는 전치사가 필요합니다. 따라서 동사의 뜻과 목적어의 격 지배, 같이 쓰이는 전치사까지 알아 둘 필요가 있습니다.

예 - Wir danken Ihnen für die Einladung.   우리는 당신에게 초대에 대해 감사합니다.
    (danken 3격 für 4격: ~에게 ~에 대해 감사하다)

   - Ich warte auf den Zug.   나는 기차를 기다리고 있습니다.
    (warten auf 4격: ~을(를) 기다리다)

   - Er spricht über das Problem.   그는 그 문제에 대해 말한다.
    (sprechen über 4격: ~에 대해 말하다)

   - Ich lade dich zum Essen ein.   나는 너를 식사에 초대한다.
    (einladen 4격 zu 3격: ~을(를) ~에(를 위해) 초대하다)

❹ 의문사 welch

welch는 '어떤'의 의미를 가진 의문사입니다. 뒤에 주로 명사를 이끌며 명사의 성, 수, 격에 따라 정관사와 같은 어미 변화를 하여 정관사류라고 부릅니다. 아래의 표와 예문으로 어미 변화와 쓰임새를 익혀 보세요.

	남성	여성	중성	복수
1격	welcher	welche	welches	welche
2격	welches/ welchen	welcher	welches/ welchen	welcher
3격	welchem	welcher	welchem	welchen
4격	welchen	welche	welches	welche

예 **Welche** Musik hörst du gern?   너는 **어떤** 음악을 즐겨 듣니? (여성, 4격)

   Welchen Film möchtest du sehen?   너는 **어떤** 영화를 보고 싶어? (남성, 4격)

   Welches Buch ist das?   이것은 **어떤** 책입니까? (중성, 1격)

Aufgabe 1 녹음을 듣고, 빈칸에 알맞은 단어를 쓰세요.

🎧 Track 10-03

> Hana: Guten Tag, ich möchte eine [ⓐ _____] nach München.
>
> Angestellter: [ⓑ _____] oder hin und zurück?
>
> Hana: [ⓒ _____] bitte. Wann fährt der nächste Zug?
>
> Angestellter: In 20 Minuten. Um 9:30 Uhr.
>
> Hana: Auf welchem [ⓓ _____] fährt der Zug ab?

Aufgabe 2 빈칸에 알맞은 답을 써 넣으세요.

> ⓐ Muss ich _____ ? (갈아타야 하나요?)
>
> ⓑ Der Zug fährt _____ nach München. (그 기차는 곧바로 뮌헨으로 갑니다.)
>
> ⓒ Wann fährt der _____ Zug? (언제 다음 기차가 운행하나요?)

Aufgabe 3 빈칸에 들어갈 알맞은 전치사 및 분리전철을 쓰세요.

ⓐ Wann komme ich in München _____ ? (도착하다)

ⓑ _____ 12:10 Uhr. (정시에)

ⓒ Danke _____ die Information. (~에 대해)

ⓓ Und fünf Euro _____ . (되돌려 주다=거스름돈으로 주다)

Aufgabe 4 아래의 문장을 독일어로 작문하고, 정답을 확인한 다음 올바른 문장을 소리 내어 말해 보세요.

> ⓐ 차표는 65유로예요.
>
> ⓑ 제가 뮌헨에 언제 도착하나요?
>
> ⓒ 기차는 제시간에 오나요?

ⓐ ⇨ _____

ⓑ ⇨ _____

ⓒ ⇨ _____

❶ ⓐ Fahrkarte ⓑ Einfach ⓒ Einfach ⓓ Gleis

❷ ⓐ umsteigen ⓑ direkt ⓒ nächste

❸ ⓐ an ⓑ Um ⓒ für ⓓ zurück

❹ ⓐ Die Fahrkarte kostet 65 Euro. / ⓑ Wann komme ich in München an? / ⓒ Ist der Zug pünktlich?

♀ WORTSCHATZ

🎧 Track 10-04

 때를 나타내는 전치사

정각을 나타낼 땐 전치사 um을, 대략적인 시각을 나타낼 땐 전치사 'gegen ~시쯤'을 사용합니다. 그 외에 시각을 어림잡아 나타내는 표현들까지 말해 보세요.

12시 정각에	**um** 12 Uhr	거의 12시인	**fast** 12 Uhr
12시 즈음에	**gegen** 12 Uhr	12시를 조금 지난	**kurz nach** 12
거의 12시가 다 된	**knapp** 12 Uhr	12시가 조금 안 된	**kurz vor** 12

하루 중 시간의 표현은 'am+때'로 말합니다.

아침에	**am** Morgen	정오에	**am** Mittag
낮에	**am** Tag	오전에	**am** Vormittag
저녁에	**am** Abend	오후에	**am** Nachmittag

* '밤에'는 예외적으로 'in der Nacht'라고 합니다.

'~ 요일에'도 'am+요일'으로 말합니다.

월요일에	**am** Montag	금요일에	**am** Freitag
화요일에	**am** Dienstag	토요일에	**am** Samstag
수요일에	**am** Mittwoch	일요일에	**am** Sonntag
목요일에	**am** Donnerstag		

달이나 계절은 im 다음에 씁니다.

1월에	**im** Januar	2월에	**im** Februar
3월에	**im** März	4월에	**im** April
5월에	**im** Mai	6월에	**im** Juni
7월에	**im** Juli	8월에	**im** August
9월에	**im** September	10월에	**im** Oktober
11월에	**im** November	12월에	**im** Dezember
봄에	**im** Frühling	여름에	**im** Sommer
가을에	**im** Herbst	겨울에	**im** Winter

독일의 대중교통

// 독일의 주요 대중교통은 'Zug 기차', 'U-Bahn 지하철', 'Bus 버스', 'Straßenbahn 트램'입니다. 택시는 이용 요금이 비싼 편이어서 애초에 도로에 택시가 많이 다니지 않으며 이용객 수도 매우 적습니다. 택시는 보통 전화로 부르면 옵니다. 택시뿐만 아니라 전체적으로 교통 요금은 한국과 비교하면 비싼 편입니다. 정기권을 이용하는 것이 그나마 저렴하므로 기간을 정해서 사용하는 게 좋습니다. 만일 학생 신분이라면 학생증을 소지한 경우에 한해 정해진 구역 안에서는 무료로 모든 대중교통을 이용할 수 있습니다. 그 외에 차표를 구매할 땐 직접 판매소나 가판대(Kiosk)를 이용할 수도 있습니다. 대부분은 승차권 자동 판매기(Fahrkartenautomat)를 이용합니다.

// 자동 판매기는 기차역마다 여러 대 구비되어 있으며, 버스나 기차 안에도 있으므로 우선 승차를 한 뒤 표를 구매할 수도 있습니다. 개찰 기계를 사용하여 차표에 구멍을 뚫거나 도장을 찍는 방식입니다. 도장을 찍으면 찍은 시각과 장소가 표시됩니다. 학생들이나 정기권을 가진 이용자들은 개찰을 할 필요 없이 학생증 및 정기권만 소지하면 됩니다. 무임 승차를 하는 사람들도 있기 때문에 불시에 역무원이 차표를 검사할 수 있습니다. 이때 차표나 학생증, 정기권을 소지하고 있지 않거나 차표는 있지만 개찰이 안 되어 있는 경우에는 벌금을 내야 합니다.

// 지하철은 U-Bahn(Untergrundbahn)이라고 하며 주로 지하로 다닙니다. 도시와 도시를 이어 주는 빠른 기차는 S-Bahn(Schnellbahn 또는 Stadtbahn)입니다. 독일에서 가장 빠른 기차의 이름은 ICE(Intercity-Express)입니다. 가장 빠른 만큼 가격도 비쌉니다. 이 기차를 이용해 국경을 넘어 독일 주변 나라로 이동할 수 있습니다.

// 독일의 버스 도착 시간은 정류장마다 분 단위로 표시되어 있습니다. 항상 버스가 언제 도착할지 미리 알 수 있으므로 이용하기 편리합니다. 버스 정류장은 Haltestelle(정류장)을 나타내는 H가 적힌 동그란 표지판을 찾으면 됩니다. 두 대의 차량을 연결한 버스도 자주 볼 수 있습니다.

// 트램이라고 불리는 전차는 도로 위를 달리며 독일 어디에서나 쉽게 볼 수 있는 교통수단입니다. 시내 전차이므로 거리의 모습을 천천히 즐기며 여유롭게 이동할 수 있습니다. 트램 안에도 자판기가 있어서 차표를 구입할 수 있으며 버스 정류장과 구분되는 트램 정류장이 따로 있습니다.

Es schneit viel.

TAG 11부터는 새로운 인물들이 등장합니다.
독일 프랑크푸르트의 한 회사에서
인턴 생활을 하고 있는 김도일의 이야기로
학습해 보세요.

TAG
11

Es schneit viel.

눈이 많이 와.

▶ 11강

╲ **학습 목표**

　날씨 표현을 할 수 있다.

╲ **공부할 내용**

　날씨 묻고 답하기

　일기 예보나 온도 비교하여 말하기

　바라는 것 말하기

╲ **주요 표현**

　Wie ist das Wetter dort?

　Es ist nicht so kalt.

　Morgen soll es hier wärmer werden

　als heute.

🎧 Track 11-01

Dialog 1

도일은 베를린에 있는 친구 자라에게 전화를 겁니다.

Doil	Hallo! Was machst du gerade?
Sara	Hallo! Ich esse zu Abend. Bist du fertig mit der Arbeit?
Doil	Ja, schon. Wie ist das Wetter dort?
Sara	Es schneit viel. Und bei dir?
Doil	Hier ist das Wetter gut. Es ist nicht so kalt.
Sara	Morgen soll es hier wärmer werden als heute. Und die Sonne scheint.
Doil	Hoffentlich hat die Wettervorhersage Recht.
Sara	Das hoffe ich auch. Ich mache morgen eine Geschäftsreise.
Doil	Ja, ich weiß. Gute Reise!
Sara	Danke.

도일 안녕! 지금 뭐 해?
자라 안녕! 나 저녁 먹어.
　　 너 일 끝났어?
도일 응, 이미. 거기 날씨는 어때?
자라 눈이 많이 와. 너 있는 곳은 어때?
도일 여기는 날씨 좋아. 그렇게 춥지도 않고.
자라 내일은 오늘보다 따뜻할 거래. 화창할
　　 거고.
도일 일기 예보가 맞길 바라.
자라 나도 그래. 나 내일 출장 가거든.
도일 그래, 알아. 잘 다녀와!
자라 고마워.

> **VOKA BELN**
> **machen** 통 하다　**gerade** 부 지금, 막　**zu Abend essen** 숙어 저녁 식사하다　**fertig mit+3격** ~이(가)
> 끝난　**e. Arbeit** 명 일, 업무　**s. Wetter** 명 날씨　**dort** 부 거기　**schneien** 통 눈이 오다　**so** 부 그렇게
> **kalt** 형 추운　**morgen** 부 내일　**wärmer** 형 더 따뜻한 (warm의 비교급)　**als** ~보다　**sollen** 통 ~(이)라
> 고 한다　**e. Sonne** 명 태양, 햇빛　**scheinen** 통 비추다　**hoffentlich** 부 바라건대
> **e. Wettervorhersage** 명 일기 예보　**Recht haben** 숙어 맞다, 일치하다　**hoffen** 통 바라다
> **eine Geschäftsreise machen** 숙어 출장 가다　**wissen** 통 알다 (ich weiß, du weißt, er weiß)

 ● 포인트 잡GO!

❶ 'Gute Reise! 잘 다녀와!'와 비슷한 표현으로 '잘 타고 가!'의 의미인 'Gute Fahrt! (직역하면) 좋은 운행!'
　도 있습니다. 비행기를 타고 가는 사람에게는 'Guten Flug! (직역하면) 좋은 비행!'이라고 말해 보세요.

❷ bei 다음에 인칭대명사가 오면 '(~사람) 곁에 / 집에 / (~사람이 사는) 도시 또는 나라에'라는 뜻이 됩니다.

❸ 'sollen+동사 원형'은 '~해야 한다'의 뜻 외에도 전해 들은 말을 전달하는 '~(이)라고 한다'의 의미가 있습니다.

1 날씨 묻기

Wie ist das Wetter **dort**?　　　　　　**거기** 날씨는 어때?

Wie ist das Wetter **heute**?　　　　　　**오늘** 날씨 어때?

> **Tipp** 날씨를 묻는 표현은 'Wie ist das Wetter?'입니다. 뒤에 시간 또는 장소를 나타내는 표현을 붙여 좀 더 구체적으로 날씨를 물을 수 있습니다.

2 날씨 말하기

Es **schneit** viel.　　　　　　　　　　**눈이** 많이 **와**.

Hier ist das **Wetter gut**.　　　　　　여기는 **날씨가 좋아**.

Es ist **nicht** so kalt.　　　　　　　　그렇게 춥지 **않아**.

Morgen wird es hier **wärmer** als heute.　　내일은 오늘보다 **더 따뜻할** 거야.

Und die Sonne scheint.　　　　　　　　그리고 해가 난다. (화창하다.)

> **Tipp** 날씨는 비인칭 주어 es와 sein 동사 또는 werden 동사로 말합니다. 날씨가 좋다고 말할 땐 'Das Wetter ist schön / gut.'으로 간단하게 표현할 수 있습니다.

3 희망, 바람 말하기

Hoffentlich hat die Wettervorhersage Recht.　일기 예보가 맞길 **바라**.
(= Ich hoffe, die Wettervorhersage hat Recht.)

> **Tipp** 희망하는 바를 말할 땐 '바라건대'의 의미를 가진 부사 hoffentlich 또는 hoffen 동사를 사용할 수 있습니다.

말문 트 GO!

🎧 Track 11-02

Dialog 2

도일은 동료 슈미트 씨와 테라스에서 점심을 먹기로 했습니다.

Jan Schmidt	Herr Kim, wie ist das Wetter heute?
Doil Kim	Heute scheint die Sonne den ganzen Tag.
Jan Schmidt	Oh, gut! Wie viel Grad hat es heute?
Doil Kim	Es sind 20 Grad.
Jan Schmidt	Aha, dann können wir draußen auf der Terrasse essen.
Doil Kim	Ja! Das Wetter ist perfekt dafür.
Jan Schmidt	Wie lange wird das Wetter so bleiben?
Doil Kim	Leider soll es morgen schon wieder regnen.
Jan Schmidt	Oh nein! Das Wetter ist wechselhaft.

얀 슈미트	도일 씨, 일기 예보가 어떤가요?
김도일	오늘은 하루 종일 해가 나네요.
얀 슈미트	오, 좋네요! 오늘 몇 도예요?
김도일	20도예요.
얀 슈미트	아하, 그럼 밖에 테라스에서 식사할 수 있겠네요.
김도일	네! 그것을 위해서는 날씨가 완벽하죠.
얀 슈미트	얼마나 오래 이렇게 지속될까요?
김도일	유감스럽지만 내일은 또 다시 비가 온대요.
얀 슈미트	오 이런! 날씨가 변덕스럽네요.

VOKABELN

den ganzen Tag (숙어) 하루 종일   **s. Grad** (명) 온도, ℃   **draußen** (부) 밖에서   **e. Terrasse** (명) 테라스
perfekt (형) 완벽한   **dafür** (부) 그것을 위해   **wie lange** (부) 얼마나 오래   **bleiben** 머무르다, 유지되다
leider (부) 유감스럽게도   **regnen** (동) 비가 오다   **schon wieder** (이미) 또 다시   **wechselhaft** (형) 변덕스러운

● 포인트 잡GO!

❶ 존칭을 하는 사이에서는 상대방의 이름을 부르지 않고 남성은 'Herr+성', 여성은 'Frau+성'으로 부릅니다. 결혼 여부나 나이에 상관없이 사용하는 존칭입니다.

❷ auf는 '~상에', '~위에'의 정지를 나타내면 3격 지배, 이동이나 방향을 나타내면 4격을 쓰는 전치사입니다. '테라스에서'라는 의미로 쓰였기 때문에 여성 3격 정관사 der와 함께 쓰였습니다.

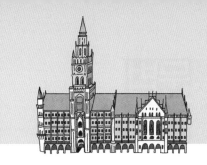

1 일기 예보 묻기

Wissen Sie, wie wird das **Wetter heute**?　　　**오늘 날씨**가 어떨지 아시나요?

Wie ist die **Wettervorhersage**?　　　**일기 예보**가 어떻게 되나요?

> **Tipp** 'das Wetter 날씨'로 말할 수도 있고, 'Wettervorhersage 일기 예보'로 말할 수도 있습니다. '되다'라는 동사의 원형은 werden이며, 3인칭 단수인 das Wetter가 주어이므로 wird로 어미 변화합니다.

2 온도 말하기

Wie viel Grad hat es heute?　　　오늘 몇 도예요?
(= Wie viel Grad haben wir heute?)
(= Wie viel Grad sind es heute?)

Es sind 20 Grad.　　　20도예요.
(= Wir haben 20 Grad.)
(= Es hat 20 Grad.)

> **Tipp** 직역하면 '얼마나 많은 온도를 오늘 가지고 있느냐'로, haben 동사 또는 sein 동사를 사용해서 말하면 됩니다. 영하인 경우 'minus+온도'로 말하면 됩니다. 'hohe Temperatur 고온', 'niedrige Temperatur 저온', 'die höchste Temperatur 최고 기온', 'die niedrigste Temperatur 최저 기온'까지 알아 두세요.

3 유감 말하기

Leider soll es morgen schon wieder regnen.　　**유감스럽지만** 내일은 또 다시 비가 온대요.

> **Tipp** 부사 'leider 유감스럽게도'는 유감, 아쉬움, 안타까움을 나타냅니다. 독일어에서 부사가 맨 앞에 위치할 경우 '부사+동사+주어+기타 성분' 어순임을 꼭 기억하세요.

예 **Leider** habe ich heute keine Zeit. **유감이지만** 오늘 시간이 없다.

1 비인칭 주어 Es

비인칭 주어 Es는 이번 과에서 등장한 날씨뿐만 아니라 시각, 요일, 소리, 냄새, 맛 등 다양한 대상을 나타냅니다. 원래 의미인 '그것'이라고는 해석하지 않으며, 뜻이 없는 주어의 역할을 합니다. 아래의 표와 예문으로 비인칭 주어의 쓰임새를 살펴보세요.

날씨	Es regnet. 비가 온다.	Es schneit. 눈이 온다.
시각	Es ist zwei Uhr. 두 시다.	Es ist halb neun. 8시 30분이다.
요일	Es ist Samstag. 토요일이다.	Es ist Montag. 월요일이다.
소리	Es klingelt. 벨(초인종)이 울린다.	Es klingt gut. 좋게 들린다.
냄새	Es riecht schlecht. 냄새가 나쁘다.	Es riecht gut. 냄새가 좋다.
맛	Es schmeckt gut. 맛이 좋다.	Es ist zu salzig. 너무 짜다.

숙어	Es geht+3격: ~하게 지내다	Es geht mir gut. 나는 잘 지낸다.
	Es gibt+4격: ~이(가) 있다	Es gibt ein Buch. 여기 책 한 권이 있다.

2 미래 시제

독일어에서 원칙적으로 미래 시제는 'werden+동사 원형' 구조로 말하며 이때 동사 원형은 문장 맨 뒤에 위치합니다. 단 현재 시제만 쓰더라도 미래의 의미를 나타낼 수 있습니다. 특히 미래 시점을 나타내는 부사와 함께 현재 시제를 쓰면, 미래의 의미를 나타냅니다.

미래	Ich werde morgen kommen.	나는 내일 올 것이다.
현재	Ich komme morgen.	나는 내일 온다. (= 나는 내일 올 것이다.)

이번 과에 등장한 'Ich mache morgen eine Geschäftsreise.'도 morgen라는 미래 부사어에 따라 '내일 출장을 간다.' 즉, '내일 출장을 갈 것이다.'로 해석된 경우입니다. 'später 나중에', 'bald 곧', 'nächste Jahr 내년에' 등 현재 시제에서도 미래를 나타낼 수 있는 부사들을 두루 알아 두세요.

③ 전치사 수반 형용사

형용사가 특정 전치사와 함께 쓰이는 경우를 알아봅시다. 숙어로 알아 두어야 할 표현들이므로 우선 어떤 형용사가 어떤 전치사를 수반하는지, 몇 격이 오는지 암기한 다음, 간단한 문장을 직접 만들어 보며 익히면 효과적입니다.

// **fertig mit 3격: ~이(가) 끝난**
- Bist du fertig mit der Arbeit? (der Arbeit: 여성, 3격) 너 일 끝났니?
- Er ist fertig mit dem Essen. (dem Essen: 중성, 3격) 그는 식사를 끝냈다.

// **zufrieden mit 3격: ~에 만족하는**
- Bist du zufrieden mit dem Job? (dem Job: 남성, 3격) 너는 그 일에 만족해?
- Sie ist zufrieden mit dir. (du의 3격) 그녀는 너에게 만족한다.

④ 비교급, 최상급

형용사의 비교급은 원급에 -er, 최상급은 원급에 -st를 붙이는 것이 원칙이지만 'warm 따뜻한', 'kalt 추운'과 같이 단음절 형용사이면서 모음 a, o, u가 들어 있는 경우 비교급과 최상급에서 변모음이 됩니다. 또한 d, t, sch 등으로 끝나는 형용사는 최상급에서 -est를 붙이기도 합니다.

원급	비교급	최상급
schön 아름다운	schöner 더 아름다운	schönst 가장 아름다운
klein 작은	kleiner 더 작은	kleinst 가장 작은
warm 따뜻한	wärmer 더 따뜻한	wärmst 가장 따뜻한
kalt 추운	kälter 더 추운	kältest 가장 추운
hübsch 예쁜	hübscher 더 예쁜	hübschest 가장 예쁜

⑤ 숙어 Recht haben / zu Abend essen

동사와 명사가 함께 쓰여 특별한 의미를 나타낼 땐 숙어로 한꺼번에 암기하는 것이 좋습니다. 이때 명사 앞에 관사가 없이 쓰이는 경우는 해당 구조를 통으로 기억하도록 합니다.

// **Recht haben:** (언행이) 맞다, 옳다
- Du hast Recht. 네 말이 맞아. / - Hat er Recht? 그의 말이 맞니?

// **zu+무관사 명사**

zu Abend essen: 저녁 식사하다
- Ich esse zu Abend. 나는 저녁 식사한다.

zu Mittag essen: 점심 식사하다
- Wann isst du zu Mittag?
  넌 언제 점심 식사하니?

Aufgabe 1 ▶ 녹음을 듣고, 빈칸에 알맞은 말을 쓰세요.　　　　　　🎧 Track 11-03

Doil: Hallo! Was machst du [ⓐ ＿＿＿＿＿]?

Sara: Hallo! Ich esse zu Abend. Bist du [ⓑ ＿＿＿＿＿] mit der Arbeit?

Doil: Ja, schon. Wie ist das [ⓒ ＿＿＿＿＿] dort?

Sara: Es ⓓ ＿＿＿＿＿] viel. Und bei dir?

Aufgabe 2 ▶ 빈칸에 알맞은 전치사를 써 넣으세요.

ⓐ Ich esse ＿＿＿＿＿ Abend. (난 저녁 먹어.)

ⓑ Bist du fertig ＿＿＿＿＿ der Arbeit? (너 일 끝났어?)

ⓒ Es schneit viel. Und ＿＿＿＿＿ dir? (눈이 많이 와. 너 있는 곳은 어때?)

Aufgabe 3 우리말을 참고하여 빈칸에 들어갈 단어를 쓰세요.

ⓐ   Es ist nicht so _____ . (그렇게 춥지 않다.)

ⓑ   Die Sonne _____ . (태양이 비친다.)

ⓒ   Leider _____ es morgen schon wieder. (유감스럽게도 내일 다시 비가 온다.)

Aufgabe 4 아래의 문장을 독일어로 작문하고, 정답을 확인한 다음 올바른 문장을 소리 내어 말해 보세요.

ⓐ 여행 잘 다녀와!

ⓑ 일기 예보가 어때요?

ⓒ 날씨가 변덕스럽다.

ⓓ 20도입니다.

ⓐ ⇨ _____

ⓑ ⇨ _____

ⓒ ⇨ _____

ⓓ ⇨ _____

❶ ⓐ gerade ⓑ fertig ⓒ Wetter ⓓ schneit

❷ ⓐ zu ⓑ mit ⓒ bei

❸ ⓐ kalt ⓑ scheint ⓒ regnet

❹ ⓐ Gute Reise! / ⓑ Wie ist die Wettervorhersage? / ⓒ Das Wetter ist wechselhaft. / ⓓ Es sind 20 Grad.

어휘 늘리GO!

🎧 Track 11-04

 날씨 필수 단어

비 der Regen	바람 der Wind	눈 der Schnee	폭풍우 der Sturm
안개 der Nebel	구름 die Wolke	열대야 die Tropennacht	미세 먼지 der Feinstaub
우박 der Hagel	우산 der Regenschirm	에어컨 die Klimaanlage	가습기 der Luftbefeuchter
온풍기 die Heizung	부츠 die Stiefel	비옷 die Regenjacke / der Regenmantel	마스크 die Maske
털모자 die Mütze			

 날씨 필수 표현

해가 난다. / 화창하다.	Die Sonne scheint. (= Es ist sonnig.)
덥다.	Es ist heiß.
춥다.	Es ist kalt.
따뜻하다.	Es ist warm.
시원하다.	Es ist kühl.
바람이 분다.	Es ist windig.
구름이 낀다.	Es ist bewölkt.
건조하다.	Es ist trocken.
습하다.	Es ist feucht.
비가 온다.	Es regnet.
눈이 온다.	Es schneit.
번개가 친다.	Es blitzt.
천둥이 친다.	Es donnert.
안개가 낀다.	Es nebelt. (= Es ist nebelig.)
1도이다.	Es ist 1 Grad.
10도이다.	Es sind 10 Grad.

독일 만나GO!

DEUTSCHLAND

독일의 날씨

독일어로 봄은 der Frühling, 여름은 der Sommer, 가을은 der Herbst, 겨울은 der Winter이며 사계절은 vier Jahreszeiten라고 합니다.

// 독일의 날씨는 기본적으로 우리나라와 같이 사계절이 있습니다. 겨울 날씨는 한국과 비슷하게 추운 편이며 한국의 겨울보다 습도가 다소 높습니다. 단 독일의 여름은 한국처럼 고온 다습하지는 않습니다. 무더위가 있는 날이 많지 않으며, 저녁이 되면 한여름이어도 선선한 정도입니다. 낮에도 그늘에 있으면 시원하게 느껴질 정도입니다. 그래서인지 독일은 건물 안에 에어컨이 없는 곳도 많습니다. 또한 비가 수시로 내리기 때문에 이슬비 정도는 우산을 쓰지 않고 그냥 걸어 다니는 독일인들을 많이 볼 수 있습니다.

겨울 난방은 주로 라디에이터를 사용합니다. 독일어로 'Heizung 하이쭝'이라고 하는데, 간혹 한국처럼 바닥에 배관을 설치하고 보일러식 난방을 하는 가정도 있습니다. 겨울에는 해가 매우 짧아서 오후 4~5시만 되어도 길거리가 어두워집니다. 비가 많이 오고, 해가 짧아 야외 활동이 제한적인 기후 때문에 독일에는 사상가, 철학자, 작가가 많이 배출되었다는 이야기가 있을 정도입니다. 그래서 대부분의 독일인들은 햇빛을 굉장히 좋아하고 또 소중히 여기는 듯합니다. 해가 나면 공원에 나와 일광욕을 하는 사람들을 쉽게 볼 수 있지요.

봄이나 가을에 독일에 갈 예정이라면 우리나라와 날씨가 비슷하되 조금 더 쌀쌀하므로, 따뜻한 겉옷을 챙겨 가는 게 좋습니다. 여름에는 아침저녁으로 선선해지므로 역시 가볍게 걸칠 긴팔 옷이 필요합니다. 겨울 날씨는 때에 따라 한국과 비교하여 더 따뜻하기도 하고 춥기도 하므로, 일기 예보에 따라 옷을 준비하는 게 좋습니다.

◀ 일광욕을 즐기는 사람들

Normalerweise stehe ich um 7 Uhr auf.

Normalerweise stehe ich um 7 Uhr auf.

보통 난 7시에 일어나.

▶ 12강

＼ 학습 목표
하루 일과 표현을 말할 수 있다.

＼ 공부할 내용
하루 일과 묻고 답하기

계획 묻고 답하기

기한을 맞출 수 있는지 묻고 답하기

＼ 주요 표현
Von acht bis fünf Uhr arbeite ich.

Normalerweise stehe ich um

sieben Uhr auf.

Schaffen Sie das fristgerecht?

Es geht um drei Punkte.

Dialog 1

파티에 참석한 도일은 처음 만난 레아와 이야기를 나눕니다.

Doil	Möchtest du noch etwas Salat?	도일 샐러드 더 줄까?
Lea	Oh, ja, danke.	레아 오, 그래, 고마워.
Doil	Ich heiße Doil. Wie heißt du?	도일 난 도일이야. 넌 이름이 뭐니?
Lea	Ich bin Lea. Woher kommst du?	레아 난 레아야. 넌 어디서 왔어?
Doil	Aus Korea. Jetzt wohne ich hier in Frankfurt.	도일 한국에서. 지금은 여기 프랑크푸르트에서 살아.
Lea	Aha. Warum bist du hier in Deutschland?	레아 아하. 독일엔 왜 와 있는 거야?
Doil	Ich mache hier ein Praktikum bei einer Firma.	도일 난 한 회사에서 인턴 생활을 하고 있어.
Lea	Ach so. Gehst du jeden Tag zur Arbeit?	레아 아 그렇구나. 매일 일하러 가니?
Doil	Ja. Von acht bis fünf Uhr arbeite ich.	도일 응. 난 8시부터 5시까지 일해.
Lea	Oh, dann musst du immer früh aufstehen.	레아 오, 그럼 항상 일찍 일어나야겠네.
Doil	Ja. Normalerweise stehe ich um sieben Uhr auf.	도일 응. 보통 난 7시에 일어나.

> **VOKA BELN** **r. Salat** 명 샐러드　**noch** 부 더, 아직　**s. Praktikum** 명 인턴 (실습)　**bei+회사** ~회사에서　**e. Firma** 명 회사　**e. Arbeit** 명 일, 직장　**von A bis B** A부터 B까지　**immer** 부 항상　**früh** 부 일찍　**aufstehen** 동 일어나다, 기상하다　**normalerweise** 부 보통, 일반적으로

● 포인트 잡GO!

❶ 뷔페 식사 상황에서, 처음 본 사람이라도 음식을 덜어 주며 친절을 베풀고 싶을 땐 'Möchtest du noch+음식?'이라고 물어볼 수 있습니다.

❷ '인턴 생활을 하다'라는 표현은 'ein Praktikum+machen' 숙어를 씁니다. 인턴 (실습생)은 남성은 Praktikant, 여성은 Praktikantin이라고 합니다.

❸ 회사'에서'라고 말할 땐 전치사 bei나 in으로 말합니다. 일반 사기업 앞에는 bei 전치사로, 공공 기관 앞에는 주로 전치사 in으로 말하며 학교 관련 기관은 an을 쓰기도 합니다.

1 **덜어 주겠다고 말하기**

Möchtest du **noch etwas** Salat?   샐러드 더 줄까?

Möchtest du **noch etwas** Wein?   와인 더 줄까?

> **Tipp** 'möchten 동사+동사 원형'을 맨 뒤에 써도 되지만 위와 같은 경우 '먹다', '마시다'동사가 쓰일 것이 거의 분명하므로 동사 원형을 생략할 수 있습니다. etwas는 '어떤 것'이라는 의미 외에 '약간'이라는 의미도 가지고 있습니다.

2 **이유 묻기**

Warum bist du hier in Deutschland?   여기 독일엔 **왜** 와 있는 거야?

Warum sind Sie so spät?   **왜** 이렇게 늦으세요?

> **Tipp** 이유를 묻는 의문사는 warum 외에 wieso, wozu 등이 있습니다. 의문사가 있는 의문문은 '의문사-동사-주어-기타 성분?' 어순입니다.

3 **시간에 따른 일과 말하기**

Von acht bis fünf Uhr arbeite ich.   난 **8시부터 5시까지** 일해.

Normalerweise **stehe** ich um sieben Uhr **auf.**   보통 난 7시에 **일어나.**

> **Tipp** 'A시부터 B시까지'는 'Von A bis B Uhr'라고 말하며 앞의 von을 생략하고 bis만 쓰기도 합니다. '정시에'는 um 전치사를 사용합니다. '기상하다'라는 의미를 가진 동사 aufstehen이 분리동사이므로 분리전철인 auf가 문장 맨 뒤에 위치합니다.

🎧 Track 12-02

Dialog 2

도일은 회사에서 동료와 함께 업무에 대해 논의합니다.

Jan Schmidt	Herr Kim, sind Sie fertig mit der Präsentation?
Doil Kim	Ja, fast. Bis wann brauchen Sie das?
Jan Schmidt	Bis morgen. Schaffen Sie das fristgerecht?
Doil Kim	Sicher. Ich mache es sofort.
Jan Schmidt	Gut. Wann haben wir heute die Sitzung?
Doil Kim	Die Sitzung ist um halb elf.
Jan Schmidt	Was ist das Thema der Sitzung?
Doil Kim	Es geht um drei Punkte. Soll ich Ihnen das Dokument kopieren?
Jan Schmidt	Ja, bitte. Danke.

얀 슈미트 도일 씨, 프레젠테이션 다 되었나요?

김도일 네, 거의 다 되었습니다. 언제까지 필요하신 건가요?

얀 슈미트 내일까지요. 기한에 맞춰 끝낼 수 있어요?

김도일 물론이죠. 바로 하겠습니다.

얀 슈미트 좋습니다. 오늘 회의는 몇 시에 있나요?

김도일 10시 30분에 있습니다.

얀 슈미트 회의의 주제가 무엇인가요?

김도일 세 가지 안건에 관한 것입니다. 이 서류를 복사해 드릴까요?

얀 슈미트 네, 부탁해요. 고마워요.

VOKABELN

e. Präsentation 몡 프레젠테이션, 발표 **fast** 믄 거의 **brauchen** 동 ~을(를) 필요로 하다 **schaffen** 동 해내다, 해낼 수 있다 **fristgerecht** 믄 기한에 맞춰 **sicher** 믄 확실히 **sofort** 믄 곧바로 **e. Sitzung** 몡 회의 **s. Thema** 몡 주제 **es geht um+4격** 숙어 ~에 관련된 것이다 **r. Punkt** 몡 안건, 점 (pl.) Punkte **s. Dokument** 몡 서류 **kopieren** 동 복사하다 **e. Vorbereitung** 몡 준비

• 포인트 잡GO!

❶ brauchen 동사는 '~을(를) 필요로 하다'의 의미를 지니기 때문에 목적어로 반드시 4격이 와야 합니다. 이를 4격 지배라고 합니다. 예를 들어 '나는 네가 필요해.'는 '나는 너를 필요로 해.' 즉, 'Ich brauche dich.' 라고 말해야 합니다.

❷ sollen 동사는 '~해야 한다'라는 뜻으로, müssen이 강한 의무나 강제성을 나타낸다면 sollen은 약한 충고나 조언으로 '~하는 게 좋겠다'에 가깝습니다.

1 **업무 진행 묻고 답하기**

Sind Sie fertig mit der Vorbereitung der Präsentation? 프레젠테이션 (준비) 다 되었나요?

Ja, fast (fertig). 네, 거의 다 했습니다.

> **Tipp** 앞서 배운 fertig 형용사와 mit 전치사를 사용하여 준비를 다 마쳤는지 물어볼 수도 있고, 'Wie läuft das Projekt? 프로젝트 어떻게 되어 가고 있나요?'라고 물어볼 수도 있습니다. 준비가 잘되고 있다면 'Es läuft gut. 잘되어 가고 있습니다.', 마치지 못한 경우 'Ich bin noch nicht fertig. 아직 못 끝냈습니다.'라고 말하면 됩니다.

2 **기한을 맞출 수 있는지 묻고 답하기**

Schaffen Sie das fristgerecht? 기한에 맞춰 해낼 수 있나요?

Können Sie das (bis morgen) machen? (내일까지) 할 수 있어요?

Ja, sicher. 네, 확실합니다.

Ja, natürlich / selbstverständlich. 네, 그럼요.

> **Tipp** schaffen 동사는 어떤 일이나 행동을 문제없이 해낼 수 있다는 의미로, können (+machen) 동사와 바꿔 쓸 수 있습니다.

3 **회의 주제 묻고 답하기**

Was ist das Thema der Sitzung? 회의의 주제가 무엇인가요?

Es geht um drei Punkte. 세 가지 안건에 관한 것입니다.

> **Tipp** der Sitzung은 위 문장에서 2격으로 쓰였습니다. 여성 명사이며 '~의'라는 의미를 갖기 때문입니다. 'es geht+um 4격'을 쓰면 '~에 관한 것이다, ~이(가) 문제다'라는 뜻으로 es는 비인칭 주어이며 gehen 동사도 '가다'의 뜻이 아닌 비인칭 주어와 동사가 들어간 숙어로 알아 두세요. es geht um 4격 숙어를 예문으로 살펴보세요.

> **예** Es geht um Leben und Tod. 사느냐 죽느냐 그것이 **문제이다**.
>
> Es geht um ein Mädchen. 한 소녀에 **관한 것이다**.
>
> Es geht mir um das Wetter. 날씨가 **다뤄진다**.

문법 다지GO!

MERKEN

① 2격의 활용

2격은 뒤에서 앞의 명사를 수식하며 남성과 중성이 2격으로 쓰일 때는 명사 뒤에도 s나 es가 붙어 변화합니다. 아래의 표와 예문으로 익혀 보세요.

	남성	여성	중성	복수
정관사 2격	des -(e)s	der	des -(e)s	der
부정 관사 2격	eines -(e)s	einer	eines -(e)s	X
소유 관사 (mein) 2격	meines -(e)s	meiner	meines -(e)s	meiner

그 남자의 부인	die Frau des Mannes	한 남자의 부인	die Frau eines Mannes
그 회의의 주제	das Thema der Sitzung	한 회의의 주제	das Thema einer Sitzung
그 외투의 색깔	die Farbe des Mantels	한 외투의 색깔	die Farbe eines Mantels
그 아이들의 선생님	der Lehrer der Kinder	나의 아이들의 선생님	der Lehrer meiner Kinder

② 3격 지배 전치사

독일어의 모든 전치사는 뒤에 나올 격이 정해져 있으며 이를 전치사의 격 지배라고 한다고 앞서 배웠습니다. 이번 과에서는 3격 지배 전치사의 종류와 의미, 예문까지 살펴보세요.

3격 지배 전치사	의미	예문
von	(시간, 장소)부터 ~의	von hier bis Berlin 여기부터 베를린까지 König von Marokko 모로코의 왕
bei	~근처에 ~집에 ~할 때	bei der Bank 은행 근처에 bei meiner Schwester 나의 언니 집에 beim Essen 식사할 때
aus	~출신의 ~안에서 밖으로 ~(으)로 만들어진	aus Korea 한국 출신의 aus dem Zimmer 방 안에서 밖으로 aus Gold 금으로 만들어진
mit	~와(과) 함께 ~을(를) 타고 ~을(를) 가지고	mit meinem Freund 나의 남자 친구와 함께 mit dem Bus 버스를 타고 mit der Schere 가위를 가지고
seit	~전부터 지금도	seit einem Monat 한 달 전부터 지금도

gegenüber	~반대편에	gegenüber der Post 우체국 건너편에
zu	~(사람, 건물)로	zu meinem Vater 나의 아빠에게로 / zur Kirche 교회로
nach	~(도시, 국가)로	nach Frankfurt 프랑크푸르트로 / nach Deutschland 독일로

③ 4격 지배 전치사

아래와 같이 목적어로 4격을 취하는 4격 지배 전치사들을 익혀 보세요.

4격 지배 전치사	의미	예문
bis	~까지	bis morgen 내일까지
gegen	~즈음에 ~을(를) 향하여 ~에 반대하는	gegen 10 Uhr 10시 즈음에 gegen die Wand 벽을 향해 gegen dich 너에 반대하는
ohne	~없이	ohne Sahne 크림 없이
für	~을(를) 위해 ~에 찬성하는	für die Familie 가족을 위해 für ihn 그에 찬성하는
um	정시에 ~을(를) 둘러싼 ~을(를) 돌아	um 2 Uhr 2시 정각에 um den Tisch 테이블을 둘러싼 um die Ecke 코너를 돌아
durch	~을(를) 통하여	durch Frankreich 프랑스를 통해

④ 화법조동사 müssen / sollen

'~해야 한다'의 뜻을 나타냅니다. 뉘앙스의 차이까지 표로 구분하며 자연스럽게 익혀 보세요.

	müssen	sollen
강제성	Du musst pünktlich sein. 너는 제시간에 와야 해. (강제성, 필연성, 의무)	Du sollst pünktlich sein. 너는 제시간에 오는 게 좋겠다. (약한 충고, 조언)
의무	Ich muss ihm helfen. 나는 그에게 도움을 줘야 한다. (개인적 의무)	Man soll ihm helfen. 사람들은 그에게 도움을 줘야 한다. (도덕적, 당위적 의무)
의지	Ich muss jetzt schlafen. 나는 지금 자야 한다. (본인의 의지)	Ich soll jetzt schlafen. 나는 지금 자야 할 것 같다. (타인의 의지)
그 외	Er muss im Büro sein. 그는 틀림없이 사무실에 있다. (~임에 틀림없다는 확신)	Er soll sehr reich sein. 그는 매우 부유하다고 한다. (~라고 한다는 소문)

Aufgabe 1 녹음을 듣고, 빈칸에 알맞은 말을 쓰세요.

🎧 Track 12-03

Doil: Möchtest du noch etwas [ⓐ _____]?

Lea: Oh, ja, danke.

Doil: Ich heiße Doil. Wie [ⓑ _____] du?

Lea: Ich bin Lea. Woher kommst du?

Doil: Aus Korea. [ⓒ _____] wohne ich hier in Frankfurt.

Lea: Aha. [ⓓ _____] bist du hier in Deutschland?

Aufgabe 2 빈칸에 알맞은 답을 써 넣으세요.

ⓐ Ich mache hier ein Praktikum _____ einer Frima.
　　(난 여기 한 회사에서 인턴을 하고 있어.)

ⓑ Gehst du jeden Tag _____ Arbeit? (넌 매일 일하러 가니?)

ⓒ _____ acht _____ fünf Uhr arbeite ich. (8시부터 5시까지 일해.)

Aufgabe3 빈칸에 알맞은 전치사를 쓰세요.

ⓐ Sind Sie fertig _____ der Vorbereitung der Präsentation?
프레젠테이션 (준비) 다 끝났나요?

ⓑ _____ wann brauchen Sie das? 언제까지 필요하세요?

ⓒ Die Sitzung ist _____ halb elf. 회의는 열 시 반에 있어요.

Aufgabe4 아래의 문장을 독일어로 작문하고, 정답을 확인한 다음 올바른 문장을 소리 내어 말해 보세요.

> ⓐ 보통 난 7시에 일어나.
>
> ⓑ 회의의 주제가 무엇인가요?
>
> ⓒ 세 가지 안건에 관한 것입니다.
>
> ⓓ 당신에게 그 서류를 복사해 드릴까요?

ⓐ ⇨ _____

ⓑ ⇨ _____

ⓒ ⇨ _____

ⓓ ⇨ _____

❶ ⓐ Salat ⓑ heißt ⓒ Jetzt ⓓ Warum

❷ ⓐ bei ⓑ zur ⓒ Von, bis

❸ ⓐ mit ⓑ Bis ⓒ um

❹ ⓐ Normalerweise stehe ich um 7 Uhr auf. / ⓑ Was ist das Thema der Sitzung? / ⓒ Es geht um 3 Punkte. / ⓓ Soll ich Ihnen das Dokument kopieren?

WORTSCHATZ 어휘 늘리GO!

🎧 Track 12-04

 회사에서 필요한 어휘

명사

일, 업무	die Arbeit	외근	der Außendienst
직업	der Beruf / der Job	출장	die Geschäftsreise / Dienstreise
파업	der Streik	휴가	der Urlaub
야근	die Überstunde / die Spätschicht	월급	das Gehalt / der Lohn
회의실	der Konferenzraum	해고	die Entlassung
부서	die Abteilung	사표	die Kündigung
고객	der Kunde	면접	das Vorstellungsgespräch / das Interview

동사

일하다	arbeiten	돈 벌다	verdienen
출근하다	zur Arbeit gehen	송금하다	überweisen
퇴근하다	Feierabend machen	수정하다	korrigieren / überarbeiten
팔다	verkaufen	제안하다	vorschlagen
사다	kaufen	작성하다	schreiben
해고하다	entlassen	맡다	übernehmen
확인하다	überprüfen	책임지다	verantwortlich sein
진행되다, 개최되다	stattfinden		

독일인의 여가 시간과 대표적인 공휴일

독일은 세계적으로 노동 시간이 짧은 나라 중 하나입니다. 대부분의 직장인들이 금요일에는 오후에 일찌감치 퇴근하여 주말까지 쉬기 때문에, 여가 시간이 많으며 다양한 취미 활동과 문화 생활, 스포츠를 즐깁니다. 그중에서도 스포츠는 독일인이 가장 즐기는 여가 활동이라고 할 수 있습니다. 여가 시간에 비슷한 취미를 가진 사람끼리 모여서 모임을 만들고 함께 활동하기를 좋아하여 독일에는 다양한 동아리, 동호회가 발달해 있습니다. 이런 모임을 'Verein 클럽'이라고 합니다. 같은 취미를 가진 독일 사람이 셋만 모여도 이런 클럽을 만든다는 얘기가 있을 정도죠. 또한 연평균 30일 가량의 휴가를 즐길 수 있기 때문에 긴 휴가 동안 여행을 즐기는 사람들도 많습니다. 주로 따뜻한 남쪽 지역이 휴양지로 인기가 많습니다. 독일인들에게 가장 사랑받는 해외 여행지 중 하나는 스페인이라고 합니다. 그만큼 따뜻한 햇볕과 푸른 바다를 좋아하는 것 같습니다.

// 독일의 대표적인 공휴일이나 명절은 기독교와 관련된 것이 많습니다. 아래의 표로 살펴보세요.

독일어	우리말	날짜
Neujahr	새해 / 신년	1월 1일 새해 첫날
Ostern	부활절	춘분 직후의 만월 다음 첫 번째 일요일
Karfreitag	성 금요일	부활절 직전의 금요일
Christi Himmelfahrt	성령 강림절	부활절 후 50일 되는 날
Pfingstmontag	성령 강림 월요일	성령 강림절의 월요일 (둘째 날)
Tag der Arbeit	노동의 날	5월 1일
Muttertag	어머니의 날	5월 둘째 주 일요일
Tag der deutschen Einheit	독일 통일의 날	10월 3일
Erntedankfest	추수 감사절	10월 첫 번째 일요일
Advent	강림절	성탄절 전까지의 4주간
Weihnachten	성탄절	12월 25일 (26일도 성탄절로 여김)
Silvester	섣달 그믐날	12월 31일

Kann ich bitte Herrn Schmidt sprechen?

Kann ich bitte Herrn Schmidt sprechen?

슈미트 씨와 통화할 수 있을까요?

▶ 13강

╲ **학습 목표**

전화로 대화를 할 수 있다.

╲ **공부할 내용**

전화 받고 끊는 표현하기

전화 바꿔 달라고 하기

부재 중인 사람에게 메시지 전달 부탁하기

╲ **주요 표현**

Kann ich bitte Herrn Schmidt

sprechen?

Er ist jetzt nicht da.

Soll ich ihm etwas ausrichten?

♫ Track 13-01

Dialog 1

도일은 회사에서 슈미트 씨의 전화를 당겨 받았습니다.

Doil	Maler GmbH, Sie sprechen mit Doil Kim, guten Tag.	도일	말러 유한 회사, 김도일입니다, 여보세요.
Frau Meyer	Guten Tag, Herr Kim. Mein Name ist Fabiane Meyer von der Firma SIMS.	마이어 씨	안녕하세요, 김도일 씨. 저의 이름은 SIMS 회사의 파비아느 마이어입니다.
Doil	Ach ja, Frau Meyer.	도일	아 네, 마이어 씨.
Frau Meyer	Kann ich bitte Herrn Schmidt sprechen?	마이어 씨	슈미트 씨와 통화할 수 있나요?
Doil	Tut mir leid, er ist jetzt nicht da. Soll ich ihm etwas ausrichten?	도일	죄송합니다, 슈미트 씨는 지금 안 계세요. 제가 그에게 뭐 전달해 드릴까요?
Frau Meyer	Gerne, ich habe noch einige Fragen zur Bestellung und er soll mich bitte zurückrufen.	마이어 씨	부탁해요, 주문을 위해서 몇 가지 질문이 있고 저에게 다시 전화해 달라고 해 주세요.
Doil	Das richte ich ihm gern aus, Frau Meyer. Ich denke, spätestens gegen 16 Uhr ist er wieder im Büro.	도일	기꺼이 전달해 드리겠습니다, 마이어 씨. 제 생각에는, 늦어도 16시에는 사무실에 다시 계실 겁니다.
Frau Meyer	Vielen Dank, Herr Kim. Auf Wiederhören!	마이어 씨	고맙습니다, 도일 씨. 안녕히 계세요!
Doil	Auf Wiederhören.	도일	안녕히 계세요.

 VOKA BELN

e. GmbH 몡 유한 회사 (Gesellschaft mit beschränkter Haftung의 줄임말)   **sprechen mit+3격** ~와(과) 이야기하다, 통화하다   **e. Firma** 몡 회사   **sprechen+4격** ~와(과) 이야기하다, 통화하다   **da sein** 있다, 존재 하다   **ausrichten** 동 전달하다   **einig** 형 몇몇의   **e. Frage** 몡 질문   **zu+3격** 전 ~을(를) 위한, ~에 대한   **e. Bestellung** 몡 주문   **zurückrufen** 동 다시 전화 걸다 (4격 지배동사)   **spätestens** 무 늦어도   **wieder** 무 다시   **s. Büro** 몡 사무실

 ● **포인트 잡GO!**

❶ sprechen 동사를 4격 목적어와 함께 쓸 때 '~(4격 목적어)와(과) 함께 이야기하다, 통화하다'의 의미가 있 습니다. mit+3격을 써도 같은 뜻이 됩니다.

❷ 헤어질 때 인사는 'Auf Wieder<u>sehen</u>!', 전화를 끊을 때는 일반적으로 'Auf Wieder<u>hören</u>!'이라고 말합 니다.

1 전화 받기 & 전화 걸기

Maler GmbH, Sie sprechen mit Doil Kim, guten Tag.
말러 유한 회사, 김도일입니다, 여보세요.

Guten Tag, Herr Kim. Mein Name ist Fabiane Meyer von der Firma SIMS.
안녕하세요, 김도일 씨. 저의 이름은 SIMS 회사의 파비아느 마이어입니다.

> **Tipp** 첫 문장은 직역하면 '당신은 김도일과 말하고 있다'라는 뜻입니다. 즉, 전화를 받고 있는 사람이 누구인지 알려 주는 표현입니다. 업무적으로 통화를 할 때 소속과 이름을 밝히는 표현으로 알아 두세요. 예를 들어 마케팅 부서의 Fabiane Meyer라고 하려면 'Marktabteilung, Fabiane Meyer!'라고 합니다.

2 바꿔 달라고 하기

Kann ich bitte Herrn Schmidt sprechen?　　　슈미트 씨와 통화할 수 있을까요?

> **Tipp** sprechen 동사를 사용하여 전화를 바꿔 달라고 말할 수 있습니다. 'Ich möchte bitte Herrn Schmidt sprechen.'로도 말해 보세요. 또는 '그가 지금 있나요?'라는 의미로 'Ist er jetzt da?'라고도 말할 수 있습니다.

3 da sein 숙어로 말하기

Sie ist noch nicht da.　　　　　　　그녀는 아직 안 **왔어**.

Wir können um 8 Uhr da sein.　　　우리는 8시에 **도착할** 수 있어. (거기 있을 수 있어.)

Ich bin immer da für dich.　　　　널 위해 난 항상 거기에 **있어**. (널 위해 준비되어 있다.)

> **Tipp** 부사 'da 거기'와 동사 'sein 있다'가 함께 쓰이면 '현재 그 자리에 있다, 와 있다'라는 숙어가 됩니다. '걔 왔어? / 걔 있어?'라고 물어보려면 'Ist er / sie da?'라고 간단히 말하면 됩니다.

4 메시지 전달 부탁하기

Soll ich ihm etwas ausrichten?　　　제가 그에게 뭐 전달해 드릴까요?

Gerne, ich habe noch einige Fragen zur Bestellung und er soll mich bitte zurückrufen.
부탁해요, 주문을 위해서 몇 가지 질문이 있고 저에게 다시 전화해 달라고 해 주세요.

> **Tipp** '~에게 ~을(를) 전달하다'의 의미를 가진 분리동사 ausrichten으로 메시지 전달을 부탁할 수 있습니다.

🎧 Track 13-02

Dialog 2

도일은 슈미트 씨에게 전화 메시지를 전달해 줍니다.

Herr Schmidt	Schmidt am Apparat, guten Tag!	슈미트 씨	슈미트입니다, 여보세요!
Doil	Guten Tag, hier spricht Doil Kim. Ich habe eine Nachricht von Fabiane Meyer.	도일	여보세요, 김도일입니다. 파비아느 마이어 씨로부터 메시지를 하나 가지고 있어요.
Herr Schmidt	Ach so? Ist sie vielleicht von der Firma SIMS?	슈미트 씨	아 그래요? 혹시 SIMS 회사의 그녀인가요?
Doil	Ja, genau. Sie hat einige Fragen zur Bestellung und Sie sollen sie gleich zurückrufen.	도일	네 맞아요. 마이어 씨가 주문을 위해 몇 가지 질문이 있어서 그녀에게 다시 전화 드리셔야 해요.
Herr Schmidt	Können Sie mir bitte ihre Telefonnummer geben?	슈미트 씨	그녀의 전화번호를 줄 수 있나요?
Doil	Ja, gerne. Ihre Telefonnummer ist 35 92 56. Und ihre Durchwahl ist 367.	도일	네, 그럼요. 전화번호는 35 92 56 이에요. 그리고 내선 번호는 367 입니다.
Herr Schmidt	Gut, dann rufe ich sie jetzt an. Vielen Dank!	슈미트 씨	좋아요, 그럼 지금 그녀에게 전화 하죠. 고마워요!
Doil	Gern. Auf Wiederhören!	도일	아닙니다. 안녕히 계세요!
Herr Schmidt	Tschüs!	슈미트 씨	안녕히 계세요!

> **VOKA BELN** r. **Apparat** 몡 전화기, 기계   e. **Nachricht** 몡 메시지, 소식   **vielleicht** 悍 혹시, 아마도   **gleich** 悍 곧
> e. **Telefonnummer** 몡 전화번호   e. **Durchwahl** 몡 내선 번호   **dann** 悍 그러면   **anrufen** 동 전화하
> 다 (4격 지배동사)

 • **포인트 잡GO!**

❶ 'am Apparat 전화기 앞에 있는'은 전화를 받고 있는 사람이 누구인지 알려 주는 표현으로 성과 함께 말하면 됩니다. 또는 'Schmidt, guten Tag!'처럼 성만 말하고 전화를 받아도 됩니다.

❷ 전화를 걸어 이름을 말할 땐 'Hier spricht~ 여기 ~이(가) 말하고 있습니다'. 또는 'Hier ist ~ 여기 ~입니다'로 말해 보세요.

SCHLÜSSEL

1 메시지 전달하기

Ich habe eine Nachricht von Fabiane Meyer.
파비아느 마이어 씨로부터 **메시지를 하나** 가지고 있어요.

Ich soll etwas von Fabiane Meyer ausrichten.
파비아느 마이어 씨로부터 뭔가를 **전달해** 드려야 해요.

> **Tipp** 명사 'Nachricht 메시지, 소식' 또는 동사 'ausrichten 전달하다'으로 표현할 수 있습니다.

2 전화번호 묻고 답하기

Können Sie mir bitte ihre Telefonnummer **geben?**   그녀의 전화번호를 줄 수 있나요?

Wie ist ihre Telefonnummer?   그녀의 전화번호가 **어떻게 되나요?**

Ihre Telefonnummer ist 35 92 56. Und ihre **Durchwahl** ist 367.
전화번호는 35 92 56이에요. 그리고 **내선 번호**는 367입니다.

> **Tipp** 전화번호는 Telefonnummer, 핸드폰 번호는 Handynummer, 직통 (내선) 번호는 Durchwahl라고 합니다.

3 '전화하다' 동사를 사용한 표현

Sie sollen sie gleich zurückrufen.   당신은 **그녀에게** 곧 다시 전화를 거셔야 해요.

Dann rufe ich sie jetzt an.   그러면 지금 **그녀에게** 전화할게요.

> **Tipp** 전화를 걸 땐 anrufen 동사, 다시 전화를 걸 땐 züruckrufen 동사를 사용합니다. 두 동사 모두 분리동사이자 4격 목적어를 가집니다. '그녀에게 전화를 건다'라고 할 때 한국어식 사고로는 'ihr 그녀에게'로 말해야 할 것 같지만 독일어에서는 'sie 그녀를'로 말하므로 특히 주의하세요.

1 형용사 어미 변화 (강변화)

앞서 정관사 뒤 형용사, 형용사 뒤 명사를 수식할 때 일어나는 약변화를 익혔습니다. 이번 과에서는 형용사가 명사를 수식하는데 그 형용사 앞에 관사가 없는 경우의 어미 변화인 강변화를 살펴보겠습니다.

	남성	여성	중성	복수
1격	-er	-e	-es	-e
2격	-en	-er	-en	-er
3격	-em	-er	-em	-en
4격	-en	-e	-es	-e

// 마치 정관사의 마지막 철자와 동일하게 변화하는 것처럼 보이나 남성과 중성 2격의 경우 정관사의 형태는 des이지만 어미 변화는 -es가 아닌 -en이 되는 점에 유의해야 합니다.

- Ich trinke gern deutsch**es** Bier. 나는 독일의 맥주를 즐겨 마신다. (강변화, 중성, 4격)
- Hier steht warm**e** Milch. 여기 따뜻한 우유가 있다. (여성, 1격)
- Der Geruch lecker**en** Kuchens ist gut. 맛있는 케이크의 냄새가 좋다. (남성, 2격)
- Ich arbeite mit nett**en** Leuten. 나는 친절한 사람들과 일한다. (강변화, 복수, 3격)

2 N변화명사

남성 명사 중에서 2, 3, 4격으로 쓸 때 명사 뒤에 n이나 en의 어미가 붙어 변화하는 명사를 N변화명사라고 합니다. 주로 끝 음절에 강세가 있는 남성 직업·신분 명사, 동물을 나타내는 명사, 국적을 나타내는 남성 사람명사 등이 이에 속합니다. 그 외의 N변화명사인 경우도 있습니다. N변화명사들은 복수형 또한 n이나 en이 붙게 됩니다.

직업 / 신분	동물	국적	그 외
Student 대학생	Löwe 사자	Chinese 중국인	Herr 신사, 남성
Polizist 경찰관	Affe 원숭이	Russe 러시아인	Mensch 인간, 사람
Diplomat 외교관	Hase 토끼	Türke 터키인	Graf 백작
Biologe 생물학자	Rabe 까마귀	Franzose 프랑스인	Prinz 왕자
Präsident 대통령	Bär 곰	Däne 덴마크인	Nachbar 이웃
Astronaut 우주 비행사	Ochse 황소	Pole 폴란드인	Held 영웅

// 본문에 등장했던 Herr 뒤에 왜 n이 붙어 변화했는지 살펴보세요.

Kann ich Herr**n** Schmidt sprechen? = Kann ich mit Herr**n** Schmidt sprechen?
　　　(n변화 명사 4격)　　　　　　　　　　　　　　　　(n변화 명사 3격)

// 다른 예문도 함께 보겠습니다. 1격에는 변화가 없다는 점도 알 수 있습니다.

Der Hase ist sehr süß.　　　　　　　　 - 그 토끼는 매우 귀엽다. (1격)

Wir mögen die Geschichte **des** Prinz**en**.　 - 우리는 그 왕자**의** 이야기를 좋아한다. (2격)

Ich gebe **einem** Franzosen das Buch.　　 - 나는 한 프랑스인**에게** 그 책을 준다. (3격)

Ich kenne **den** Student**en**.　　　　　　 - 나는 그 남자 대학생을 안다. (4격)

③ 동사의 격 지배

동사에도 격 지배동사가 있습니다. 어떤 동사들은 우리말로 목적어를 해석했을 때 어색한 경우가 있으므로 동사의 격 지배를 따로 암기해야만 틀리지 않고 말할 수 있습니다. 3격 지배동사와 4격 지배동사, 3격과 4격 모두 취할 수 있는 동사까지 한눈에 정리해 보겠습니다.

3격 지배동사 ~에게	4격 지배동사 ~을(를)	3, 4격 지배동사 ~에게 ~을(를)
helfen 도움을 주다	fragen 질문하다	geben 주다
gehören 속하다	anrufen 전화 걸다	ausrichten 전해 주다
gefallen 마음에 들다	heiraten 결혼하다	schenken 선물해 주다
glauben 믿다	küssen 키스하다	versprechen 약속해 주다
fehlen 부족하다	sprechen 말하다	schreiben 써 주다

예 Ich helfe **dem** Mann / **einem** Mann / **ihm**.

나는 그 남자**에게**, 한 남자**에게**, 그에게 도움을 준다. → ~을(를) 돕다 (x)

Ich frage **die** Frau / **eine** Frau / **sie**.

나는 그 여자를, 한 여자를, 그녀를 (붙잡고) 질문한다. → ~에게 질문하다 (x)

Ich rufe **sie** an. 나는 그녀를 (붙잡고) 전화한다. → ~에게 전화하다 (x)

Er soll **mich** zurückrufen. 그가 나를 (붙잡고) 다시 전화해야 한다. → ~에게 다시 전화하다 (x)

④ 인칭대명사의 격변화

격 지배동사와 다음 인칭대명사를 연결하여 문장 만들기에 활용하세요.

	나	너	그	그녀	그것	우리	너희	그들	당신
1격 ~은, ~는, ~이, ~가	ich	du	er	sie	es	wir	ihr	sie	Sie
3격 ~에게	mir	dir	ihm	ihr	ihm	uns	euch	ihnen	Ihnen
4격 ~을, ~를	mich	dich	ihn	sie	es	uns	euch	sie	Sie

Aufgabe 1 녹음을 듣고, 빈칸에 알맞은 말을 쓰세요. 🎧 Track 13-03

Doil: Maler GmbH, Sie [ⓐ _____] mit Doil Kim, guten Tag.

Frau Meyer: Guten Tag, Herr Kim.

Mein Name ist Fabiane Meyer von der [ⓑ _____] SIMS.

Doil: Ach ja, Frau Meyer.

Frau Meyer: Kann ich bitte [ⓒ _____] Schmidt sprechen?

Doil: Tut mir leid, er ist jetzt nicht da. Soll ich ihm etwas [ⓓ _____]?

Aufgabe 2 빈칸에 알맞은 답을 써 넣으세요.

ⓐ Tut mir _____ , er ist jetzt nicht _____ . (죄송합니다, 그는 지금 부재 중입니다.)

ⓑ Soll ich ihm etwas _____ ? (뭔가를 전달해 드릴까요?)

ⓒ Er soll _____ bitte _____ . (그가 저에게 다시 전화를 하도록 해 주세요.)

괄호 안의 인칭대명사를 알맞게 변화시켜 빈칸에 쓰세요.

ⓐ Das richte ich _____ gern aus. (er) 제가 그것을 그에게 기꺼이 전달해 드릴게요.

ⓑ Dann rufe ich _____ jetzt an. (sie) 그러면 제가 지금 그녀에게 전화할게요.

ⓒ Können Sie _____ bitte ihre Telefonnummer geben? (ich)
저에게 그녀의 번호를 줄 수 있나요?

Aufgabe4 아래의 문장을 독일어로 작문하고, 정답을 확인한 다음 올바른 문장을 소리 내어 말해 보세요.

> ⓐ 슈미트 씨와 통화할 수 있을까요?
>
> ⓑ 그는 지금 부재 중입니다. (자리에 없습니다.)
>
> ⓒ 제가 그에게 뭐 전달해 드릴까요?
>
> ⓓ (전화 받는 사람은) 슈미트입니다, 안녕하세요!

ⓐ ⇨ _____

ⓑ ⇨ _____

ⓒ ⇨ _____

ⓓ ⇨ _____

❶ ⓐ sprechen ⓑ Firma ⓒ Herrn ⓓ ausrichten

❷ ⓐ leid, da ⓑ ausrichten ⓒ mich, zurückrufen

❸ ⓐ ihm ⓑ sie ⓒ mir

❹ ⓐ Kann ich (mit) Herrn Schmidt sprechen? / ⓑ Er ist jetzt nicht da(im Haus / Büro). /
ⓒ Soll ich ihm etwas ausrichten? / ⓓ Schmidt am Apparat, guten Tag (Morgen / Abend / Hallo)!

🎧 Track 13-04

 유용한 전화 표현

(전화하셨다고 해서) 다시 전화 드리는데요.	Ich rufe Sie zurück.
저는 Lara예요. 전화 거신 분은 누구시죠?	Hier ist Lara. Mit wem spreche ich?
어떤 분을 바꿔 드릴까요?	Mit wem soll ich Sie verbinden?
지금 통화 괜찮으세요?	Haben Sie gerade Zeit zum Telefonieren?
Lara 있어요?	Ist Lara da?
SIMS 회사로 전화 주셔서 감사합니다.	Danke für den Anruf bei der Firma SIMS.
무엇을 도와드릴까요?	Was kann ich für Sie tun?
잠시만요.	Einen Moment, bitte.
네 전화야.	Der Anruf ist für dich.
내가 나중에 다시 전화할게.	Ich rufe dich später zurück.
제 핸드폰이 울려서요.	Mein Handy klingelt.
그는 지금 막 통화 중이에요.	Er telefoniert gerade.
오래 통화 못해요.	Ich kann nicht so lange telefonieren.
내가 지금 좀 바빠서.	Ich bin gerade beschäftigt.
잘 안 들립니다.	Ich höre Sie nicht richtig.
연결 상태가 안 좋아요.	Die Verbindung ist schlecht.
그만 끊어야겠어요.	Ich muss langsam auflegen.
제가 전화 받을게요.	Ich gehe ran.
전화번호를 다시 확인해 보세요.	Überprüfen Sie die Nummer noch einmal.

독일 만나GO!
DEUTSCHLAND

독일에서 인기있는 직업

독일의 시장 조사 연구소인 GFK(Gesellschaft für Konsum-, Markt- und Absatzforschung) 의 자료에 의하면 독일인들에게 인기있는 직업은 법, 질서, 사회 보장과 관련된 사회적 신뢰도가 높은 직업들이라고 합니다. 다른 유럽 국가와 비교했을 때 대중교통 운전 기사에 대한 인식이나 인기 또한 좋은 편이라고 합니다. 또한, 의료 관련 직업의 인기가 높습니다. 다음의 표로 순위를 살펴보세요.

순위	직업	독일어 (복수형)
1	소방관	Feuerwehrleute
2	간호 장교	Sanitäter
3	간호사 / 간병인	Krankenschwestern / -pfleger
4	약사	Apotheker
5	의사	Ärzte
6	운전사	Lok-, Bus-, U-Bahn, Straßenbahnführer
7	파일럿	Piloten
8	엔지니어 / 기술자	Ingenieure / Techniker
9	교사	Lehrer
10	경찰관	Polizisten

* 출처 :

www.gfk-verein.org/compact/fokusthemen/weltweites-ranking-vertrauenswuerdige-berufe

TAG
14

Was fehlt Ihnen?

어디가 아프세요?

▶ 14강

╲ 학습 목표
증상에 관련된 표현을 할 수 있다.

╲ 공부할 내용
병원에 가서 증상 얘기하기
진료 관련 어휘 이해하기

╲ 주요 표현
Was fehlt Ihnen?
Hast du eine Erkältung?
Ich habe Husten und mein Kopf tut
weh.

SPRECHEN 말문 **틔GO!**

🎧 Track 14-01

Dialog 1

감기에 걸린 도일은 약속을 취소하기 위해 레아에게 전화를 겁니다.

Lea Also, kommst du heute Abend wirklich nicht?

Doil Leider kann ich nicht kommen.

Lea Was ist denn los?

Doil Ich bin krank.

Lea Oh, hast du eine Erkältung?

Doil Ich glaube schon, denn ich habe Fieber und Husten.

Lea Oh je. Was machst du denn jetzt?

Doil Ich bleibe im Bett.

Lea Geh doch zum Arzt und nimm Medizin.

Doil Okay, das mache ich.

Lea Also dann, gute Besserung!

Doil Danke! Tschüs!

레아	그러니까, 너 오늘 저녁에 정말 안 온다는 거지?
도일	안타깝게도 갈 수가 없어.
레아	도대체 무슨 일이야?
도일	나 아파.
레아	오, 감기 걸렸니?
도일	그런 것 같아, 왜냐하면 열이 있고 기침이 나거든.
레아	오 이런. 그럼 지금 뭐 하고 있어?
도일	나 침대에 누워 있어.
레아	병원을 좀 가 봐 그리고 약 먹어.
도일	알았어, 그렇게 할게.
레아	그럼, 얼른 나아!
도일	고마워! 안녕!

 VOKA BELN **leider** 분 안타깝게도 **los** 형 일어난, 발생한 **krank** 형 아픈 **e. Erkältung** 명 감기 **s. Fieber** 명 열 **r. Husten** 명 기침 **bleiben** 동 머무르다 **s. Bett** 명 침대 **r. Arzt** 명 의사 **nehmen** 동 약 먹다 **e. Medizin** 명 약 **e. Besserung** 명 좋아짐, 회복

  ● **포인트 잡GO!**

❶ los는 '풀린, 도망친, 해방된'의 뜻도 있지만 'Was ist (denn) los? 무슨 일이야?'라고 말하면 '어떤 일이 생긴, 발생한'의 의미로 쓰입니다. 의문문의 denn은 '도대체' 정도로 해석하거나 해석을 생략해도 무방합니다.

❷ 명사 Besserung은 회복, 나아짐을 의미하여 아픈 사람에게 쾌유를 빌 때 'Gute Besserung!'라고 말합니다.

❸ 'zum Arzt gehen 의사에게로 가다'를 간단히 '병원으로 간다'라는 표현으로 알아 두세요.

1 무슨 일인지 묻기

Was ist denn los?　　　　　　　　도대체 무슨 일이야?
(＝Was gibt's denn?)
(＝Was hast du denn?)
(＝Was ist denn passiert?)

> **Tipp** denn은 생략할 수 있습니다. passiert는 동사 'passieren 일어나다, 발생하다'의 과거 분사 형태로, '일어난, 발생한'의 의미로 쓰였습니다.

2 증상 말하기

Ich bin krank.　　　　　　　　나 **아파**.

Ich habe eine Erkältung.　　　나 **감기에 걸렸어**.
(＝Ich bin erkältet.)

Ich habe Fieber und Husten.　난 **열이 있고 기침을 해**.

> **Tipp** 형용사 'krank 아픈', 'erkältet 감기에 걸린'은 sein 동사와 함께 씁니다. 'Fieber 열', 'Husten 기침', 'Erkältung 감기'와 같은 명사들은 haben 동사와 함께 써서 증상을 나타냅니다.

3 이유 말하기

Ich glaube schon, denn ich habe Fieber und Husten.
그런 것 같아, **왜냐하면** 열이 있고 기침을 하거든.

Ich kann heute nicht kommen, denn ich bin krank.
난 오늘 못 가, **왜냐하면** 아프거든.

Er lernt Deutsch, denn er möchte in Deutschland studieren.
그는 독일어를 배운다, **왜냐하면** 그는 독일에서 유학하고 싶기 때문이다.

> **Tipp** denn이 평서문에서 접속사로 쓰일 땐 '왜냐하면 ~때문에'의 의미입니다. denn 다음 '주어+동사+목적어 / 보어' 어순으로 말하면 됩니다.

SPRECHEN

🎧 Track 14-02

Dialog 2

도일은 병원에서 진료를 받고 있습니다.

Doil Guten Tag, Herr Doktor!

Arzt Guten Tag, Herr Kim! Was fehlt Ihnen?

Doil Meine Stirn ist ganz heiß. Ich habe Husten und mein Kopf tut weh.

Arzt Machen Sie bitte Ihren Mund auf und sagen Sie 'Aah'.

Doil Aaaaah.

Arzt Ihr Hals ist rot. Sie haben Grippe. Ich gebe Ihnen ein Rezept für Medikamente gegen Husten. Nehmen Sie die Tabletten dreimal am Tag.

Doil Ok. Danke schön!

Arzt Bitte schön! Auf Wiedersehen!

Doil Auf Wiedersehen!

도일 안녕하세요, 선생님!

의사 안녕하세요, 김도일 씨! 어디가 아프세요?

도일 저의 이마가 정말 뜨거워요. 기침도 하고 두통도 있습니다.

의사 입을 벌리시고 '아'라고 말해 보세요.

도일 아아아.

의사 도일 씨의 목이 빨갛네요. 독감이네요. 기침을 억제하는 약을 처방해 드릴게요. 약을 하루에 세 번 드세요.

도일 네. 정말 감사합니다!

의사 천만에요! 안녕히 가세요!

도일 안녕히 계세요!

VOKABELN fehlen (동) ~에게 부족하다, 결핍되어 있다 (3격 지배동사) **e. Stirn** (명) 이마 **r. Kopf** (명) 머리 **weh tun** (동) 아프다 **r. Mund** (명) 입 **aufmachen** (동) 열다, 벌리다 **sagen** (동) 말하다 **r. Hals** (명) 목 **rot** (형) 빨간 **e. Grippe** (명) 독감 **s. Rezept** (명) 처방전 **s. Medikament** (명) 약 **e. Tablette** (명) 알약 (pl.) Tabletten **gegen** (전) ~에 대항하는, 억제하는 **am Tag** 하루에 (= pro Tag)

● 포인트 잡GO!

❶ fehlen 동사는 '~에게 부족하다'라는 의미를 가진 3격 지배 동사입니다. '~(부위)가 아프다', '병이 나다'의 뜻이기도 합니다.

❷ 존칭에 대한 명령형은 '동사 원형+Sie!'를 사용하는데, 분리동사의 경우 분리전철은 문장에서 맨 뒤로 가게 됩니다. 따라서 aufmachen이라는 분리동사를 명령문으로 하면 'Machen Sie auf!'입니다.

1 어디가 아픈지 묻기

Was fehlt Ihnen?   어디가 아프세요? (존칭)
(= Wo haben Sie Schmerzen?)

Was fehlt dir?   어디가 아프니? (친칭)
(= Wo hast du Schmerzen?)

> **Tipp** 동사 fehlen 또는 명사 Schmerzen으로 어디가 아픈지 물을 수 있습니다. 병원에서뿐만 아니라 상대의 안색이
> 좋지 않아 보일 때 '너 어디 아파?', '무슨 일이야?'의 의미로도 말할 수 있습니다.

2 병원에서 증상 말하기

Meine Stirn ist ganz heiß.   제 이마가 정말 뜨거워요.

Ich habe Husten und mein Kopf tut weh.   저는 기침도 하고 두통도 있어요.
(= Ich habe Husten und Kopfschmerzen.)

Ihr Hals ist rot und Sie haben Grippe.   당신의 목이 빨갛고 독감이네요.

> **Tipp** 증상을 설명할 땐 'weh tun'로 말하거나 또는 '신체 부위+Schmerzen'과 함께 haben 동사를 사용하여 말할 수
> 있습니다.

3 약 처방

Ich gebe Ihnen ein Rezept für Medikamente gegen Husten.
(= Ich verschreibe Ihnen Medikamente gegen Husten.)
기침을 억제하는 약을 처방해 드릴게요.

Medikamente gegen Kopfschmerzen   두통 억제 약

Medikamente gegen Fieber   해열을 위한 약

> **Tipp** '처방전을 써 주다'라고 말할 때 동사 자체에 '처방하다'라는 뜻이 있는 verschreiben로 말할 수도 있습니다.
> gegen은 '억제하는, 반대하는, 대항하는'의 의미를 갖는 4격 지배 전치사입니다.

1 **등위 접속사**

구조가 동일한 문장을 이어 주는 접속사를 등위 접속사라고 합니다. 등위 접속사가 쓰일 땐 평서문처럼 '접속사+주어+동사+기타 성분'의 어순을 따르게 됩니다. 등위 접속사의 기본 구조 및 종류를 예문과 함께 살펴보겠습니다.

// <u>주어+동사</u>+기타 성분, **등위접속사**+<u>주어+동사</u> 기타 성분.

1. denn 왜냐하면 ~이기 때문에

Sie ist glücklich, **denn** sie hat bald Urlaub.
그녀는 행복하다, 왜냐하면 그녀는 곧 휴가를 갖기 때문이다.

2. oder ~하거나 또는

Wir fahren mit dem Bus **oder** wir gehen zu Fuß.
우리는 버스를 타고 가거나 걸어서 간다.

3. aber 그러나, 하지만

Er ist schon alt, **aber** er ist sehr attraktiv.
그는 이미 늙었다, 하지만 매우 매력적이다.

4. sondern (~이 아니라) 오히려

Ich möchte keinen Kaffee, **sondern** (ich möchte) Tee trinken.
나는 커피가 아니라 오히려 차를 마시고 싶다. (앞절과 뒷절의 주어 동사가 동일한 경우, 생략 가능)

5. und 그리고

Ich lerne Deutsch **und** er lernt Französisch.
나는 독일어를 배우고 그는 프랑스어를 배운다.

> **Tipp** 이처럼 이어 주는 문장 구조가 대등한 접속사가 있는 반면, 접속사에 따라 그 접속사가 이끄는 문장이 도치되거나, 동사가 맨 뒤로 가는 후치가 이루어지는 접속사도 있습니다.

2 **3, 4격 지배 전치사 in**

전치사 in이 '~안에'라는 의미의 정지로 해석이 되면 3격 지배, '~안으로'의 의미로 장소의 이동이나 방향을 나타내면 4격 지배를 받습니다.

예) Ich bleibe **im** Bett. 나는 침대 **안에** 머물고 있다. (in+dem=im 중성 3격)

Ich gehe **ins** Bett. 나는 침대 **안으로** 간다. (in+das=ins 중성 4격)

Wir sind **am** Meer. 우리는 **바닷가에** 있다. (an+dem=am 중성 3격)

Wir gehen **ans** Meer. 우리는 **바닷가로** 간다. (an+das=ans 중성 4격)

③ weh tun 숙어

동사 'tun 하다'와 형용사 'weh 아픈'을 숙어로 함께 쓰면 '아프다'라는 표현이 됩니다. 아래의 표로 '(신체 부위)schmerzen+haben' 숙어와 함께 익히세요.

Mein Kopf tut weh.	Ich habe Kopfschmerzen.	머리가 아프다.
Mein Hals tut weh.	Ich habe Halsschmerzen.	목이 아프다.
Meine Zähne tun weh.	Ich habe Zahnschmerzen.	이가 아프다.
Mein Rücken tut weh.	Ich habe Rückenschmerzen.	허리가 아프다.
Meine Augen tun weh.	Ich habe Augenschmerzen.	눈이 아프다.
Meine Ohren tun weh.	Ich habe Ohrenschmerzen.	귀가 아프다.

// 소유 관사 대신 신체 부위 앞에 정관사를 쓰고, 목적어로 3격 인칭대명사 등을 이용해 누가 아프다고 느끼는지 표현할 수도 있습니다.

Mein Kopf tut weh.   나의 머리가 아프다.
(= **Der** Kopf tut **mir** weh.)   (= 머리가 나에게 아픔을 준다.)

Mein Hals tut weh.   나의 목이 아프다.
(= **Der** Hals tut **mir** weh.)   (= 목이 나에게 아픔을 준다.)

④ 명령문

불규칙 동사의 경우 du에 대한 명령문에서 우선 어간에 -st를 넣어 현재 인칭 어미 변화를 시키고, 최종적으로 다시 st를 제거해야 올바른 명령문이 됩니다.

// **du에 대한 명령**   Geh doch zum Arzt und **nimm** Tabletten! (du - nimmst) nehm (x)

// **Sie에 대한 명령**   Machen Sie bitte Ihren Mund **auf** und **sagen Sie** Aah!
Nehmen Sie die Tabletten dreimal am Tag.

⑤ 부사 doch, mal, bitte

명령문의 엄격하고 단호한 어감을 다소 완화할 수 있는 부사를 활용해서 말해 보세요. doch, mal, bitte 등이 있습니다.

Geh zum Arzt! 병원에 가!	Geh doch zum Arzt! 병원에 좀 가 봐!
Machen Sie Ihren Mund auf! 입을 벌리세요!	Machen Sie bitte Ihren Mund auf! 입을 벌려 주세요!
Sag! 말해!	Sag mal! 한번 말 좀 해 봐!

Aufgabe 1 녹음을 듣고, 빈칸에 알맞은 말을 쓰세요. 🎧 Track 14-03

Lea: Also, kommst du heute Abend [ⓐ _____] nicht?

Doil: [ⓑ _____] kann ich nicht kommen.

Lea: Was ist denn [ⓒ _____] ?

Doil: Ich bin [ⓓ _____].

Aufgabe 2 빈칸에 알맞은 답을 써 넣으세요.

ⓐ Hast du eine _____ ? (너 감기 걸렸니?)

ⓑ Ich bleibe im _____ . (나 침대에 누워 있어.)

ⓒ Das _____ ich. (내가 그것을 할게. = 그렇게 할게.)

ⓐ _____ doch zum Arzt! (gehen)

ⓑ _____ mal Tabletten! (nehmen)

ⓒ _____ Sie bitte Ihren Mund _____ ! (aufmachen)

Aufgabe4 아래의 문장을 독일어로 작문하고, 정답을 확인한 다음 올바른 문장을 소리 내어 말해 보세요.

ⓐ 어디가 아프세요?

ⓑ 기침을 하고 머리가 아파요.

ⓒ 얼른 나아! / 얼른 나으세요!

ⓓ 이 약들을 하루에 세 번 복용하세요.

ⓐ ⇨ _____

ⓑ ⇨ _____

ⓒ ⇨ _____

ⓓ ⇨ _____

❶ ⓐ wirklich ⓑ Leider ⓒ los ⓓ krank

❷ ⓐ Erkältung ⓑ Bett ⓒ mache

❸ ⓐ Geh ⓑ Nimm ⓒ Machen, auf

❹ ⓐ Was fehlt Ihnen (denn)? / ⓑ Ich habe Husten und mein Kopf tut weh. (Ich habe Kopfschmerzen). /
ⓒ Gute Besserung! / ⓓ Nehmen Sie die Tabletten dreimal am Tag.

🎧 Track 14-04

⭐ 신체 부위

① 머리	der Kopf	⑬ 턱	das Kinn
② 어깨	die Schulter	⑭ 팔	der Arm
③ 얼굴	das Gesicht	⑮ 손	die Hand
④ 가슴	die Brust	⑯ 발	der Fuß
⑤ 목	der Hals	⑰ 다리	das Bein
⑥ 눈	das Auge	⑱ 배	der Bauch
⑦ 코	die Nase	⑲ 엉덩이	der Hintern / Po
⑧ 입	der Mund	⑳ 허벅지	der Oberschenkel
⑨ 이마	die Stirn	㉑ 무릎	das Knie
⑩ 귀	das Ohr	㉒ 팔꿈치	der Ellbogen
⑪ 볼	die Wange	㉓ 손가락	der Finger
⑫ 눈썹	die Augenbrauen	㉔ 발가락	der Zeh

독일에서 병원 가기

독일에서 병원에 가려면 우선 예약을 해야 합니다. 전화로 가능한 시간을 문의하여 시간 약속을 잡은 다음, 그 시간에 맞추어 방문해야 하죠. 독일어로 병원에 간다는 표현을 '의사에게 간다'고 말하는 이유도 아마 모두 자신의 주치의가 있는 'Praxis 개인 병원'을 주로 방문하기 때문인 것 같습니다. 종합 병원에 해당하는 Krankenhaus는 큰 부상을 입는 등 응급 진료가 필요하다거나 극심하게 아플 때 가는 경우가 많습니다. 감기와 같은 가벼운 병이 났을 때 독일인들은 병원에 가기보다는 차를 많이 마시고 집에서 쉬면서 자연적으로 치료되기를 기다리는 편입니다. 심지어 감기 때문에 병원에 가더라도, 약을 처방받지 못하고 그저 따뜻한 물과 차를 많이 마시고 쉬라는 처방만 받고 되돌아오기도 합니다.

독일에 거주하는 사람들은 모두 의료 보험에 가입해야 합니다. 학생들은 사립 보험이나 가장 잘 알려진 공보험인 die Gesundheitskasse(AOK)나 Die Techniker Krankenkasse(TK)같은 보험을 듭니다. 나이와 직업을 고려해 보험료를 지불하게 되는데 학생이나 연령이 낮은 사람은 할인이 적용되어 조금 저렴한 편입니다. 병원에 갈 때에는 의료 보험 카드를 소지해야 합니다. Doktor라고 하는 말은 박사나 의사라는 뜻인데, 남성일 경우 Herr Doktor, 여성일 경우 Frau Doktor라고 호칭하면 되니 참고하세요.

독일은 우리나라보다 훨씬 전부터 의약 분업이 시행되고 있어 의사의 처방을 받고 처방전을 갖고 가야만 약국에서 약을 받을 수 있습니다. 간단한 약품은 처방전 없이 구입할 수 있지만, 대부분은 의사의 처방에 따라 약국에서 약을 구입해야 합니다. 약국은 독일어로 Apotheke라고 합니다.

◀ 독일의 약국

Der Wievielte ist heute?

TAG
15

Der Wievielte ist heute?

오늘 며칠이지?

(▶ 15강)

╲ **학습 목표**
날짜를 묻고 답할 수 있다.

╲ **공부할 내용**
날짜 묻고 답하기
제안하기
여행 예약하기

╲ **주요 표현**
Der Wievielte ist heute?
Wie wäre es wenn~?
Ich schlage vor, dass~.
Ich bin damit einverstanden.

🎧 Track 15-01

Dialog 1

도일과 레아는 휴가 때 이탈리아에 가기로 했습니다.

Lea Was machen wir dieses Mal im Urlaub?

Doil Gute Frage. Wohin gehen wir?

Lea Wie wäre es, wenn wir in die Berge fahren?

Doil Das ist nicht schlecht, aber ich möchte lieber ans Meer fahren.

Lea Letztes Mal waren wir doch am Meer.

Doil Stimmt. Wann hast du Urlaub?

Lea Ab morgen. Am 24. Juli ist mein Urlaub zu Ende.

Doil Okay. Der Wievielte ist heute?

Lea Heute ist der 10. Juli.

Doil Aha. In Südtirol gibt es schöne Berge, oder?

Lea Ja, richtig. Ich schlage vor, dass wir morgen zusammen ins Reisebüro gehen.

Doil Gute Idee! Ich bin damit einverstanden.

레아 우리 이번에 휴가 때 뭐 해?

도일 좋은 질문이야. 어디로 갈까?

레아 우리 산으로 가면 어떨까?

도일 나쁘진 않은데, 난 차라리 바닷가로 가고 싶어.

레아 근데 우리 지난번에 바닷가 갔었잖아.

도일 맞다. 언제 휴가야?

레아 내일부터. 7월 24일에 내 휴가가 끝나.

도일 알았어. 오늘 며칠이지?

레아 오늘은 7월 10일이야.

도일 아. 쥐트티롤에 멋진 산이 많은데, 그렇지?

레아 응, 맞아. 우리 내일 같이 여행사 가는 걸 제안해.

도일 좋은 생각이야! 그것에 동의해.

VOKABELN **dieses Mal** 이번에 **e. Frage** 몡 질문 **wohin** 뷰 어디로 **wenn** 쩝 ~(이)라면 **Wie wäre es, wenn 주어…동사?** ~한다면 어떨까? **r. Berg** 몡 산 **schlecht** 혱 나쁜 **lieber** 뷰 차라리 (gern의 비교급) **s. Meer** 몡 바다 **letzt** 혱 지난 **ab** 쩐 ~부터 **r. Urlaub** 몡 휴가 **zu Ende sein** 끝나다 **wievielt** 혱 몇 번째의 **es gibt+4격** ~이(가) 있다 **vorschlagen** 통 제안하다 **zusammen** 뷰 같이 **e. Idee** 몡 생각, 아이디어 **einverstanden sein mit+3격** ~에 동의하다

● 포인트 잡GO!

❶ wenn은 '만약 ~(이)라면'의 뜻을 가진 접속사로, wenn이 이끄는 문장에서 동사는 맨 뒤로 갑니다. 접속법 2식 동사와 결합하여 가정문이나 제안하는 문장의 의미가 됩니다. 'Wie wäre es, wenn 주어+기타 성분 +동사?'로 좀 더 고급스러운 제안 표현을 구사할 수 있습니다.

❷ 3, 4격 지배 전치사 중 an은 '~가에 (정지 3격)'또는 '~가로 (이동 4격)'의 의미를 가지며 바닷가로 가는 의 미를 나타낼 땐 ans Meer, 바닷가에 있다는 정지의 의미를 나타낼 땐 am Meer로 표현합니다.

❸ 'dass+주어…동사' 문형은 '주어가 동사하는 것'의 의미를 가지며 dass는 wenn과 마찬가지로 동사가 맨 뒤 에 위치하는 종속 접속사입니다. 여기에서는 dass 절이 목적어 역할로 쓰였습니다.

1 날짜 묻고 답하기

Der Wievielte ist heute?   오늘 며칠이야(입니까)?
(= Den Wievielten haben wir heute?)

Heute ist der 10. Juli.   오늘은 7월 10일이야(입니다).
(= Heute haben wir den 10. Juli.)

> **Tipp** wievielt는 '몇 번째의'라는 의미이며 뒤에 '날, 일'에 해당하는 명사 Tag이 생략되었다고 볼 수 있습니다. 날짜(숫자) 다음 마침표는 서수를 의미하며, 1격일 때는 der zehnte Juli, 4격은 den zehnten Juli라고 읽어야 합니다. 1부터 19까지는 기수에 -t를, 20부터는 기수에 -st를 붙이면 서수가 됩니다.

2 동의하기

(Das) Stimmt.   맞아(요).
(= (Das ist) Richtig.)
(= Du hast Recht. / Sie haben Recht.)

Ich bin damit einverstanden.   나는 그것에 동의해(요).
(= Ich bin dafür.)

> **Tipp** 상대방의 말이 옳다고 할 때는 동사 'stimmen 맞다, 일치하다'를 이용하여 'Stimmt, Richtig, Du hast Recht.' 등으로 말합니다. 동의할 땐 형용사 einverstanden 또는 dafür로 말합니다.

3 호응하기

(Das ist eine) **gute Frage!**   **좋은 질문**이야!

(Das ist eine) **gute Idee!**   **좋은 생각**이야!

(Das ist eine) **schlechte Idee.**   **좋지 않은 생각**이야.

> **Tipp** 동의 또는 긍정적인 반응을 나타내려면 형용사 gut로, 동의하지 않을 땐 gut의 반대인 schlecht로 말해 보세요.

4 제안하기

Wie wäre es, wenn wir in die Berge fahren?   우리 산속으로 가면 **어때?**

Ich schlage vor, dass wir morgen zusammen ins Reisebüro gehen.
우리 내일 같이 여행사로 갈 것을 **제안해.**

> **Tipp** 제안하는 표현으로 Wie wäre es와 Ich schlage vor를 사용할 수 있습니다. wenn과 dass는 동사를 맨 뒤에 써야 하는 접속사입니다.

Track 15-02

Dialog 2

도일과 레아는 하이킹 패키지여행을 예약하려고 합니다.

Doil und Lea	Guten Morgen!
Frau Schneider	Guten Morgen! Was kann ich für Sie tun?
Doil	Wir möchten eine Reise buchen.
Frau Schneider	Okay, wohin wollen Sie fahren?
Lea	Ich möchte gern nach Südtirol.
Doil	Ja, wir wollen in den Bergen wandern.
Frau Schneider	Aha! Wann wollen Sie hin?
Lea	Am 14. Juli. Und wir möchten eine Woche da bleiben.
Frau Schneider	Na gut. Da habe ich ein günstiges Angebot für Sie.
Doil	Ist das eine Pauschalreise?
Frau Schneider	Ja, genau. Ich kann Ihnen die Einzelheiten erklären.

도일과 레아	안녕하세요!
슈나이더 씨	안녕하세요! 무엇을 도와드릴까요?
도일	저희는 여행을 예약하고 싶어요.
슈나이더 씨	그렇군요, 어디로 가고 싶으세요?
레아	저는 쥐트티롤로 가고 싶어요.
도일	네, 저희는 산에서 하이킹을 하려고 해요.
슈나이더 씨	그렇군요! 언제 거기로 갈 계획인가요?
레아	7월 14일에요. 그리고 거기서 일주일 동안 머무르고 싶어요.
슈나이더 씨	네 좋습니다. 그때 저렴한 상품이 있습니다.
도일	패키지여행인가요?
슈나이더 씨	네, 맞아요. 제가 세부 사항을 알려 드릴 수 있어요.

 VOKA BELN   **tun** 동 하다   **buchen** 동 예약하다   **wandern** 동 도보 여행하다   **hin** 부 거기로, 그쪽으로   **da** 부 거기에서   **bleiben** 동 머무르다   **e. Woche** 명 주(週)   **günstig** 형 저렴한   **s. Angebot** 명 상품   **e. Pauschalreise** 명 패키지여행   **pl. Einzelheiten** 명 세부 사항   **erklären** 동 설명하다

 • 포인트 잡GO!

❶ Was kann ich für Sie tun?은 직역하면 '제가 당신을 위해 무엇을 할 수 있을까요?'이지만 '무엇을 도와드릴까요?'로 간단하게 알아 두세요.

❷ in den Bergen wandern은 산속에서 도보 여행을 한다는 의미로, 여기에서 in은 '~안에 (정지 3격)'로 쓰였습니다. '산'이라는 명사의 복수형 Berge가 쓰였으며 그 뒤에 n이 붙은 것은 복수가 3격으로 쓰일 때 명사 뒤에도 n을 붙여야 하기 때문입니다.

1 도움 제안하기

Was kann ich für Sie tun?   도와드릴까요?
(= Kann / Soll ich Ihnen helfen?)
(= Kommen Sie zurecht?)

> **Tipp** zurechtkommen 동사는 분리동사로, '잘 해내다'라는 의미를 갖고 있는 동사입니다. 'Kommen Sie zurecht?' 를 직역하면 혼자서 잘 해낼 수 있느냐 즉, 도와주겠다는 의미가 됩니다.

2 시점 묻고 답하기

Wann wollen Sie hin?   언제 거기로 갈 계획인가요?

Am 14. Juli.   7월 14일에요.

> **Tipp** 시점을 물을 때 의문사는 Wann을 사용합니다. 특정 날짜'에'라고 대답할 때 필요한 전치사가 am입니다. 따라서 날짜를 말할 땐 'am+날짜'를 쓰며, 이때 날짜는 서수로 표현하고 서수 뒤 어미 en을 넣어서 'am+날짜(서수+en)+월'과 같이 말합니다. '7월 14일에'를 읽을 땐 am vierzehnten Juli라고 하면 됩니다.

3 날짜 관련 어미 변화 활용하기

Heute ist der 10. April.   오늘은 **4월 10일이다**. (1격: der zehnte April)

Heute haben wir den 10. April.   오늘은 **4월 10일이다**. (4격: den zehnten April)

Am 10. April machen wir eine Party.   **4월 10일**에 우리는 파티가 있다. (3격: am zehnten April)

> **Tipp** 날짜는 서수로 표현하는데, 그 앞에 정관사를 쓰고 날짜에 해당하는 남성 명사인 Tag을 수식하므로 형용사와 마찬가지로 어미 변화를 합니다. 정관사가 있고 형용사가 명사를 수식할 경우 약변화에 해당하기 때문에 어미는 -e 또는 -en이 됩니다. 따라서 날짜를 1격으로 표현할 때는 어미 -e를 붙이고, 나머지는 -en을 붙여야 합니다.

4 원하는 것을 말하기

Wir wollen in den Bergen wandern.   산속에서 하이킹하고 **싶어요**.

Wir möchten eine Woche da bleiben.   일주일 동안 거기에서 머무르고 **싶어요**.

> **Tipp** möchten 동사 또는 wollen 동사를 쓰고 문장 맨 뒤에 동사 원형을 넣으면 본인이 원하는 바를 정중하게 말하는 표현이 됩니다. 이때 어떤 동사가 맨 뒤에 나올지 문맥상 파악 가능한 경우 동사 원형은 생략하고 표현할 수 있습니다. 예를 들어 '맥주를 마시고 싶다'라는 표현에서 trinken 동사를 쓰지 않고 생략한 채 'Ich möchte ein Bier.' 로만 말해도 됩니다.

① 과거 시제

독일어의 과거 시제는 신문이나 동화책과 같은 문어체에서만 사용되고, 실제 회화에서 과거의 일을 표현할 땐 주로 현재 완료 시제를 사용합니다. 그러나 sein, haben, werden 동사와 같은 기본 동사 및 화법 조동사처럼 과거 시제를 사용하여 과거의 일을 표현하는 경우도 있습니다. 인칭에 따른 어미 변화를 살펴보세요.

주격 인칭대명사	어미 변화 규칙	sein	haben	werden
ich	없음	war	hatte	wurde
du	-st	warst	hattest	wurdest
er / sie / es	없음	war	hatte	wurde
wir	-(e)n	waren	hatten	wurden
ihr	-t	wart	hattet	wurdet
sie / Sie	-(e)n	waren	hatten	wurden

> **Tipp** 1인칭 단수 ich와 3인칭 단수 er / sie / es는 과거 시제의 기본 형태에서 추가로 어미 변화하지 않습니다.

주격 인칭대명사	wollen	können	dürfen	sollen	müssen
ich	wollte	konnte	durfte	sollte	musste
du	wolltest	konntest	durftest	solltest	musstest
er / sie / es	wollte	konnte	durfte	sollte	musste
wir	wollten	konnten	durften	sollten	mussten
ihr	wolltet	konntet	durftet	solltet	musstet
sie / Sie	wollten	konnten	durften	sollten	mussten

② 종속 접속사

주된 문장에 부문장이 종속되어 쓰이는 접속사를 종속 접속사라고 합니다. 종속 접속사가 이끄는 문장은 동사가 부문장의 끝에 위치합니다. 이번 과에 등장했던 종속 접속사와 그 외의 종속 접속사까지 익혀보세요.

(예) Wie wäre es, wenn wir in die Berge fahren? 우리 산속으로 가면 어때?

Ich schlage vor, dass wir morgen zusammen ins Reisebüro gehen.
우리가 내일 같이 여행사로 갈 것을 제안해.

종속 접속사	의미	예문
als	~했을 때	Ich war arm, als ich jung war. 내가 어렸을 때 가난했다.
weil	~때문에	Er kommt nicht, weil er krank ist. 그는 아파서 오지 않는다.
ob	~인지 아닌지	Sie weiß nicht, ob sie ihn liebt. 그녀는 그녀가 그를 사랑하는지 아닌지 모른다.
obwohl	~에도 불구하고	Wir lernen Deutsch, obwohl wir krank sind. 우리는 아픔에도 불구하고 독일어를 공부한다.
bevor	~하기 전에	Ich frühstücke, bevor ich zur Arbeit gehe. 나는 일하러 가기 전에 아침을 먹는다.
während	~하는 동안	Sie hört Musik, während sie kocht. 그녀는 요리하는 동안 음악을 듣는다.
bis	~할 때까지	Wir warten, bis du kommst. 우리는 네가 올 때까지 기다린다.
damit	~하기 위해	Er lernt Deutsch, damit er in Deutschland studiert. 그는 독일에서 대학을 가기 위해 독일어를 배운다.

부문장(종속 접속사절)으로 문장을 시작할 수도 있는데, 이때 주문장은 도치됩니다.

(예) Ich war arm, als ich jung war. = Als ich jung war, war ich arm.

동사+주어

❸ 불규칙 비교급과 최상급

형용사나 부사의 비교급은 원급에 -er을, 최상급은 -st를 붙입니다. 단 비교급과 최상급의 형태가 완전히 불규칙인 경우가 있습니다. 그러한 경우 예외적으로 암기해야 합니다.

원급의 의미	원급	비교급	최상급
좋아하는 / 즐겨 하는 / 잘하는	gern	lieber	liebst
잘하는 / 좋은	gut	besser	best
높은	hoch	höher	höchst
가까운	nah(e)	näher	nächst

❹ 3, 4격 지배 전치사

이번 과에 등장한 3, 4격 지배 전치사의 쓰임을 한눈에 비교해 보겠습니다.

Wie wäre es, wenn wir **in die Berge** fahren? (이동, 복수 4격)

Wir wollen **in den Bergen** wandern. (정지, 복수 3격)

Ich möchte lieber **ans Meer** fahren. (이동, 중성 4격)

Letztes Mal waren wir doch **am Meer**. (정지, 중성 3격)

Ich schlage vor, dass wir morgen zusammen **ins Reisebüro** gehen. (이동, 중성 4격)

Aufgabe 1 녹음을 듣고, 빈칸에 알맞은 말을 쓰세요.

🎧 Track 15-03

Lea: Was machen wir dieses Mal im [ⓐ _____]?

Doil: Gute Frage. [ⓑ _____] gehen wir?

Lea: Wie [ⓒ _____] es, wenn wir in die Berge fahren?

Doil: Das ist nicht [ⓓ _____], aber ich möchte lieber ans Meer fahren.

Aufgabe 2 빈칸에 알맞은 정관사를 써 넣으세요.

ⓐ Wie wäre es, wenn wir in _____ Berge fahren?

ⓑ Wir wollen in _____ Bergen wandern.

ⓒ Ich möchte lieber an _____ Meer fahren.

ⓓ Letztes Mal waren wir doch an _____ Meer.

Aufgabe3 괄호 안의 단어들을 순서에 맞게 배열하세요.

ⓐ Wie wäre es, wenn _____ ? (wir, fahren, in die Berge)

ⓑ Ich schlage vor, dass _____ .
  (wir, gehen, zusammen ins Reisebüro, morgen)

Aufgabe4 아래의 문장을 독일어로 작문하고, 정답을 확인한 다음 올바른 문장을 소리 내어 말해 보세요.

ⓐ 오늘 며칠이야?

ⓑ 7월 24일에 나의 휴가가 끝나.

ⓒ 좋은 생각이야! 좋은 질문이야!

ⓓ 나는 그것에 동의해.

ⓔ 그거 패키지여행인가요?

ⓐ ⇨ _____

ⓑ ⇨ _____

ⓒ ⇨ _____

ⓓ ⇨ _____

ⓔ ⇨ _____

❶ ⓐ Urlaub ⓑ Wohin ⓒ wäre ⓓ schlecht

❷ ⓐ die ⓑ den ⓒ das ⓓ dem

❸ ⓐ wir in die Berge fahren ⓑ wir morgen zusammen ins Reisebüro gehen

❹ ⓐ Der Wievielte ist heute? / ⓑ Am 24. Juli ist mein Urlaub zu Ende. / ⓒ Gute Idee! Gute Frage!
  ⓓ Ich bin damit einverstanden. / ⓔ Ist das eine Pauschalreise?

WORTSCHATZ 어휘 늘리 GO!

🎧 Track 15-04

 제안하기

- Wollen wir ~? 우리 ~할까?
- Ich möchte etwas vorschlagen. 난 뭔가 제안하고 싶어.
- Wir können auch ~ 우리 ~할 수 있잖아.
- Was hältst du davon, wenn ~ ~한다면 어떨까?

의견 묻기

- Was meinst du? / Was meinen Sie? 네 생각은 어때? / 당신 생각은 어때요?
  (= Was denkst du? / Was denken Sie?)
  (= Wie findest du? / Wie finden Sie?)

찬성하기

- Okay, das machen wir. 그래, 그렇게 하자.
- Das gefällt mir. 마음에 들어.
- Das finde ich gut. 좋다고 생각해.
- Ich bin dafür. 찬성이야.
- Super! / Prima! / Schön! 좋아!
- Ja, das geht. 응, 가능해.

정중히 거절하기

- Ich weiß nicht. 잘 모르겠어.
- Vielleicht können wir das so machen, aber ~ 아마도 그렇게 할 수 있겠지, 하지만 ~
- Das ist auch eine gute Idee, aber ~ 그것도 좋은 생각이야, 하지만 ~
- Vielleicht ist es besser, wenn wir ~ 아마 우리가 ~한다면 더 좋을 것 같아.
- Wir können aber auch ~ 우리는 ~할 수도 있어.
- Leider bin ich dagegen. 유감이지만 반대야.
- Das geht leider nicht. 그건 유감스럽게도 안 돼.

독일어 능력 시험 B1 말하기 시험 파트 엿보기

독일어 능력 시험 ZERTIFIKAT DEUTSCH의 B1 말하기 시험 파트에서는 무작위로 정해진 파트너 수험생과 함께 특정한 계획을 세워야 합니다. 예를 들어, 두 사람의 공통된 친구가 생일을 맞았는데 어떻게 축하해 줄 것이며 파티는 어디에서 어떻게 할 것인지, 또는 여행 계획이나 병문안 계획에 대해 대화하라는 문제가 나올 수 있습니다. 이번 과에 나온 제안하기, 찬성하기, 거절하기 표현을 유용하게 활용할 수 있겠죠? 문제 유형을 한번 살펴보도록 하겠습니다.

// Teil 1 Gemeinsam etwas planen

Ihr / e Gesprächpartner / in und Sie sollen eine Präsentation vorbereiten. Sie stellen eine Stadt in Deutschland vor. Sie treffen sich und planen die Präsentation.

첫 번째 파트, 함께 무언가를 계획하기
당신의 파트너와 당신은 발표 준비를 해야 합니다. 당신들은 독일에 있는 한 도시를 소개합니다. 두 사람은 만나서 발표를 계획합니다.

Sprechen Sie über die Punkte unten, machen Sie Vorschläge und reagieren Sie auf die Vorschläge Ihres Gesprächpartners / Ihrer Gesprächpartnerin.

아래의 네 가지 사항에 대해 말하세요, 제안을 하고, 상대방의 제안에 반응하세요.

Eine Stadt in Deutschland vorstellen 독일의 한 도시 소개하기

- Welche Stadt vorstellen? 어떤 도시를 소개할 것인지?

- Welche Aspekte: Sehenswürdigkeiten? Bevölkerung? Kultur? Sport?
  어떤 면을 소개할 것인지: 관광 명소? 인구? 문화? 스포츠?

- Fotos oder Bilder? 사진이나 그림?

- Wer sagt was? 누가 무엇을 발표할 것인지?

// 모범 대화문을 참조하여 말하기 연습도 해 보세요.

A Wir sollen eine Stadt vorstellen. Wollen wir über Berlin sprechen?

B Das ist eine gute Idee. Aber wie wäre es mit München?

A München ist auch gut. Ich bin damit einverstanden.

B O.K. Was sollen wir denn sagen? Ich denke, Fußball darf nicht fehlen.

A Ja, genau. Und wir müssen unbedingt über die Sehenswürdigkeiten sprechen. Zum Beispiel über das alte Rathaus oder die Frauenkirche...

B Natürlich! Wir brauchen dann viele Fotos, oder?

Herzlichen Glückwunsch!

TAG

16

Herzlichen Glückwunsch!

진심으로 축하해!

▶ 16강

＼ 학습 목표

다양한 축하 표현을 할 수 있다.

＼ 공부할 내용

생일이 언제인지 묻고 답하기

생일 축하하기

무엇을 하자고 제안하기

＼ 주요 표현

Wann haben Sie denn Geburtstag?

Herzlichen Glückwunsch!

Es ist sehr nett von euch.

Lass uns die Torte essen!

🎧 Track 16-01

Dialog 1

내일은 도일의 생일입니다. 동료들이 작은 서프라이즈를 준비했어요.

Kollege	Sie haben morgen Geburtstag, oder?
Doil	Ja, woher wissen Sie denn das?
Kollege	Haha, das ist ein Geheimnis!
Doil	Haha, wann haben Sie denn Geburtstag?
Kollege	Ich habe am 16. September Geburtstag.
Doil	Aha. Das muss ich mir merken. Das ist in zwei Monaten.
Kollege	Ja. Was machen Sie morgen?
Doil	Meine Freunde besuchen mich und wir gehen zusammen essen.
Kollege	Schön! Wissen Sie was? Das ist ein kleines Geschenk von unserer Abteilung.
Doil	Oh, das mussten Sie aber nicht. Danke schön.

동료 직원	도일 씨 내일 생일이죠, 그렇죠?
도일	네, 어떻게 아시는 거예요?
동료 직원	하하, 그건 비밀이에요!
도일	하하, 생일이 언제예요?
동료 직원	저는 9월 16일에 생일이에요.
도일	아하. 그럼 외워야겠네요. 두 달 후네요.
동료 직원	네. 내일 뭐 해요?
도일	제 친구들이 저를 방문해서 같이 식사하러 가요.
동료 직원	좋네요! 그거 알아요? 이건 우리 부서의 작은 선물이에요.
도일	오, 이러실 필요 없는데. 정말 감사합니다.

VOKA BELN **r. Geburstag** 몡 생일 **s. Geheimnis** 몡 비밀 **merken** 동 인지하다, 외우다 **r. Monat** 몡 월, 개월, 달 (pl.) Monate **r. Freund** 몡 친구 (pl.) Freunde **besuchen** 동 방문하다 **essen gehen** 식사하러 가다 **klein** 혱 작은 **s. Geschenk** 몡 선물 **e. Abteilung** 몡 부서

• 포인트 잡GO!

❶ 생일이라고 말할 땐 명사 'Geburtstag 생일'과 동사 'haben ~을(를) 가지고 있다'로 말합니다. 직역하면 '생일을 가지고 있다'라는 뜻이지만 독일어로 '생일이다'를 나타내는 표현이라고 간단히 알아 두세요. 자신의 생일을 'Ich habe am 날짜(서수en) 월 Geburtstag.'라고 말해 보세요.

❷ 'Woher wissen Sie denn das? (직역하면) 어디서부터 그것을 알고 있느냐?'를 '어떻게 알게 되었느냐?'라고 의역할 수 있습니다. 유용한 표현이므로 여러 번 반복해서 말해 보세요.

1 **생일 묻고 답하기**

Wann haben Sie denn Geburtstag?	생일이 언제예요?
Ich habe am 16. September Geburtstag.	저는 9월 16일에 생일이에요.
Sie haben morgen Geburtstag, oder?	당신은 내일이 생일이죠, 그렇죠?

> **Tipp** 보통 haben 동사와 함께 생일을 표현하지만 'Heute ist mein Geburtstag. 오늘이 나의 생일이다.'와 같이 표현할 수도 있습니다. 마지막 문장의 oder는 부가 의문문으로, '그렇죠?', '그렇지 않아요?'라며 상대방의 동의를 구하는 용법입니다. 유사 표현으로 'Nicht wahr?', 'Richtig?', 'Stimmt's?' 등이 있습니다.

2 **무엇을 하러 가는지 말하기**

Wir **gehen** zusammmen **essen**.	우리는 **같이 식사하러 가요.**
Gehen wir **zusammen tanzen**?	**같이 춤추러 갈래?**
Ich **gehe** jetzt **spazieren**.	난 **지금 산책하러 가**.

> **Tipp** gehen 동사는 마치 조동사처럼 동사 원형을 이끌 수 있으며 '~하러 가다'의 의미가 됩니다. gehen 동사가 주어에 맞게 어미 변화를 해야 하며 동사 원형은 문장 맨 뒤에 위치합니다.

3 **선물 주기**

Wissen Sie was? Das ist ein **kleines Geschenk** von unserer Abteilung.
그거 알아요? 이건 우리 부서의 **작은 선물**이에요.

> **Tipp** 'Wissen Sie,', 'Wissen Sie was?'는 '있잖아요,', '그거 알아요?'와 같이 대화에서 상대방의 호기심을 유발하는 표현입니다. 또한 선물을 주며 이건 '작은 선물'이라고 표현할 수 있습니다. klein 뒤의 es는 형용사 어미 변화된 형태로, 혼합 변화 중성 1격 어미입니다. von은 3격 지배, Abteilung은 여성 명사로 unser라는 소유 관사 어미 변화에 해당하는 er이 붙었습니다.

4 **감사 표현하기**

Oh, **das mussten Sie aber nicht**. Danke schön.	오, **이러실 필요 없는데**. 정말 감사합니다.
Das wäre nicht nötig gewesen.	이렇게까지 해 주지 않아도 되는데.

> **Tipp** 고마움을 나타내는 표현으로 'Das mussten Sie aber nicht. / Das wäre nicht nötig gewesen.이러실 필요 없습니다. / 이렇게까지 하지 않으셔도 되는데요.'까지 알아 두세요. müssen 동사는 '~해야 한다'라는 뜻이지만 nicht와 함께 쓰면 '~할 필요 없다'가 됩니다. 여기에서는 müssen 동사가 과거형으로 쓰였습니다.

🎧 Track 16-02

Dialog 2

도일은 친구들과 28살 생일 파티를 합니다.

Freund 1	Herzlichen Glückwunsch!	친구 1 진심으로 축하해!
Freund 2	Ich gratuliere dir zum Geburtstag!	친구 2 너의 생일을 축하해!
Freund 3	Alles Gute zum Geburtstag!	친구 3 생일을 맞아 모든 게 잘되길 바라!
Freund 1	Wir haben ein Geschenk für dich. Wir hoffen, es gefällt dir.	친구 1 너를 위한 선물이 하나 있어. 네 마음에 들었으면 좋겠다.
Doil	Oh... vielen Dank! Das ist sehr nett von euch.	도일 오... 정말 고마워! 정말 친절하구나.
Freund 2	Wie alt bist du jetzt, wenn ich fragen darf?	친구 2 물어봐도 된다면, 너 이제 몇 살이 된 거야?
Doil	Ich bin jetzt 28 Jahre alt.	도일 나 이제 28살이야.
Freund 3	Moment! Wir haben hier eine Torte.	친구 3 잠깐! 우리 여기 케이크도 있어.
Freund 1	Na dann, lass uns die Torte essen. Ich habe Hunger.	친구 1 자 그럼, 우리 케이크 먹자. 나 배고파.
Doil	Ich auch!	도일 나도!

 VOKABELN herzlich 형 진심의 **r. Glückwunsch** 명 축하 **gratulieren** 동 축하하다 **alles** 대명 모든 것 **hoffen** 동 희망하다, 바라다 **gefallen** 동 마음에 들다 **fragen** 동 묻다, 질문하다 **jetzt** 부 이제, 지금 **e. Torte** 명 케이크 **r. Hunger** 명 배고픔

 ● **포인트 잡GO!**

❶ 감사의 인사 'Das ist nett von Ihnen / dir / euch.'는 친절을 베풀어 줘서 고맙다는 표현이 됩니다. es는 비인칭 주어로, 따로 해석하지 않습니다.

❷ 독일 문화에서는 친구 사이여도 나이를 모를 수 있습니다. 어떤 질문에 대해 물어봐도 되는지 양해를 구하고 싶다면, 질문 뒤에 'wenn ich fragen darf 이런 거 물어봐도 되는지 모르겠지만'을 덧붙여 말해 보세요. wenn은 종속 접속사로 동사 darf가 후치됩니다.

1 **생일 축하하기**

Herzlichen **Glückwunsch**! 진심으로 **축하해**!

Ich **gratuliere** dir zum Geburtstag! 너에게 생일을 맞아 **축하해**!

Alles Gute zum Geburtstag! 생일을 맞아 **모든 게 잘되길 바라**!

> **Tipp** 'Gratuliere! 축하해', 'Viel Glück zum Geburtstag! 생일을 맞아서 많은 행운을 빌어!'로도 말해 보세요. 'zum Geburtstag'은 '생일을 맞아', '생일을 맞이하여'의 의미로 볼 수 있습니다.

2 **마음에 들었으면 좋겠다고 말하기**

Wir hoffen, **es gefällt dir**. 우리는, 이게 너에게 마음에 들었으면 좋겠어.

Ich hoffe, **es gefällt dir**. 나는, 이게 너에게 마음에 들었으면 좋겠어.
(= Ich hoffe, dass es dir gefällt.)
(= Hoffentlich gefällt es dir.)

> **Tipp** hoffen 동사 또는 부사 'hoffentlich 바라건대'로 말할 수 있습니다. dass 절로 문장을 이어 줄 때 동사는 후치해 야 합니다. gefallen 동사는 '~에게 마음에 든다'라는 뜻으로 3격 지배 동사입니다.

3 **무엇을 하자고 제안하기**

Na dann, **lass uns die Torte essen**. 자 그럼, **우리 케이크 먹자**.

Lass uns gehen! 가자!

Lass uns zuammen **tanzen**! 같이 **춤추자**!

> **Tipp** 'Lass uns+동사 원형!'은 '~하자!'라고 제안하는 표현이 됩니다. 여기에서 uns는 재귀대명사로 '우리 서로', '우리 함께'의 의미로 쓰였습니다.

1 lassen 동사

lassen 동사는 '~을(를) 내버려 두다, ~하게 하다, 시키다'의 뜻을 가진 동사입니다. 동사 원형 없이 본동사로 쓰일 때는 '~을(를) 그냥 두다, 놓고 오다'의 의미가 되며, 동사 원형이 따라오면 다른 사람으로 하여금 '~하게 시키다, 허락하다, 그냥 두다'의 의미로도 쓰입니다. 예문을 통해 쓰임새를 파악해 보세요.

∥ 본동사 용법: lassen 동사만 쓸 때

Ich lasse meine Tasche zu Hause.	나는 나의 가방을 집에 두고 온다.
Lass mich bitte in Ruhe!	나를 좀 가만히 내버려 둬! (in Ruhe: 차분히)

∥ 사역 동사, 조동사 용법: 동사 원형과 함께 쓸 때

Ich **lasse** meine Tochter ins Kino **gehen**.	나는 내 딸을 영화관에 가도록 **허락한다**.
Er **lässt** die Kinder im Garten **spielen**.	그는 그 아이들을 정원에서 놀도록 **내버려 둔다**.
Sie **lässt** ihr Auto **reparieren**.	그녀는 그녀의 자동차를 수리하도록 (다른 사람에게) **시킨다**.

lassen 동사의 현재 인칭 어미 변화는 불규칙적입니다. 아래의 표로 익히세요.

주격 인칭대명사	lassen
ich	lasse
du	**lässt**
er / sie / es	**lässt**
wir	lassen
ihr	lasst
sie / Sie	lassen

2 준 화법조동사

앞서 원래는 조동사가 아니지만 마치 조동사처럼 동사 원형과 함께 쓸 수 있는 준 화법조동사를 배웠습니다. 이번 과에 등장한 gehen 동사 외에 동사 원형을 이끄는 준 화법조동사들을 추가로 알아보겠습니다.

// **lernen+동사 원형: ~하는 것을 배우다**

Ich lerne Gitarre spielen.   나는 기타 연주하는 것을 배운다.

Sie lernt Deutsch sprechen.   그녀는 독일어 말하는 것을 배운다.

// **bleiben+동사 원형: ~한 상태로 머무르다, 유지하다**

Bleiben Sie bitte sitzen!   앉아 계세요!

Er bleibt bei ihr stehen.   그는 그녀 곁에 서 있는 **상태로 머무른다.**

❸ müssen nicht / dürfen nicht

müssen 동사는 '~해야 한다'라는 뜻으로, 개인적 의무나 강요를 나타내는 화법조동사입니다. dürfen
은 '~해도 좋다'라는 허락을 나타내는 조동사입니다. 그런데 이들이 부정어와 함께 쓰이면 그 의미를 혼
동하기 쉽습니다. 아래의 표와 예문으로 숙지해 두세요.

müssen	~해야 한다	**müssen nicht**	~할 필요 없다 (의무 없음)
dürfen	~해도 좋다	**dürfen nicht**	~해서는 안 된다 (금지)

(예) Du musst nicht kommen.   너는 올 필요가 없다.

Du darfst nicht kommen.   너는 와서는 안 된다.

❹ 축하 관련 표현

축하 관련 표현은 숙어나 관용어구로서, 문법을 분석하기보다는 문장 그대로 받아들여 외우게 됩니다.
하지만 왜 이런 관용어구가 만들어졌는지 이해한다면, 더욱 정확하게 기억에 남습니다. 이번 과에 나온
문장들을 분석해 볼까요?

//1 Herzlichen Glückwunsch! 진심으로 축하해!

형용사 'herzlich 진심의'가 어미 변화되었는데, 원래는 'Wir sprechen dir unseren herzlichen
Glückwunsch aus. 우리는 너에게 우리의 진심 어린 축하를 표현한다.'라고 볼 수 있습니다. 따라서 혼합
변화 남성 4격 어미인 en이 붙은 형태입니다.

//2 Ich gratuliere dir zum Geburtstag.

동사 'gratulieren ~에게 축하해 주다'라는 3격 지배 동사이며 '~에 대해' 축하한다고 할 땐 zu 전치사를 씁
니다. zu는 3격 지배 전치사로, 생일이라는 명사가 남성이기 때문에 'zu+dem'을 줄여 zum이 된 형태입니다.

//3 Alles Gute!

alles는 '모든 것'을 의미하며 정관사류에 속합니다. 'Ich wünsche dir alles Gute! 나는 네가 모든 것이
잘되길 바란다!'의 줄임 표현으로, alles가 사물을 의미하기 때문에 중성 명사 취급을 합니다. 또한 gut은 원
래는 형용사지만 명사로 변화되어 대문자로 쓰며, 뒤에 어미 변화된 'e'는 약변화 중성 4격 어미입니다.

Aufgabe 1 녹음을 듣고, 빈칸에 알맞은 말을 쓰세요. 🎧 Track 16-03

> Kollege: Sie haben morgen [ⓐ _____], oder?
>
> Doil: Ja, woher [ⓑ _____] Sie denn das?
>
> Kollege: Haha, das ist ein [ⓒ _____]!

Aufgabe 2 빈칸에 알맞은 말을 써 넣으세요.

> ⓐ Ich habe _____ 16. September Geburtstag.
>
> ⓑ Das muss ich mir _____ .
>
> ⓒ Das ist in zwei _____ .

Aufgabe 3 빈칸에 들어갈 어미를 쓰세요.

ⓐ Das ist ein klein _____ Geschenk von unser _____ Abteilung.

ⓑ Mein _____ Freunde besuchen mich.

ⓒ Herzlich _____ Glückwunsch!

ⓓ Alles Gut _____ zum Geburtstag!

Aufgabe 4 아래의 문장을 독일어로 작문하고, 정답을 확인한 다음 올바른 문장을 소리 내어 말해 보세요.

ⓐ 우리는 너를 위한 하나의 선물을 가지고 있어.

ⓑ 우리는 그것이 너에게 마음에 들기를 희망한다.

ⓒ 너희들 정말 친절하구나.

ⓓ 우리 케이크 먹자.

ⓔ 나 배고파.

ⓐ ⇨ _____

ⓑ ⇨ _____

ⓒ ⇨ _____

ⓓ ⇨ _____

ⓔ ⇨ _____

❶ ⓐ Geburtstag ⓑ wissen ⓒ Geheimnis

❷ ⓐ am ⓑ merken ⓒ Monaten

❸ ⓐ es, er ⓑ e ⓒ en ⓓ e

❹ ⓐ Wir haben ein Geschenk für dich. / ⓑ Wir hoffen, es gefällt dir. / ⓒ Es ist sehr nett von euch. /
ⓓ Lass uns die Torte essen. / ⓔ Ich habe Hunger.

🎧 Track 16-04

⭐ **상황에 따른 축하, 격려 표현**

크리스마스

Frohe Weihnachten! 메리 크리스마스!

Fröhliche Weihnachten! 메리 크리스마스!

새해

Frohes neues Jahr! 즐거운 새해!

Guten Rutsch ins neue Jahr! 새해에 좋은 일이 있기를!

Viel Glück im neuen Jahr! 새해에 많은 행운이 있기를!

졸업

Herzlichen Glückwunsch zum Abschluss! 졸업 진심으로 축하해!

합격

Herzlichen Glückwunsch zur bestandenen Prüfung! 시험 합격 진심으로 축하해!

취업

Viel Glück zum neuen Job! 새로운 일을 맞아 많은 행운이 있기를!

결혼

Herzlichen Glückwunsch zu eurer Hochzeit! 결혼 진심으로 축하해!

Wir gratulieren zu eurer Hochzeit! 우리는 너희들의 결혼식을 축하해!

Alles Gute zur Hochzeit! 결혼식을 맞아 모든 일이 잘되기를!

출산

Herzlichen Glückwunsch zur Geburt eures Kindes! 너희들의 아이 탄생을 진심으로 축하해!

Herzlichen Glückwunsch zum neugeborenen Baby! 아이 탄생을 진심으로 축하해!

Alles Gute zur Geburt! 탄생을 맞아 모든 일이 잘되기를!

회복

Gute Besserung! 빠른 쾌유를 빌어요!

독일 만나GO!

DEUTSCHLAND

독일의 기념일과 축제

// Weihnachten 크리스마스

독일의 가장 큰 기념일이라면 크리스마스와 부활절을 꼽을 수 있습니다. 'Weihnachtsmarkt v바이나흐츠 마으크트 크리스마스 마켓'은 겨울 독일 여행의 필수 코스입니다. 마켓이 열리는 시내 중심지는 밤이 되면 반짝이는 조명으로 가득합니다. 12월 1일부터 25일이 되기까지 하루에 하나씩 뚜껑을 열면 초콜릿이 나오는 'Adventskalender 아드벤츠칼렌더'라는 달력이 있습니다. 이 달력의 날짜는 순서대로가 아니라 뒤죽박죽 나와 있기 때문에 날마다 날짜를 찾아서 그 뚜껑을 열어야 합니다. 마지막 25일의 초콜릿 뚜껑이 가장 큽니다.

// Ostern 부활절

부활절이 시작되기 한 달에서 두 달 전부터 슈퍼마켓에는 초콜릿으로 만든 'Osterhase 오스터하제 부활절 토끼'와 달걀 모양 과자 등을 볼 수 있습니다. 부활절 방학이라는 말이 있을 정도로 부활절 기간에 학교나 상점, 회사 등은 쉬게 되며 대부분 가족과 함께 시간을 보냅니다.

// Silvester 새해 전야

한 해의 마지막 날인 섣달 그믐날, 새해 전야입니다. 보통 일과를 마치면 주로 가족이나 이웃들과 여가 시간을 보내는 독일인들이지만, 이날만큼은 저녁 식사를 하고 거리에 나와 밤 늦은 시간까지 돌아다니며 신년 인사를 나눕니다. 새해를 맞이하는 자정 즈음부터는 화려한 불꽃놀이가 열립니다. 불꽃놀이는 중세 시대, 악령을 쫓아내고 새해를 맞이하기 위한 풍습에서 유래하였다고 합니다.

// Oktoberfest 10월 축제

매년 9월 마지막 주부터 10월 첫째 주까지 2주간에 걸쳐 전국적으로 맥주 축제가 열립니다. 그중 뮌헨 대학 인근의 테레지아 초원에서 열리는 '옥토버페스트'는 세계에서 가장 오랜 역사와 전통을 가진 최대 규모의 맥주 축제라고 할 수 있습니다. 매년 전 세계의 관광객이 이 축제를 즐기기 위해 뮌헨에 모입니다.

// Karneval 카니발

독일에는 부활절 40일 전부터 고기를 먹지 않고 근신하는 사순절이라는 기간이 있었는데, 이 기간이 시작되기 전 실컷 고기도 먹고 술도 마셔 두자는 잔치가 바로 카니발입니다. 독일 전 지역에서 카니발 축제를 열지만 그중에서도 쾰른 지역이 카니발을 성대하게 치르는 것으로 유명합니다.

// Bayreuther Festspiele 바이로이트 축제

독일 음악가 리하르트 바그너의 오페라 작품을 공연하는 음악 축제로, 매년 7~8월에 독일 바이에른주 'Bayreuth 바이로이트'에서 열립니다. 매년 전 세계 바그너 애호가들의 열렬한 지지를 받으며 개최되고 있습니다.

Was haben Sie am Wochenende gemacht?

TAG
17

Was haben Sie am Wochenende gemacht?

주말에 뭐 했어요?

▶ 17강

학습 목표
현재 완료 시제를 사용하여 과거의 일을 표현할 수 있다.

공부할 내용
과거에 있었던 일 묻고 답하기
현재 완료 시제 및 과거 분사 만들기

주요 표현
Was haben Sie am Wochenende gemacht?
Ich habe Spaghetti gegessen.
Zuerst bin ich zum Supermarkt gegangen und dann habe meine Wohnung aufgeräumt.

🎧 Track 17-01

Dialog 1

월요일 아침, 도일과 동료는 주말에 무엇을 했는지 이야기합니다.

Kollege	Herr Kim, was haben Sie am Wochenende gemacht?
Doil	Ich habe eine Party gemacht.
Kollege	Wie war's?
Doil	Es war lustig. Meine Freunde und ich haben getanzt.
Kollege	Aha, schön.
Doil	Was haben Sie gemacht?
Kollege	Nichts Besonderes. Ich habe einfach ferngesehen und viel geschlafen.
Doil	Das ist ja auch nicht schlecht.
Kollege	Ja, manchmal ist es gut, nichts zu machen.
Doil	Ja, das ist ganz wichtig.

동료 직원 도일 씨, 주말에 뭐 했어요?

도일 저 파티했어요.

동료 직원 어땠어요?

도일 재밌었어요. 저의 친구들과 저는 춤을 췄어요.

동료 직원 그렇군요, 좋네요.

도일 당신은 뭐 하셨어요?

동료 직원 특별한 것 없어요. 그냥 TV 보고 많이 잤어요.

도일 그것도 나쁘지 않죠.

동료 직원 맞아요, 가끔은 아무것도 안 하는 게 좋아요.

도일 네, 그거 정말 중요해요.

VOKA BELN   **e. Party** 몡 파티   **gemacht** 동사 'machen 하다'의 과거 분사   **war** ~였다 (sein 동사의 과거 기본형)   **lustig** 몡 재미있는   **getanzt** 동사 'tanzen 춤추다'의 과거 분사   **s. Besondere** 몡 특별한 것   **einfach** 면 그냥   **ferngesehen** 동사 'fernsehen TV 보다'의 과거 분사   **viel** 면 많이   **geschlafen** 동사 'schlafen 자다'의 과거 분사   **schlecht** 몡 나쁜   **manchmal** 면 가끔   **es(가주어) ist 형용사, zu+동사 원형(진주어).** ~(진주어)하는 것은 ~(형용사)하다.   **ganz** 면 정말   **wichtig** 몡 중요한

● 포인트 잡GO!

❶ 독일어에서 과거는 거의 현재 완료 시제로 표현합니다. 현재 완료는 'haben 동사+과거 분사' 문형이 대부분이며, 과거 분사는 문장에서 맨 뒤로 갑니다. 여기에서도 gemacht, getanzt가 맨 뒤에 위치했음을 확인할 수 있습니다. 또한, haben 동사는 주어에 따라 현재 인칭 어미 변화를 시켜야 합니다.

❷ sein 동사는 과거 시제로 과거를 표현하는 몇 안 되는 동사 중 하나입니다. '~였다'라고 표현할 땐 sein 동사의 과거형 war를 기억하세요. 과거 또한 어미 변화시켜야 하는 점도 잊어서는 안 됩니다.

1 주말에 있었던 일 묻고 답하기

Was haben Sie **am Wochenende** gemacht?	**주말에** 뭐 하셨어요?
Was hast du **am Wochenende** gemacht?	너는 **주말에** 뭐 했어?
Ich habe **eine Party gemacht**.	저는 **파티를 했어요**.

> **Tipp** '주말에'라는 표현은 전치사구 am Wochenende를 사용합니다. 위의 세 문장에서 haben 동사의 어미 변화를 잘 살펴보세요. Ich - habe, Du - hast, Sie - haben으로 현재 인칭 어미가 변화되었죠? 그리고 맨 뒤에 과거 분사가 있습니다. 이렇게 현재 완료 시제를 만들 수 있습니다.

> **예** Ich habe Freunde getroffen. 나는 친구들을 만났어요. (getroffen: 'treffen 만나다'의 과거 분사)
> Ich habe Hausaufgaben gemacht. 나는 숙제를 했어요. (gemacht: 'machen 하다'의 과거 분사)

2 어땠는지 묻고 답하기

Wie war's? ('Wie war es?'의 줄임 표현)	어땠어요?
Es war lustig.	재밌었어요.
Meine Freunde und ich haben getanzt.	저의 친구들과 저는 춤을 췄어요.

> **Tipp** 어떠냐고 묻는 현재 시제가 'Wie ist es?'라면 이것을 과거 시제로 바꾼 형태가 'Wie war es?'입니다. sein 동사는 과거로 과거 시제를 표현하므로, 어땠냐고 물을 때는 'Wie war's?'라고 묻습니다. sein 동사만 과거 시제로 말했고 춤을 췄다는 표현에서는 다시 현재 완료로 말했음을 기억하세요.

3 ~(동사 원형)하는 것은 어떠한지 말하기

Manchmal **ist es gut**, nichts **zu machen**.	가끔 아무것도 안 **하는 것이 좋아요**.
Es ist gut für die Gesundheit, Sport **zu machen**.	운동을 **하는 것**은 건강에 **좋다**.
Es ist schwer, Deutsch **zu lernen**.	독일어를 **배우는 것**은 어렵다.

> **Tipp** 'es ist 형용사, (목적어) zu+동사 원형'으로 표현할 수 있습니다. 여기에서 es는 가주어, zu 부정사(=동사 원형)을 진주어라고 합니다. 따라서 es를 '그것은'이라고 해석하지 않고 뒤에서부터 해석하면 됩니다.

4 zu 부정사로 말하기

Es ist schwer, Deutsch **zu lernen**.	독일어를 **배우는 것**은 어렵다. (주어)
Er beginnt, Deutsch **zu lernen**.	그는 독일어를 **배우는 것**을 시작한다. (목적어)
Ich habe keine Zeit, **Deutsch zu lernen**.	나는 **독일어를 배울** 시간이 없다. (부가어)

> **Tipp** zu 부정사는 'zu+동사 원형'의 형태로 문장에서 주어, 목적어 또는 명사를 꾸며 주는 부가어로 사용됩니다. zu 부정사는 항상 문장 맨 뒤에 놓입니다.

Track 17-02

Dialog 2

도일은 레아와 근황 토크 중입니다.

Lea   Na, hast du schon etwas gegessen?

Doil   Ja, ich habe Spaghetti gegessen. Und du?

Lea   Ich noch nicht. Hast du mit Markus telefoniert?

Doil   Nein, warum?

Lea   Er hat mich nach deiner Nummer gefragt.

Doil   Dann ruft er ja vielleicht später mal an.

Lea   Ja. Hast du heute viel gearbeitet?

Doil   Ja, schon. Und was hast du noch gemacht?

Lea   Zuerst bin ich zum Supermarkt gegangen und dann habe ich meine Wohnung aufgeräumt.

Doil   Danach hast du mich angerufen.

Lea   Ja, genau.

레아   너 이미 뭔가를 먹었어?

도일   응, 스파게티 먹었어. 너는?

레아   나는 아직 안 먹었어. 너 마쿠스랑 통화했니?

도일   아니, 왜?

레아   걔가 나한테 너의 번호를 물어봤어.

도일   그럼 아마 나중에 전화하겠지.

레아   응. 오늘 일 많이 했어?

도일   응, 그럼. 그리고 또 뭐 했어?

레아   우선 슈퍼마켓에 갔다가 집을 정리했어.

도일   그리고 나한테 전화했구나.

레아   응, 맞아.

VOKA BELN   **gegessen** 동사 'essen 먹다'의 과거 분사   **pl. Spaghetti** 몡 스파게티   **telefoniert** 동사 'telefonieren 통화하다'의 과거 분사   **fragen** 동 묻다 (4격 지배 동사)   **nach** 전 ~에 대해   **anrufen** 동 전화 걸다   **gearbeitet** 동사 'arbeiten 일하다'의 과거 분사   **zuerst** 붐 우선, 첫 번째로   **gegangen** 동사 'gehen 가다'의 과거 분사   **e. Wohnung** 몡 집   **aufgeräumt** 동사 'aufräumen 정리하다'의 과거 분사   **danach** 붐 그 후에   **angerufen** 동사 'anrufen 전화하다'의 과거 분사

• 포인트 잡GO!

❶ '~와(과) 전화 통화하다'는 'telefonieren mit+3격 숙어'를 사용합니다. 전화를 거는 행동은 anrufen 동사를 사용하며 4격 지배동사임에 유의합니다. 따라서 '나는 너에게 전화한다.'는 독일어로 'Ich rufe dich an.' 이라고 해야 합니다.

❷ gehen 동사처럼 장소의 이동을 나타낼 경우 'sein+과거 분사'의 형태로 현재 완료 시제를 만들어야 합니다. 그래서 '나는 갔다.'라고 표현할 땐 'Ich habe gegangen.'이 아니라 'Ich bin gegangen.'이 됩니다. kommen, fahren, laufen 등이 이러한 장소 이동 동사에 속합니다.

1 식사했는지 묻고 답하기

Hast du schon etwas **gegessen?**   너 이미 뭔가를 먹었니?

Was hast du gegessen?   넌 뭘 먹었어?

Ja, **ich habe Spaghetti gegessen.** Und du?   응, 나는 스파게티 먹었어. 너는?

Ich **habe nur ein Brot gegessen.**   나는 **빵 하나만 먹었어.**

> **Tipp** essen 동사의 과거 분사인 gegessen을 haben 동사와 결합하여 식사를 했는지 또는 무엇을 먹었는지 묻고 답할 수 있습니다.

2 물어봤다고 말하기

Er hat mich nach deiner Nummer gefragt.   그가 나에게 **너의 번호에 대해** 물었어.

Ich habe ihn **nach dem Preis gefragt.**   나는 그에게 **그 가격에 대해** 물었다.

Sie hat dich **nach dem Weg gefragt.**   그녀는 너에게 **길에 대해** 물었다.

> **Tipp** fragen 동사는 '~을(를) (붙잡고) 질문하다, 묻다'의 의미를 가진 4격 지배 동사입니다. 따라서 목적어로 mir가 아닌 mich를 사용하며, '~에 대해서 묻는다'고 할 땐 nach라는 3격 지배 전치사를 사용합니다. 'fragen 4격 nach 3격'을 '4격에게 3격에 대해 묻다'라고 알아 두세요.

3 시간의 흐름에 따라 말하기

Zuerst bin ich zum Supermarkt gegangen und **dann** habe ich meine Wohnung aufgeräumt.   우선 슈퍼마켓에 갔다가 (**그리고 나서**) 내 집을 정리했어.

Danach hast du mich angerufen.   **그러고** 나한테 전화했구나.

> **Tipp** 'zuerst 우선'~'dann / danach 그다음에, 그러고 나서'와 같이 시간 흐름에 따른 내용을 차례대로 말할 수 있습니다. '마지막으로, 마침내'의 의미를 가지는 부사 'schließlich', 'endlich'까지 알아 두세요.

❶ 현재 완료

독일어 현재 완료에서 조동사는 haben 또는 sein 동사와 함께 과거 분사를 쓰고, 조동사는 주어에 맞게 현재 인칭 변화를 합니다. 과거 분사는 문장에서 맨 뒤에 놓이며, 규칙 동사의 경우 과거 분사의 형태는 'ge+동사의 어간+t'로 만들어집니다.

시제	독일어	해석
현재	Ich kaufe ein Auto.	나는 하나의 자동차를 산다.
현재 완료	Ich habe ein Auto gekauft.	나는 하나의 자동차를 샀다.
현재	Du liebst mich.	너는 나를 사랑한다.
현재 완료	Du hast mich geliebt.	너는 나를 사랑했다.
현재	Er fragt sie.	그가 그녀에게 묻는다.
현재 완료	Er hat sie gefragt.	그가 그녀에게 물었다.

// sein+과거 분사

sein 동사와 결합하여 현재 완료를 쓰는 경우는 kommen, gehen과 같이 동사의 의미가 장소의 이동을 나타내거나, '성장하다', '사망하다' 등 상태의 변화를 나타내거나, 그 외 개별적인 예외들이 있습니다. 이들을 제외한 모든 동사는 'haben+과거 분사'로 현재 완료 시제를 나타내면 됩니다.

장소 이동	과거 분사	상태 변화	과거 분사	예외 동사	과거 분사
gehen 가다	gegangen	sterben 죽다	gestorben	sein ~이다	gewesen
kommen 오다	gekommen	aufstehen 기상하다	aufgestanden	bleiben 머무르다	geblieben
fahren 타고 가다	gefahren	wachsen 자라다	gewachsen	werden 되다	geworden

시제	독일어	해석
현재	Ich gehe zur Schule.	나는 학교에 간다.
현재 완료	Ich **bin** zur Schule **gegangen**.	나는 학교에 **갔다**.
현재	Er steht um 7 Uhr auf.	그는 7시에 일어난다.
현재 완료	Er **ist** um 7 Uhr **aufgestanden**.	그는 7시에 **일어났다**.
현재	Wir bleiben zu Hause.	우리는 집에 머무른다.
현재 완료	Wir **sind** zu Hause **geblieben**.	우리는 집에 **머물렀다**.

❷ 과거 분사

과거 분사의 형태가 'ge+동사의 어간+t'로 규칙적으로 만들어지는 경우가 있고, 이에 반해 불규칙적으로 변화하는 경우가 있습니다. 불규칙적인 경우는 과거 분사의 형태를 개별적으로 암기해야 합니다.

∥1 과거 분사 형태에서 ge를 붙이지 않는 경우

- 비분리동사: be, ge, emp, ent, er, ver, zer, miss로 시작하는 동사
- ieren 동사: 동사 원형이 -ieren으로 끝나는 동사

동사 원형	과거 분사	
besuchen 방문하다	besucht	ge̶besucht
verkaufen 판매하다	verkauft	ge̶verkauft
telefonieren 통화하다	telefoniert	ge̶telefoniert
studieren 전공하다	studiert	ge̶studiert

∥2 분리동사의 과거 분사

분리전철+기본 동사의 과거 분사: 기본 동사의 과거 분사형 앞에 분리전철을 씁니다.

동사 원형	과거 분사	
kaufen 사다	gekauft	기본
einkaufen 장 보다	eingekauft	분리
räumen 치우다	geräumt	기본
aufräumen 정리하다	aufgeräumt	분리
sehen 보다	gesehen	기본
fernsehen TV 보다	ferngesehen	분리

∥3 불규칙 동사

개별적으로 암기해야 하는 불규칙 동사들입니다.

동사 원형	과거 분사	동사 원형	과거 분사
gehen 가다	gegangen	schlafen 자다	geschlafen
kommen 오다	gekommen	stehen 서 있다	gestanden
denken 믿다	gedacht	wissen 알다	gewusst
schreiben 쓰다	geschrieben	fliegen 날다	geflogen

❸ 형용사의 명사화

etwas 또는 nichts와 함께 형용사를 사용하여 '~한 것', '~하지 않은 것'을 표현할 땐 'etwas+형용사', 'nichts+형용사'를 씁니다. 이때 형용사를 명사로 만들었으므로 첫 글자를 대문자로 쓰고, 그 뒤에 어미 -es를 붙여 중성 명사화합니다. 그래야 '~한 것(사물)'의 의미가 됩니다.

예 특별한: besonder → 특별한 것: etwas Besonderes / 특별하지 않은 것: nichts Besonderes
새로운: neu → 새로운 것: etwas Neues / 새롭지 않은 것: nichts Neues
아름다운: schön → 아름다운 것: etwas Schönes / 아름답지 않은 것: nichts Schönes

Aufgabe 1 녹음을 듣고, 빈칸에 알맞은 말을 쓰세요.　　　　　　　🎧 Track 17-03

Kollege: Herr Kim, was haben Sie am [ⓐ _____] gemacht?

Doil: Ich habe eine Party gemacht.

Kollege: [ⓑ _____] war's?

Doil: Es war lustig. Meine Freunde und ich haben [ⓒ _____].

Aufgabe 2 괄호 안의 동사를 과거 분사로 만들어 쓰세요.

ⓐ Was haben Sie _____ ? (machen)

ⓑ Ich habe einfach _____ und viel _____ . (fernsehen, schlafen)

ⓒ Hast du schon etwas _____ ? (essen)

Aufgabe 3 빈칸에 들어갈 알맞은 조동사를 쓰세요.

ⓐ Ich _____ Spaghetti gegessen.

ⓑ _____ du mit Markus telefoniert?

ⓒ Zuerst _____ ich zum Supermarkt gegangen und dann _____ meine
Wohnung aufgeräumt.

Aufgabe 4 아래의 문장을 독일어로 작문하고, 정답을 확인한 다음 올바른 문장을 소리 내어 말해 보세요.

> ⓐ 당신은 주말에 뭐 했어요?
> ⓑ 너 이미 뭔가를 먹었어?
> ⓒ 오늘 일 많이 했어?
> ⓓ 네가 나에게 전화했다.
> ⓔ 그가 나에게 너의 번호를 물었다.

ⓐ ⇨ _____

ⓑ ⇨ _____

ⓒ ⇨ _____

ⓓ ⇨ _____

ⓔ ⇨ _____

❶ ⓐ Wochenende ⓑ Wie ⓒ getanzt

❷ ⓐ gemacht ⓑ ferngesehen, geschlafen ⓒ gegessen

❸ ⓐ habe ⓑ Hast ⓒ bin, habe

❹ ⓐ Was haben Sie am Wochenende gemacht? / ⓑ Hast du schon etwas gegessen? /
　 ⓒ Hast du heute viel gearbeitet? / ⓓ Du hast mich angerufen. / ⓔ Er hat mich nach deiner Nummer gefragt.

🎧 Track 17-04

 불규칙 동사의 3단 변화 (3요형)

기초 수준에서 꼭 알아야 할 불규칙 동사! 과거형까지 함께 알아 두세요.

뜻	동사 원형	과거형	과거 분사	조동사
읽다	lesen	las	gelesen	haben
말하다	sprechen	sprach	gesprochen	haben
착용하다	tragen	trug	getragen	haben
오르다	steigen	stieg	gestiegen	sein
내리다	aussteigen	stieg...aus	ausgestiegen	sein
타다	einsteigen	stieg...ein	eingestiegen	sein
가져오다	bringen	brachte	gebracht	haben
노래하다	singen	sang	gesungen	haben
취하다, 타다, 복용하다	nehmen	nahm	genommen	haben
떨어지다	fallen	fiel	gefallen	sein
추천해 주다	empfehlen	empfahl	empfohlen	haben
이해하다	verstehen	verstand	verstanden	haben
놓여 있다	liegen	lag	gelegen	haben
부탁하다	bitten	bat	gebeten	haben
멈추다, 유지하다	halten	hielt	gehalten	haben
~하게 하다	lassen	ließ	gelassen	haben
초대하다	einladen	lud...ein	eingeladen	haben
빌리다	leihen	lieh	geliehen	haben
닫다	schließen	schloss	geschlossen	haben
주다	geben	gab	gegeben	haben
도움 주다	helfen	half	geholfen	haben
앉아 있다	sitzen	saß	gesessen	haben
시작하다	beginnen	begann	begonnen	haben
마시다	trinken	trank	getrunken	haben
~(이)라 생각하다	finden	fand	gefunden	haben
하다	tun	tat	getan	haben
자르다	schneiden	schnitt	geschnitten	haben
이기다	gewinnen	gewann	gewonnen	haben
지다, 잃다	verlieren	verlor	verloren	haben
걸려 있다	hängen	hing	gehangen	haben

형용사로 알아보는 독일인의 국민성

 러분은 독일, 또는 독일인이라고 하면 무엇이 가장 먼저 떠오르시나요? 한 설문 조사에 따르면 1위는 '독일인들은 시간을 (지나치게) 잘 지킨다.'였다고 합니다. 그 외의 답변들도 살펴볼까요?

....

//1 Deutsche sind überpünktlich. 독일인들은 지나치게 시간을 엄수한다.

pünktlich는 '약속 시간을 잘 지킨다'라는 의미의 형용사예요. 그런데 über라는 접두어가 붙으면 '지나치게' 시간을 엄수한다는 뜻이 첨가됩니다. 그 정도로 정해진 약속 시간을 잘 지킨다는 것이지요. 물론 사람에 따라, 또 어떤 약속인지에 따라 다르겠지만 일반적으로는 약속을 잘 지키는 편이니 이런 결과가 나왔겠죠?

//2 Deutsche sind super diszipliniert. 독일인들은 굉장히 규율을 잘 지킨다.

1위 결과와 어느 정도 맥락이 통하죠? 줄을 서야 할 때도 새치기란 있을 수 없으며 어떤 상황에서도 다 함께 규율을 지키고 질서를 유지하기 위해 노력하는 독일인들입니다.

//3 Deutsche sind gewissenhaft. 독일인들은 양심적이다.

gewissenhaft는 양심적이고 성실하며 의리가 있음을 표현할 수 있는 형용사입니다.

//4 Deutsche sind ordentlich. 독일인들은 질서정연하다.

규칙이나 질서를 잘 지키고 정돈된 상태를 의미하는 형용사로, 독일인을 묘사할 때 자주 등장하는 형용사라고 할 수 있습니다.

//5 Deutsche sind sportbegeistert. 독일인들은 스포츠에 열광한다.

'~에 열광한다'라고 할 때 형용사 begeistert를 씁니다. 그 앞에 스포츠라는 단어가 붙어 있습니다. 축구는 물론이고 올림픽의 여러 스포츠 종목에서 상위권을 기록하는 나라가 독일입니다.

* 출처:

www.focus.de/auto/opel-karl/typisch-deutsch-10-eigenschaften-auf-die-wir-wirklich-stolz-sein-koennen_id_4827582.html

Ich freue mich schon sehr auf den Urlaub.

난 벌써 휴가가 정말 기대돼요.

▶ 18강

⟍ 학습 목표
재귀동사를 사용하여 표현할 수 있다.

⟍ 공부할 내용
기대한다고 표현하기

휴가 계획 말하기

재귀동사 사용하여 표현하기

⟍ 주요 표현
Ich freue mich schon sehr auf

den Urlaub.

Ich treffe mich dort mit meinen

Freunden.

Meld dich, wenn du Hilfe

brauchst.

SPRECHEN 말문 트GO!

🎧 Track 18-01

Dialog 1

도일은 회사 동료와 함께 휴가 계획을 이야기합니다.

Kollegin	Herr Kim, setzen Sie sich, bitte!	
Doil	Danke.	
Kollegin	Was machen Sie in den Ferien? Wissen Sie es schon?	
Doil	Meine Familie besucht mich und wir werden zusammen reisen.	
Kollegin	Haben Sie schon Pläne?	
Doil	Ja, zuerst fliegen wir nach Paris und dann nach Wien.	
Kollegin	Wann fliegen Sie denn ab?	
Doil	Nächsten Freitag. Was machen Sie in den Ferien?	
Kollegin	Mein Mann und ich fahren an den Bodensee.	
Doil	Schön! Freuen Sie sich schon auf Ihren Urlaub?	
Kollegin	Ja, ich freue mich schon sehr auf meinen Urlaub.	

동료 직원 도일 씨, 앉으세요!

도일 감사합니다.

동료 직원 휴가 때 뭐 할 거예요? 벌써 알고 있나요?

도일 저의 가족이 저를 방문해서 같이 여행할 거예요.

동료 직원 벌써 계획 세웠어요?

도일 네, 우선 저희는 파리로 갔다가 빈으로 갈 거예요.

동료 직원 언제 출발해요?

도일 다음 주 금요일이에요. 휴가 때 뭐 하세요?

동료 직원 저의 남편과 저는 보덴제로 가요.

도일 멋지네요! 벌써 휴가가 기대되시죠?

동료 직원 네, 벌써 휴가가 정말 기대돼요.

VOKABELN

sich setzen 동 앉다 **pl. Ferien** 명 방학, 휴가 **reisen** 동 여행하다 **zusammen** 부 같이 **r. Plan** 명 계획 pl. Pläne **fliegen** 동 비행기 타고 가다 **abfliegen** 동 비행기 타고 출발하다 **nächst** 형 다음의 **sich freuen auf** ~에 대해 기대·고대하다

 ● 포인트 잡GO!

❶ sich는 여기서 존칭 Sie에 대한 재귀대명사로, '당신 자신', '스스로'라는 의미입니다. 주어의 행동이 목적어에게 돌아오기 때문에 재귀대명사라고 하며, 재귀대명사가 쓰인 동사를 재귀동사라고 합니다. setzen 동사와 freuen 동사가 재귀동사로 쓰여서 sich가 문장 속에 들어가 있습니다.

❷ werden 동사와 동사 원형이 쓰이면 미래 시제가 됩니다. 따라서 'Wir werden zusammen reisen.'은 '우리는 함께 여행할 것이다.'라는 뜻입니다. 'Wir reisen zusammen.'과 같이 단순 현재 시제로 표현해도 미래를 나타낼 수 있습니다.

240 GO! 독학 독일어 첫걸음

1 앉으라고 말하기

Setzen Sie **sich** bitte!

스스로를 앉히세요! (→앉으세요!)

Nehmen Sie bitte Platz!

자리를 취하세요! (→앉으세요!)

Setz **dich** bitte!

(친칭) 너 **스스로를** 앉혀! (→앉아!)

Nimm bitte Platz!

(친칭) 자리를 취해! (→앉아!)

> **Tipp** 앉으라는 명령문으로 setzen 동사가 사용되었습니다. 이 동사는 원래는 '~을(를) 앉히다'라는 의미의 타동사이므로 '스스로를 앉히다'라는 표현을 위해 재귀대명사 sich가 사용되었습니다. 존칭 Sie의 재귀대명사 형태가 sich이며, 존칭의 다른 인칭대명사와 달리 소문자로 쓴다는 점에 유의하세요. 존칭이 아닌 친한 사람에게 앉으라고 권하는 표현도 함께 알아 두세요. du에 대한 재귀대명사는 인칭대명사와 같은 형태인 dich입니다.

2 휴가 때 무엇을 할지 묻고 답하기

Was machen Sie **in den Ferien**?

휴가 때 뭐 할 거예요?

Wissen Sie es **schon**?

벌써 알고 있나요? (= 벌써 정했나요?)

Meine Familie besucht mich und wir werden zusammen reisen.

저의 가족이 저를 방문해서 우리는 함께 여행할 거예요.

> **Tipp** 방학 또는 휴가를 의미하는 Ferien은 항상 복수로 쓰는 명사입니다. '휴가 때', '휴가에'라는 표현으로 in 전치사를 쓰는데, 시간적 개념과 쓰이면 3격 지배가 됩니다. 따라서 중간에 쓰인 정관사의 형태 den은 복수 3격입니다. 앞으로의 계획을 얘기할 때 단순 현재 시제를 써도 미래의 의미가 되며, 'werden+동사 원형(맨 뒤)'로 말해도 됩니다.

3 기대감 말하기

Freuen Sie **sich** schon **auf** Ihren Urlaub?

벌써 휴가가 **기대되시죠**?

Freust du **dich** schon **auf** den Urlaub?

벌써 휴가가 **기대되지**?

Ja, ich **freue mich** schon sehr **auf** meinen Urlaub.

네, 벌써 휴가가 정말 **기대돼요**.

Ich **freue mich auf** die Ferien.

난 방학이 **기대돼**.

> **Tipp** freuen 동사는 '~을(를) 기쁘게 하다'라는 뜻을 가진 타동사이지만 재귀동사로도 많이 사용됩니다. 'sich freuen auf 4격'을 쓰면 숙어로 '~에 대해 기대하다, 고대하다'라는 뜻입니다. ich에 대한 재귀대명사는 du와 마찬가지로 인칭대명사의 형태인 mich입니다.

SPRECHEN **말문 터GO!**

🎧 Track 18-02

Dialog 2

도일은 길에서 우연히 친구 나탈리아를 만났습니다.

Doil	Ich glaube, wir kennen uns.
Natalia	Ach, ich kenne dich! Natürlich! Wir haben zusammen Deutsch gelernt!
Doil	Ja genau. Freut mich, dich wiederzusehen.
Natalia	Freut mich auch. Was machst du hier?
Doil	Ich treffe mich dort mit meinen Freunden.
Natalia	Ach so! Ich gehe gleich einkaufen.
Doil	Wohnst du hier in der Nähe?
Natalia	Ja, nicht so weit von hier. Aber nächste Woche ziehe ich wieder um.
Doil	Aha. Meld dich, wenn du Hilfe brauchst.
Natalia	Danke, das ist sehr nett von dir.
Doil	Bitte, dann tschüs!
Natalia	Ciao!

도일	내 생각에, 우리 서로 아는 것 같아.
나탈리아	아, 난 널 알아! 당연하지! 우리 같이 독일어 공부했잖아.
도일	그래 맞아. 다시 만나서 반가워.
나탈리아	나도. 여기서 뭐 해?
도일	난 저기에서 친구들을 만나.
나탈리아	그렇구나! 난 장 보러 가.
도일	너 여기 근처에 살아?
나탈리아	응, 여기서 멀지 않아. 그런데 다음 주에 다시 이사를 가.
도일	아하. 도움이 필요하면 연락해.
나탈리아	고마워, 친절하구나.
도일	아니야, 그럼 안녕!
나탈리아	안녕!

 VOKA BELN

glauben 동 믿다, 생각하다 **sich kennen** 동 (사람을) 서로 알다 **natürlich** 분 물론 **gelernt** 동사 'lernen 배우다'의 과거 분사 **wiedersehen** 동 다시 보다 **sich treffen mit** 동 ~와(과) 만나다 **einkaufen** 동 장 보다, 쇼핑하다 **in der Nähe** 근처에 **weit** 형 먼 **nächst** 형 다음의 **umziehen** 동 이사 가다 **wieder** 분 다시 **sich melden** 동 연락하다 **e. Hilfe** 명 도움 **brauchen** 동 ~을(를) 필요로 하다

 • 포인트 잡GO!

❶ 지식이나 사실을 알 땐 wissen 동사를, 경험에 의해 알거나 사람을 알 땐 kennen 동사로 말합니다. 'Wir kennen uns. 우리 서로 아는 것 같아.'에서 uns는 '우리 서로를'의 의미를 갖는 상호 재귀대명사입니다.

❷ kennen 동사와 더불어 'sich treffen mit 3격 ~을(를) 만나다', 'sich melden 연락하다'의 재귀동사가 사용되었습니다. 이렇게 꼭 재귀대명사와 함께 쓰이는 재귀동사들은 재귀동사임을 따로 잘 암기할 필요가 있습니다.

❷ '~을(를) 만난다'는 표현은 'treffen+4격 목적어'로 써도 되지만, 재귀동사로도 쓰며 이때 만나는 대상은 'mit+3격'으로 써야 합니다.

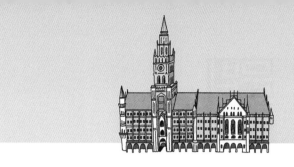
1 **사람을 안다고 말하기**

Ich glaube, wir kennen uns.　　　　　　　　내 생각에, 우리는 서로를 아는 것 같아.

Ach, ich kenne dich! Natürlich!　　　　　　아, 난 널 알아! 당연하지!

> **Tipp** 질문 형식으로 'Kennen wir uns? 우리가 서로 알던가?', 'Kenne ich dich? 내가 널 아나?'로도 말할 수 있습니다.

2 **다시 만나 반갑다고 말하기**

Freut mich, dich wieder**zu**sehen.　　　　너를 다시 만나서 **반가워**.

Freut mich auch.　　　　　　　　　　　　나도 **반가워**.

> **Tipp** 반갑다는 표현 'Freut mich.'를 앞에서 배웠습니다. 가주어인 es가 맨 앞에 있으나 주로 생략하고 말합니다. 진주
> 어는 zu 부정사가 사용되었는데, 분리동사의 경우 '분리전철+zu+나머지 동사'의 형태로 zu가 가운데 위치해 있
> 습니다. zu 부정사는 분리동사의 경우에만 이렇게 한 단어로 붙여 씁니다.

3 **(~하면) 연락하라고 말하기**

Meld dich, wenn du Hilfe brauchst.　　　　도움이 필요하면, **연락해**.

Melden Sie sich, wenn Sie Hilfe brauchen.　도움이 필요하시면, **연락하세요**.

Meld dich, wenn du Zeit hast.　　　　　　시간 있으면, **연락해**.

> **Tipp** melden 동사는 원래 '~을(를) 알리다'라는 의미로, 재귀동사로 자주 쓰이며 자기 자신의 어떤 소식이나 상태를 알
> 리거나 연락한다는 의미가 됩니다. wenn 접속사는 종속 접속사로 동사가 후치되었습니다.

4 **재귀대명사의 격 알맞게 말하기**

4격 **재귀대명사가 4격으로 쓰인 경우**

Ich wasche **mich**. 나는 나를 씻는다. (=나는 씻는다. 샤워한다, 몸을 씻는다)

Er wäscht **sich**. 그는 씻는다.

3격 **재귀대명사가 3격으로 쓰인 경우**

Ich wasche **mir** die Hände. 나는 나에게 손을 씻는다. (=나는 손을 씻는다.)

Er wäscht **sich** die Hände. 그는 손을 씻는다.

> **Tipp** 재귀대명사는 주로 4격으로 많이 쓰이지만, 문장 안에 다른 4격 목적어가 있을 경우에는 재귀대명사를 3격으로
> 씁니다. 위 예문은 손이라는 명사가 4격으로 쓰였기 때문에 재귀대명사를 4격 mich가 아닌 3격 mir를 쓰게 된 형
> 태입니다. 재귀대명사 중 3격과 4격의 형태가 다른 것은 ich, du밖에 없으므로 주어가 '나'이거나 '너'일 때만 3격
> 인지 4격인지 바르게 구분해서 말하면 됩니다.

① 재귀동사

타동사의 주어와 목적어가 같은 경우 그러한 동사를 재귀동사라고 합니다. 재귀동사로만 사용되는 동사도 있고, 타동사와 재귀대명사 용법 모두 사용 가능한 동사들도 있습니다. 예문을 통해 타동사와 재귀동사의 차이를 살펴보세요.

예▶ Meine Mutter setzt **mich**. 나의 엄마는 **나를** 앉힌다. (setzen: ~을(를) 앉히다, **타동사**)

Ich setze **mich**. 나는 나를 앉힌다. (=나는 앉는다.) (sich setzen: 스스로 앉다, **재귀동사**)

Ich wasche mein Kind. 나는 나의 아이를 씻긴다. (waschen: ~을(를) 씻기다, **타동사**)
Ich wasche **mich**. 나는 나를 씻긴다. (=나는 씻는다.) (sich waschen: 스스로 씻다, **재귀동사**)

Er freut **dich**. 그는 너를 기쁘게 한다. (freuen: ~을(를) 기쁘게 하다, **타동사**)
Du freust **dich**. 너는 너를 기쁘게 한다. (=너는 기쁘다.)
(sich freuen: 스스로 기쁘다, **재귀동사**)

② 재귀대명사 형태

재귀대명사의 형태는 인칭대명사와 같은 경우도 있고 다른 경우도 있습니다. 3인칭 단수(er, sie, es)와 복수(그들 sie), 그리고 존칭(Sie)의 재귀대명사 형태는 모두 sich이며 나머지는 인칭대명사의 3, 4격 형태와 같습니다. 따라서 재귀대명사의 대표 형태가 sich이며 사전에서 동사를 찾았을 때 sich가 있으면 재귀동사라는 뜻입니다. 재귀대명사와 인칭대명사의 형태를 표로 비교해 보세요.

// **재귀대명사**

	ich	du	er	sie	es	wir	ihr	sie	Sie
3격	mir	dir	sich			uns	euch	sich	
4격	mich	dich				uns	euch		

// **인칭대명사**

	ich	du	er	sie	es	wir	ihr	sie	Sie
3격	mir	dir	ihm	ihr	ihm	uns	euch	ihnen	Ihnen
4격	mich	dich	ihn	sie	es	uns	euch	sie	Sie

③ 전치사 수반 재귀동사

독일어에서 재귀동사이면서 특정한 전치사를 수반하는 동사들이 많습니다. 이런 경우 재귀동사라는 사실과 함께 어떤 전치사가 함께 쓰이는지도 알아 두어야 합니다. 이번 과에 등장한 재귀동사와 전치사 수반 재귀동사를 아래의 표와 예문으로 살펴보세요.

재귀동사	의미	예문
sich setzen	앉다	Ich setze mich auf den Stuhl. 나는 의자 위로 앉는다.
sich melden	알리다, 연락하다	Er muss sich melden. 그는 알려야 한다.

전치사 수반 재귀동사	의미	예문
sich freuen **auf 4격**	~을(를) 기대하다	Wir freuen uns auf die Ferien. 우리는 방학을 기대하고 있어요.
sich treffen **mit 3격**	~와(과) 만나다	Sie trifft sich mit ihrem Freund. 그녀는 그녀의 남자 친구와 만난다.

④ 특정 장소 관련 전치사

특정 장소 개념마다 함께 써야 하는 전치사가 정해져 있는 경우가 있습니다. 아래의 표와 예문으로 익혀 보세요.

장소	Wo? 어디에? (정지)	Wohin? 어디로? (이동)	Woher? 어디로부터? (출처)
바다, 하천, 강 등	an + 3격	an + 4격	von + 3격
산, 섬	auf + 3격	auf + 4격	von + 3격
직장	bei + 3격	zu + 3격	von + 3격
일반적 건물, 장소	in + 3격	zu + 3격	aus + 3격
사람	bei + 3격	zu+ 3격	von + 3격

예 ① 그들은 보덴제(호수)에 있습니다.　　　　　　　Sie sind an Bodensee.
　　② 그들은 보덴제로 갑니다.　　　　　　　　　　Sie fahren an den Bodensee.
　　③ 그들은 보덴제로부터(=보덴제에 있다가) 옵니다.　Sie kommen von dem Bodensee.
　　④ 나는 산에 있습니다.　　　　　　　　　　　　Ich bin auf dem Berg.
　　⑤ 나는 산으로 오릅니다.　　　　　　　　　　　Ich steige auf den Berg.
　　⑥ 나는 산으로부터 옵니다.　　　　　　　　　　Ich komme von dem Berg.

Aufgabe 1 녹음을 듣고, 빈칸에 알맞은 말을 쓰세요.　　　　　　　　　🎧 Track 18-03

Kollegin: Herr Kim, [ⓐ _____] Sie sich, bitte!

Doil: Danke.

Kollegin: Was machen Sie in den [ⓑ _____]? Wissen Sie es schon?

Doil: Meine Familie besucht mich und wir werden zusammen reisen.

Kollegin: Haben Sie schon [ⓒ _____]?

Aufgabe 2 빈칸에 들어갈 알맞은 전치사와 정관사를 쓰세요.

ⓐ Was machen Sie _____ _____ Ferien?

ⓑ Mein Mann und ich fahren _____ _____ Bodensee.

ⓒ Freuen Sie sich schon _____ _____ Urlaub?

빈칸에 들어갈 알맞은 재귀대명사를 쓰세요.

ⓐ Ich setze _____ auf den Stuhl.

ⓑ Du triffst _____ mit den Freunden.

ⓒ Er muss _____ melden.

Aufgabe 4 아래의 문장을 독일어로 작문하고, 정답을 확인한 다음 올바른 문장을 소리 내어 말해 보세요.

ⓐ 난 벌써 휴가가 정말 기대돼요.

ⓑ 내 생각에, 우리 서로를 아는 것 같아.

ⓒ 너를 다시 만나서 기쁘다.

ⓓ 도움이 필요하면 연락해.

ⓔ 난 곧장 보러 가.

ⓐ ⇨ _____

ⓑ ⇨ _____

ⓒ ⇨ _____

ⓓ ⇨ _____

ⓔ ⇨ _____

❶ ⓐ setzen ⓑ Ferien ⓒ Pläne

❷ ⓐ in den ⓑ an den ⓒ auf den

❸ ⓐ mich ⓑ dich ⓒ sich

❹ ⓐ Ich freue mich schon sehr auf den Urlaub. / ⓑ Ich glaube, wir kennen uns. /
ⓒ Freut mich, dich wiederzusehen. / ⓓ Meld dich, wenn du Hilfe brauchst. / ⓔ Ich gehe gleich einkaufen.

🎧 Track 18-04

⭐ 자주 쓰이는 재귀동사

옷 입다	sich anziehen
옷 벗다	sich ausziehen
옷 갈아입다	sich umziehen
코를 풀다	sich die Nase putzen
양치하다	sich die Zähne putzen
샤워하다	sich duschen
씻다	sich waschen
화나다	sich ärgern über 4격
기대하다	sich freuen auf 4격
기뻐하다	sich freuen über 4격
머리 빗다	sich kämmen
면도하다	sich rasieren
지원하다	sich bewerben um 4격 / bei 3격
지각하다	sich verspäten
눕다	sich legen
앉다	sich setzen
~을(를) 기억하다	sich erinnern an 4격
~에 관심이 있다	sich interessieren für 4격
~와(과) (~에 대해) 이야기하다	sich unterhalten mit 3격 (über 4격)

// **Bodensee** 독일에서 가장 큰 호수

보덴제(보덴호)는 유럽의 중앙부에 위치하며 독일, 오스트리아, 스위스에 걸쳐 있는 호수입니다. 면적은 약 536㎢로 독일에서 가장 큰 호수입니다. 실제로 가 보면 너무 넓어 마치 바다처럼 느껴지기도 합니다. 본래 로마 제국의 황제 콘스탄티누스 클로루스의 이름에서 유래하여 'Konstanz 콘스탄츠호'로 알려졌으나, 독일 어권에서는 보덴제로 바꿔 부르게 되었다고 합니다. 호수 주변에는 'Lindau 린다우'섬 등 작고 예쁜 섬들이 있어 외국인 관광객들은 물론 독일 국민들에게도 많은 사랑을 받는 여행지입니다.

// **Zugspitze** 독일에서 가장 높은 산

독일 'Bayern 바이에른'주에 있는 산으로, 추크슈피체산의 높이는 2,963m입니다. 독일과 오스트리아 국경 알프스산맥에 위치하며, 뮌헨에서 남쪽으로 약 90㎞ 떨어져 있습니다. 독일에서 가장 높은 산이며, 서쪽으로는 아이프제 마을에서부터 운행되는 케이블카로 정상에 오를 수 있습니다.

// **Rhein** 독일에서 가장 긴 강

라인강은 알프스산에서 발원하여 중간에 보덴제를 이루고 리히텐슈타인 · 오스트리아 · 독일 · 프랑스·네 덜란드를 거쳐 북해에 이릅니다. 유럽의 강이라고 불리는 라인강은 독일에서만 865㎞에 달하고 북해로 이어집니다. 라인강은 네덜란드와의 국경에서 이름이 바뀌기 때문에, 관례적으로 그 이름이 바뀐 부분까지를 라인강에 포함시킵니다.

// **Rügen** 독일에서 가장 큰 섬

뤼겐섬은 독일 북부 발트해에 있는 섬이며, 면적 926.4㎢로 독일에서 가장 큰 섬입니다. 대체로 평탄한 지형으로 대부분이 농지로 이용되는데 사탕무, 호밀, 감자 등이 생산되고 있습니다. 물결이 잔잔하고 모래밭이 펼쳐진 해수욕장은 여름 휴양객이 많이 찾습니다. '왕의 의자'라고 불리는 흰 절벽이 유명합니다.

◀ Bodensee 풍경

Der Film, den ich sehen möchte, läuft im Kino.

Der Film, den ich sehen möchte, läuft im Kino.

내가 보고 싶은 영화가
영화관에서 상영돼.

▶ 19강

＼ **학습 목표**

관계대명사를 사용하여 가장 좋아하는
것을 말할 수 있다.

＼ **공부할 내용**

재귀대명사, 지시대명사
좋아하는 것 말하기

＼ **주요 표현**

Der Film, den ich sehen möchte,
läuft im Kino.
Was für ein Film ist das?
Sie ist mein Lieblingsschauspielerin.
Wie läuft Ihr Bericht?

SPRECHEN 말문트 GO!

🎧 Track 19-01

Dialog 1

도일은 레아와 영화를 보러 왔습니다.

Doil	Der Film, den ich sehen möchte, läuft im Kino.
Lea	Was ist der Titel?
Doil	„Vorsicht".
Lea	Was für ein Film ist das? Ist das ein Horrorfilm?
Doil	Ja, richtig.
Lea	Gut! Den möchte ich auch sehen.
Doil	Um wie viel Uhr beginnt der Film?
Lea	In einer Stunde. Wir können noch eine Tasse Kaffee trinken.
Doil	Ja. Kennst du die Schauspielerin auf dem Plakat?
Lea	Nein, wie heißt sie?
Doil	Die heißt Nadia Uhl. Ich mag sie sehr. Sie ist meine Lieblingsschauspielerin.

도일 내가 보고 싶은 영화가 영화관에서 하네.

레아 제목이 뭐야?

도일 '주의'야.

레아 어떤 장르의 영화야? 그거 공포 영화야?

도일 응, 맞아.

레아 좋아! 그거 나도 보고 싶어.

도일 영화 몇 시에 시작하지?

레아 한 시간 후에. 우리 커피 한 잔 마실 수 있겠다.

도일 그래. 저 포스터에 있는 여자 배우 알아?

레아 아니, 이름이 뭔데?

도일 나디아 울이야. 난 그녀를 정말 좋아해. 그녀는 내가 가장 좋아하는 영화배우야.

VOKABELN

r. Film 명 영화 **laufen** 동 상영되다 **r. Titel** 명 제목 **e. Vorsicht** 명 조심, 주의 **was für ein** 의문 어떤 (종류의) **Um wie viel Uhr** 의문 몇 시에 **r. Horrorfilm** 명 공포 영화 **richtig** 형 옳은, 맞는 **beginnen** 동 시작하다 **pl. Stunden** 명 시간 **e. Tasse** 명 머그잔 **e. Schauspielerin** 명 여자 영화 배우 **s. Plakat** 명 포스터

● 포인트 잡GO!

❶ den은 앞의 남성 명사 Film을 꾸미는 관계대명사입니다. 관계대명사가 들어간 문장에서 동사는 후치됩니다. 관계대명사를 쓸 때 성과 수는 선행사가 결정하고, 격은 관계절 안에서 결정됩니다. 관계절 안의 본동사가 sehen으로 '~을(를) 보다'이므로 남성 4격 관계대명사 den이 필요합니다.

❷ 지시대명사는 앞에 나왔던 명사의 성, 수에 따라 변화하며, 그것'을' 보고싶다는 의미로 4격인 den이 나왔습니다. 관계대명사와 형태는 같으나 동사의 위치가 후치하지 않고 두 번째 자리에 동사가 오며, 지시대명사가 첫 번째 자리를 차지합니다.

❸ Die는 여자 영화배우를 받는 지시대명사입니다. 여성 1격 지시대명사 형태가 정관사 형태와 같습니다.

1 관계대명사로 말하기

Der Film läuft im Kino. 그 **영화가** 영화관에서 상영돼.

+

Ich möchte **den Film** sehen. 난 그 **영화를** 보고 싶어.

→ Der Film, **den** ich sehen möchte, läuft im Kino. 내가 보고 싶은 영화가 영화관에서 상영돼.

> **Tipp** 관계대명사 문장은 주로 바로 앞의 명사(선행사)를 꾸미면서 원래는 두 문장이었던 것을 한 문장으로 연결하므로 종속 접속사 역할을 합니다. 따라서 관계문은 동사가 후치됩니다. 관계대명사를 쓰는 이유는 반복되는 명사를 한 번만 말하기 위함도 있습니다. 위의 문장에서는 선행사가 남성이며, '~을(를)'의 의미를 가지므로 4격입니다.

> **Tipp** 관계대명사와 지시대명사 비교
> Das ist der Mann, **der** aus Deutschland **kommt**. (동사 맨 뒤, 종속되어 콤마로 연결)
> Das ist der Mann. **Der kommt** aus Deutschland. (동사 두 번째, 독립된 문장)

2 종류 묻기

Was für ein Film ist das? Ist das ein Horrorfilm?
그건 **어떤 장르(종류)의 영화**야? 그거 공포 영화야?

Was für einen Film siehst du gern?
어떤 장르의 영화를 즐겨 보니?

> **Tipp** was für ein은 '어떤, 어떤 종류(장르)의'라는 의미로 사람이나 사물의 특성을 묻는 의문사입니다. ein은 뒤에 오는 명사의 성, 수, 격에 따라 부정 관사 어미 변화를 합니다. 이 문장에서 Film은 남성, 1격이기 때문에 ein의 형태가 됩니다. 두 번째 문장에서는 같은 남성 명사가 쓰였지만, 4격이라서 einen의 형태가 됩니다.

3 좋아하는 대상 말하기

Ich **mag** sie sehr. 나는 그녀를 매우 **좋아해**.

Sie ist meine **Lieblingsschauspielerin**. 그녀는 내가 **가장 좋아하는 영화배우**야.

Mein **Lieblingsfach** ist Deutsch. 나의 **가장 좋아하는 과목**은 독일어야.

K-Pop ist meine **Lieblingsmusik**. 케이팝은 나의 **가장 좋아하는 음악**이야.

> **Tipp** mögen 동사 또는 'Lieblings+명사' 형태로 좋아하는 대상을 말해 보세요.

🎧 Track 19-02

Dialog 2

도일은 회사에서 메일도 확인하고, 보고서도 만드느라 바쁩니다.

Kollege	Haben Sie schon die E-Mail gesehen, die ich gestern geschickt habe?	동료 직원	제가 어제 보낸 메일 봤나요?
Doil	Ja, aber ich bin mit der Marktforschung noch nicht fertig.	도일	네, 그런데 시장 조사를 아직 못 끝냈어요.
Kollege	Nicht schlimm. Lassen Sie sich Zeit!	동료 직원	나쁘지 않아요. 천천히 하세요!
Doil	Obwohl ich noch Zeit habe, will ich es bis morgen fertig machen.	도일	아직 시간이 있긴 한데, 내일까진 끝낼 거예요.
Kollege	Okay. Und wie läuft Ihr Bericht?	동료 직원	알겠어요. 당신의 보고서 어떻게 되어 가나요?
Doil	Ich habe den Bericht schon fertig geschrieben. Soll ich ihn Ihnen einmal kopieren?	도일	벌써 끝냈어요. 한 부 복사해 드릴까요?
Kollege	Ja bitte. Überprüfen Sie zuerst, ob der Marktanteil stimmt.	동료 직원	네 부탁해요. 시장 점유율 관련해서 오류가 없는지 우선 확인해 보세요.
Doil	Ja, das mache ich. Ach, Frau Schulz im Marketingbereich hat Sie angerufen. Sie möchte mit Ihnen über das neue Projekt sprechen.	도일	네, 그럴게요. 아, 마케팅 부서의 슐츠 씨가 당신에게 전화했어요. 당신과 함께 새로운 프로젝트에 대해 이야기하고 싶어해요.
Kollege	Alles Klar. Danke schön.	동료 직원	알겠습니다. 고마워요.

VOKABELN

sehen (동) 보다 (과거 분사: gesehen)　**gestern** (부) 어제　**schicken** (동) 보내다 (과거 분사: geschickt)
e. Marktforschung (명) 시장 조사　**schlimm** (형) 나쁜　**sich Zeit lassen** (숙어) 천천히 하다, 시간을 갖다　**obwohl** (접) ~에도 불구하고, ~이긴 하지만　**laufen** (동) 진행되다, 돌아가다　**r. Bericht** (명) 보고서
fertig schreiben (동) 끝내다 (과거 분사: geschrieben)　**überprüfen** (동) 확인하다　**ob** (접) ~인지 (아닌지)
stimmen (동) 맞다, 일치하다　**r. Marktanteil** (명) 시장 점유율

 ● **포인트 잡GO!**

❶ 'lassen 동사+재귀대명사+Zeit 명사'는 '시간과 여유를 갖고 천천히 한다'입니다. du에게 얘기할 때는 'Lass dir Zeit!'라고 하면 됩니다. Zeit가 4격으로 쓰였으므로 재귀대명사는 3격으로 쓰면 됩니다.

❷ laufen 동사는 '어떠한 일이 잘 진행된다', '잘 돌아가다', '흐르다'의 의미도 있습니다.

❸ obwohl은 '~에도 불구하고', ob은 '~인지 아닌지'의 의미를 갖는 종속 접속사입니다. 따라서 obwohl이 이끄는 문장에서 동사는 문장의 맨 끝에 위치합니다.

1 천천히 하라고 말하기

Nicht schlimm. **Lassen Sie sich Zeit**!	나쁘지 않아요. **천천히 하세요!**
Nehmen Sie sich Zeit!	**천천히 하세요!** (= 시간을 가지세요!)
Nimm dir Zeit!	**천천히 해!** (= 시간을 가져!)
Machen Sie es **langsam**.	**천천히** 하세요.

> **Tipp** 급하게 하지 않아도 된다는 표현으로 명사 'Zeit 시간', 재귀대명사 3격과 함께 lassen, nehmen 동사를 사용합니다. 또는 'langsam 천천히+machen 하다'라고 말할 수 있습니다.

2 진행 상황 묻기

| Wie läuft Ihr Bericht? | 당신의 보고서는 어떻게 진행되고 있습니까? |
| Wie läuft es mit deiner Freundin? | 너의 여자 친구와는 어떻게 되어 가니? |

> **Tipp** laufen 동사는 단수 2, 3인칭에서 현재 인칭 어미 변화 시 a → ä로 변화하는 불규칙 동사입니다. 비인칭 주어 es 와 전치사 mit+3격 구조로 진행 상황을 물을 수도 있습니다. 단순히 'Wie läuft es?'라고 하면 '어떻게 되어 가니?', '잘되어 가니?'라는 의미가 되며 mit+3격을 쓰면 3격과 어떻게 되어 가는지 묻는 의미가 됩니다.

3 ~인지 (아닌지) 확인 요청하기

Überprüfen Sie zuerst, ob der Marktanteil stimmt.
우선 시장 점유율 관련하여 오류가 없는지 **확인해 보세요.**

Überprüfen Sie, ob das Dokument richtig ist.
이 서류가 맞는지 **확인해 보세요.**

> **Tipp** überprüfen 동사는 '~을(를) 확인하다, 체크하다, 점검하다'의 의미를 가지고 있습니다. ob과 함께 쓰면 '~인지 (아닌지) 확인하다'가 됩니다. obwohl과 ob 모두 종속 접속사로, 동사가 후치되는 특징을 갖고 있습니다. 만약 obwohl이나 ob으로 문장을 시작한다면 종속절이 끝난 뒤 콤마를 찍고, 콤마 뒤 동사를 먼저 쓴 다음 주어 이하의 다른 문장 성분들이 놓입니다.

예 Obwohl ich krank bin, <u>lerne ich</u> fleißig Deutsch. 나는 아프지만 열심히 독일어를 배운다.
= Ich lerne fleißig Deutsch, obwohl ich krank bin.

Ob er heute kommt, <u>weiß ich</u> nicht. 그가 오늘 올지 안 올지 나는 모른다.
= Ich weiß nicht, ob er heute kommt.

① 관계대명사

관계문은 바로 앞에 있는 명사인 선행사를 수식하며, 관계대명사는 관계문의 맨 앞에 옵니다. 관계대명사의 성과 수는 선행사에 의해 결정되며 격은 관계문 안에서의 역할로 따져야 합니다. 주어일 경우 1격, 소유격일 경우 2격, '~에게'일 경우 3격, '~을(를)'일 경우 4격이 됩니다. 격은 우리말 해석과 달리 독일어 동사의 격 지배에 의해 결정되기도 하며 '전치사+관계대명사' 구문에서는 전치사에 의해 격이 결정되는 경우도 있습니다. 관계대명사의 형태를 먼저 살펴보세요.

	남성	여성	중성	복수
1격	der	die	das	die
2격	dessen	deren	dessen	deren
3격	dem	der	dem	denen
4격	den	die	das	die

정관사와 형태가 다른 것은 모든 2격과, 복수 3격의 형태입니다. 지시대명사의 형태도 같지만 지시대명사의 경우 동사의 위치는 문장에서 두 번째 자리에 있다는 점이 다릅니다. 관계문장에서의 동사는 맨 뒤로 갑니다. 예문을 통해 관계대명사 구문을 만들어 보겠습니다.

예 ① Das ist der Mann. 이 사람이 그 남자다.

　　　　　+

　　Der Mann kommt aus Deutschland. 그 남자는 독일에서 왔다.
　　→ Das ist der Mann, ___der___ aus Deutschland **kommt.** (남성 1격)
　　　　이 남자가 독일에서 온 남자다.

② Das ist der Mann. 이 사람이 그 남자다.

　　　　　+

　　Ich liebe den Mann. 나는 그 남자를 사랑한다.
　　→ Das ist der Mann, ___den___ ich **liebe.** (남성 4격)
　　　　이 남자가 내가 사랑하는 남자다.

③ Das ist der Mann. 이 사람이 그 남자다.

　　　　　+

　　Ich habe dem Mann ein Buch gegeben. 나는 그 남자에게 한 권의 책을 줬다.
　　→ Das ist der Mann, ___dem___ ich ein Buch gegeben **habe.** (남성 3격)
　　　　이 남자가 내가 한 권의 책을 줬던 남자다.

④ Das ist der Mann. 이 사람이 그 남자다.

+

Ich habe seine Tasche gefunden. 나는 그의 가방을 찾았다.

→ Das ist der Mann, <u>dessen</u> Tasche ich gefunden **habe**. (남성 2격)
이 사람이 내가 그의 가방을 찾아 줬던 남자다.

② 목적어의 어순

독일어의 평서문 및 의문사가 있는 의문문에서 동사의 위치는 항상 두 번째 자리에 놓는다는 것을 배웠습니다. 조동사 역시 두 번째 자리에 위치하며 과거 분사나 동사 원형 같은 본동사는 문장에서 항상 맨 뒤로 갑니다. 그렇다면 중간 부분에 위치하는 문장 성분 중 목적어의 어순은 어떻게 되는지 살펴보세요.

//1 3격, 4격 목적어 모두 명사일 경우: 3격 → 4격 순 (~에게 → ~을, ~를)

Ich gebe <u>dem</u> Schüler <u>ein</u> Buch. 나는 그 학생에게 한 권의 책을 준다.

//2 3격, 4격 목적어 모두 대명사일 경우: 4격 → 3격 순 (~을, ~를 → ~에게)

Ich gebe <u>es</u> <u>ihm</u>. 나는 그것을 그에게 준다.

//3 3격과 4격 중 하나는 대명사일 경우: 대명사 → 명사 순

Ich gebe <u>ihm</u> <u>ein</u> Buch. 나는 그에게 한 권의 책을 준다.
Ich gebe <u>es</u> <u>dem</u> Schüler. 나는 그것을 그 학생에게 준다.

// **Dialog 2**에서 'Soll ich ihn Ihnen einmal kopieren?'라는 문장이 있었습니다. 대명사의 순서를 살펴보세요. ihn은 4격, Ihnen은 3격 인칭대명사로 둘 다 대명사일 때 4격 → 3격 순으로 위치했음을 알 수 있습니다.

③ was für ein-

welch가 특정한 것들 중 '어떤'의 의미를 지녀 선택이 가능한 경우에 쓰는 의문사라면, was für ein은 어떤 불특정한 종류나 특성을 묻는 의문사입니다, welch는 정관사와 같은 어미 변화를 하고 was für ein이 부정 관사 어미 변화하는 이유도 '정해진 것=정관사', '정해지지 않은 것=부정 관사'이기 때문입니다. 복수의 경우 부정 관사를 쓰지 않으면 됩니다. 아래의 표와 예문으로 어미 변화를 살펴보세요.

	남성	여성	중성	복수
1격	was für ein	was für eine	was für ein	was für
2격	was für eines	was für einer	was für eines	was für
3격	was für einem	was für einer	was für einem	was für
4격	was für einen	was für eine	was für ein	was für

(예) **Was für ein** Buch lesen Sie gern? 어떤 책을 즐겨 읽으십니까? (중성 4격)

Was für ein Typ ist er? 그는 어떤 타입이야? (남성 1격)

Was für Versicherungen braucht man? 사람들은 어떤 보험들을 필요로 합니까? (복수 4격)

Aufgabe 1 녹음을 듣고, 빈칸에 알맞은 말을 쓰세요.   🎧 Track 19-03

Doil: Der Film, den ich sehen möchte, [ⓐ _____] im Kino.

Lea: Was ist der [ⓑ _____]?

Doil: „Vorsicht''.

Lea: [ⓒ _____] Film ist das? Ist das ein Horrorfilm?

Doil: Ja, richtig.

Aufgabe 2 빈칸에 들어갈 알맞은 관계대명사를 쓰세요.

ⓐ Der Film, _____ ich sehen möchte, läuft im Kino.

ⓑ Das ist der Mann, _____ ich ein Buch gegeben habe.

ⓒ Haben Sie schon die E-Mail gesehen, _____ ich gestern geschickt habe?

Aufgabe 3 괄호안의 단어를 문장의 순서에 맞게 배열하세요.

ⓐ Obwohl _____ , will ich das bis morgen fertig machen.
(noch, ich, habe, Zeit)

ⓑ Überprüfen Sie zuerst, ob _____ .
(Marktanteil, der, stimmt)

ⓒ Soll _____ ?
(kopieren, Ihnen, ich, ihn, einmal)

Aufgabe 4 아래의 문장을 독일어로 작문하고, 정답을 확인한 다음 올바른 문장을 소리 내어 말해 보세요.

> ⓐ 몇 시에 영화가 시작돼?
>
> ⓑ 그녀는 나의 가장 좋아하는 영화배우야.
>
> ⓒ 천천히 하세요!
>
> ⓓ 당신의 보고서는 어떻게 진행되고 있나요?

ⓐ ⇨ _____

ⓑ ⇨ _____

ⓒ ⇨ _____

ⓓ ⇨ _____

❶ ⓐ läuft ⓑ Titel ⓒ Was für ein

❷ ⓐ den ⓑ dem ⓒ die

❸ ⓐ ich noch Zeit habe ⓑ der Marktanteil stimmt ⓒ ich ihn Ihnen einmal kopieren

❹ ⓐ Um wie viel Uhr beginnt der Film? / ⓑ Sie ist meine Lieblingsschauspielerin. /
   ⓒ Lassen Sie sich Zeit! (Nehmen Sie sich Zeit!) / ⓓ Wie läuft Ihr Bericht?

🎧 Track 19-04

 독일어의 모든 시제

시제		의미	예문
현재	현재	바로 지금 현재의 상황 서술 (진행)	Ich koche jetzt. 나는 지금 요리하고 있다.
		사실, 진리	Berlin ist die Hauptstadt von Deutschland. 베를린은 독일의 수도이다.
		미래 시제 대신 사용 (+미래 부가어)	Er kommt morgen um 8 Uhr. 그는 내일 8시에 온다. (올 것이다)
과거	과거	문어체 과거 (동화, 역사)	Der König ging ins Bett. 그 왕은 자러 갔다.
	현재 완료	구어체 과거	Hast du den Film gesehen? 너 그 영화 봤어? Ich bin ins Bett gegangen. 나는 자러 갔다.
	과거 완료	과거 / 현재 완료보다 더 이전의 과거	Ich wohnte in Berlin. 난 베를린에 살았었다. (과거) Davor hatte ich in Köln gewohnt. 그전에는 쾰른에 살았다. (과거 완료)
미래	미래	미래 (의도, 계획), 추측	Er wird in Deutschland studieren. 그는 독일에서 공부할 것이다. (미래) Er wird im Büro sein. 그는 사무실에 있을 것이다. (추측)
	미래 완료	미래 시점에서 완료될 상황 표현	Ich werde bis morgen das Buch gelesen haben. 나는 내일까지 그 책을 읽을 것이다.

시제별 유의할 점

현재	주어에 맞게 인칭 변화, 불규칙은 암기
과거	규칙 동사는 어간에 te, 불규칙은 암기, 주어에 맞게 인칭 변화
현재 완료	haben / sein+과거 분사, 규칙 동사의 과거 분사는 ge+어간+t, 불규칙은 암기, 과거 분사는 맨 뒤로 (sein+과거 분사: 장소 이동, 상태 변화, 예외 동사), haben / sein 주어에 따른 현재 인칭 어미 변화
과거 완료	hatte / war+과거 분사, 현재 완료에서의 조동사를 과거형으로만 바꾸기, hatte / war 주어에 따른 인칭 어미 변화
미래	werden+동사 원형, 동사 원형은 맨 뒤로, werden 현재 인칭 어미 변화
미래 완료	werden+과거 분사+haben / sein, haben이나 sein 원형으로 맨 뒤로, werden 주어에 따른 현재 인칭 어미 변화 (sein+과거 분사: 장소 이동, 상태 변화, 예외 동사)

독일 만나GO!

DEUTSCHLAND

Jugendherberge 유겐트헤어베어게 **유스 호스텔**

흔히 영어로 알고 있는 유스 호스텔(youth hostel)은 본래 독일어 Jugendherberge가 먼저였고 이를 영어로 옮긴 것이라고 합니다. Jugend는 독일어로 청소년, Herberge는 숙박 시설을 의미합니다.

1909년 독일의 교사였던 Richard Schirrmann은 청소년들이 대자연을 느끼고, 즐거운 도보 여행을 하면서 저렴한 가격의 숙소에서 머무를 수 있도록 Jugendherberge 개념을 고안해 내었으며 독일 정부와 함께 'Burg Altena 알테나 성'을 제공받아 이러한 숙박 시설로 만들어 청소년들에게 이용 가능하도록 하였습니다.

그 후에 유스 호스텔은 유럽을 거쳐 전 세계적으로 확산되었습니다. 독일에는 2016년 기준 약 500개가 넘는 유스 호스텔이 있다고 합니다. 유스 호스텔에서의 활동은 모두 셀프 서비스이며, 침구나 식기 등은 사용 후 깨끗하게 닦고 정리해야 한다는 규율이 있습니다. 유스 호스텔의 기본적 개념은 저렴한 가격의 간단한 숙박 시설로 이해할 수 있지만, 숙박 시설만을 제공하는 것이 아니라 국적이나 사회적 배경, 종교 등을 초월한 젊은이들이 만나 우정을 쌓고 함께 레크리에이션 활동을 할 수 있는 기회를 제공한다는 개념도 포함됩니다. 저렴한 가격으로 숙박하며 다양한 여행 친구를 사귀고, 특별한 추억을 만들고 싶다면 유스 호스텔을 이용해 보세요.

◀ 뉘른베르크의 유스 호스텔

Mein Fahrrad wird repariert.

▶ 20강

TAG
20

Mein Fahrrad wird repariert.

내 자전거는 수리되고 있어.

╲ 학습 목표
수동태를 사용하여 표현할 수 있다.

╲ 공부할 내용
수동태 구조 익히기
문자 메시지 내용을 이해하고 쓰기
이메일 내용을 이해하고 쓰기

╲ 주요 표현
Mein Fahrrad wird repariert.
Plötzlich wurde ich von einem
Autofahrer angefahren.
Es tut mir leid, dass ich an
der nächsten Sitzung nicht
teilnehmen kann.

🎧 Track 20-01

Dialog 1

도일은 레아에게 자전거를 타다가 다쳤다는 소식을 메시지로 보냅니다.

Lea, ich hatte heute einen Unfall.
Ich war in der Stadt und bin mit dem Fahrrad gefahren.
Plötzlich wurde ich von einem Autofahrer angefahren.
Mein Bein tut weh und der Arzt hat mir einen Gips angelegt.
Er sagte, ich soll mich ein paar Wochen ausruhen.
Ach, mein Fahrrad wird repariert. Also, ich habe jetzt frei! Aber mir ist langweilig und ich brauche deine Hilfe, weil ich alleine nichts machen kann!
Kannst du bitte vorbeikommen?

레아, 나 오늘 사고 났었어.

내가 시내에 있었고 자전거를 타고 갔어.

갑자기 한 자동차 운전자에 의해 내가 치였어.

난 다리를 다쳤는데 의사 선생님이 깁스를 해 주었어.

그가 말했어, 내가 몇 주 쉬어야 한다고.

아, 내 자전거는 수리되고 있어. 그러니까, 난 지금 자유야! 근데 나 심심해, 그리고 너의 도움이 필요해, 왜냐하면 나 혼자서 아무것도 할 수 없거든!

나한테 좀 와 줄 수 있니?

> **VOKABELN**
>
> **r. Unfall** 몡 사고   **e. Stadt** 몡 도시   **s. Fahrrad** 몡 자전거   **plötzlich** 뷔 갑자기   **r. Autofahrer** 몡 운전자   **anfahren** 동 부딪치다, 치다   **s. Bein** 몡 다리   **r. Gips** 몡 깁스   **anlegen** 동 감다   **sich ausruhen** 동 쉬다   **reparieren** 동 수리하다, 고치다   **ein paar+복수 명사** 뷔 몇몇의   **frei haben** 동 한가하다, 일을 하지 않다   **langweilig** 혱 지루한, 심심한   **e. Hilfe** 몡 도움   **weil** 쩝 왜냐하면   **vorbeikommen** 동 잠시 들르다, 방문하다

● 포인트 잡GO!

❶ sich ausruhen은 재귀동사입니다. 원래 '~을(를) 쉬게 하다'에서 '스스로 쉬다'의 의미로 쓰이기 때문에 재귀대명사와 함께 쓰게 됩니다.

❷ fahren 동사는 장소의 이동을 나타내는 동사이기 때문에, 현재 완료 시제에서 haben 동사가 아닌 sein 동사와 결합하게 됩니다.

❸ 독일어의 수동태는 werden을 조동사로 하고 맨 뒤에 과거 분사가 따라옵니다. 따라서 수동의 현재 시제는 'werden+과거 분사', 과거는 'wurde+과거 분사'임을 기억해 주세요.

1 **사고가 났었다고 말하기**

Ich hatte **heute** einen **Unfall**. 나 오늘 사고가 **있었어.** (과거)
(= Ich habe heute einen Unfall gehabt. 현재 완료)

Ein Unfall **ist passiert**. 한 사고가 **발생했습니다**.

> **Tipp** 명사 Unfall과 haben 동사가 만나 '사고를 가지고 있다' 즉, 사고가 났다는 표현이 되었습니다. 상태의 변화를 알려 주는 동사 'passieren 일어나다, 발생하다'로 말할 수도 있으며, 현재 완료를 만들 때 sein 동사를 조동사로 사용합니다. 따라서 'hat passiert'가 아닌 'ist passiert'의 형태가 됩니다.

2 **과거의 정황 말하기**

Ich war in der Stadt und bin mit dem Fahrrad gefahren.
나는 시내에 있었고 자전거를 타고 갔어.

Plötzlich wurde ich von einem Autofahrer angefahren.
갑자기 내가 한 자동차 운전자에 의해 치였어.

> **Tipp** 두 번째 문장에서 수동태가 사용되었는데, 수동태의 과거 시제는 'wurde+과거 분사'입니다. 동사 'anfahren 치다, 부딪치다'가 수동에서 '치이다'의 의미가 되었습니다. 수동에서 행위자는 'von+3격'으로 씁니다. 능동으로 바꾸면 'Ein Autofahrer hat mich angefahren.' 형태가 됩니다.

3 **다른 사람이 한 이야기를 말하기**

Er sagte, ich soll mich ein paar Wochen ausruhen.
그가 **말했어**, 내가 몇 주 쉬어야 **된다고**.

> **Tipp** 다른 사람이 한 말을 전달하고 있으며 동사 'sagen ~(이)라고 말했다'의 과거형 sagte로 제시하고, 그 타인이 '~해야 한다고 했다'고 전할 땐 화법조동사 sollen으로 제시했습니다. 이 조동사를 사용함으로써 다른 사람이 그렇게 하도록 조언했다, 권유했다는 의미를 나타냅니다.

🎧 Track 20-02

Dialog 2

도일은 슈미트 씨에게 사고 소식을 이메일로 알립니다.

Sehr geehrter Herr Schmidt,
leider muss ich Ihnen mitteilen, dass ich heute einen Unfall hatte.
Mein Bein ist gebrochen und ich bin jetzt im Krankenhaus.
Der Arzt hat gesagt, dass ich noch zwei Wochen zu Hause bleiben soll.
Es tut mir leid, dass ich an der nächsten Sitzung nicht teilnehmen kann.
Ich rufe Sie morgen an, wenn Sie im Büro sind.

Mit freundlichen Grüßen
Doil Kim

- -

슈미트 씨께,

안타깝게도 제가 사고가 났었다는 걸 전해야 합니다.

저의 다리가 부러졌고 저는 지금 병원에 있어요.

의사 선생님이 제가 2주는 더 집에서 있어야 한다고 하시네요.

다음 회의에 참여하지 못해서 유감입니다.

내일 사무실에 계실 때 전화 드릴게요.

인사를 전하며

김도일

VOKABELN

geehrt ⑱ 존경하는 **mitteilen** ⑧ 전하다 **gebrochen** 부러진 (동사 'brechen 부러지다'의 과거 분사)
s. Krankenhaus ⑲ 병원 **nächst** ⑱ 다음의 **e. Sitzung** ⑲ 회의 **teilnehmen an+3격** ⑧ ~에 참
여하다 (+an 3격) **s. Büro** ⑲ 사무실 **freundlich** ⑱ 친근한 **pl. Grüße** ⑲ 인사, 안부

• 포인트 잡GO!

❶ 존칭을 쓰는 사이에서 이메일을 쓸 때 'Sehr geehrter Herr 남자 성', 'Sehr geehrte Frau 여자 성'으로
시작합니다. 받는 사람이 명확하지 않을 땐 'Sehr geehrte Damen und Herren'으로 시작할 수 있으며,
존칭을 사용하지만 친분이 있을 경우 'Lieber Herr 남자 성', 'Liebe Frau 여자 성'으로 쓰기도 합니다.

❷ sein 동사와 과거 분사가 함께 쓰이면 '~인 상태이다'가 됩니다. 이때 과거 분사는 형용사처럼 쓰입니다.
'Mein Bein ist gebrochen. 나의 다리가 부러진 상태이다.'라고 해석되는데, 이러한 구조를 상태 수동이
라고 합니다.

❸ 의사의 처방을 전달하면서 müssen 동사가 아닌 sollen 동사를 사용했습니다. 타인의 의지로 '~해야 한다'고
할 땐 이처럼 sollen 동사를 사용합니다.

1 불가피한 상황 전달하기

Leider muss ich Ihnen **mitteilen**, dass ich heute einen Unfall hatte.
안타깝게도 제가 사고가 났었다는 걸 **전해야 합니다.**

Leider muss ich Ihnen **sagen**, dass ich keine Zeit habe.
안타깝게도 제가 시간이 없다는 걸 **말할** 수밖에 없네요.

> **Tipp** dass 이하가 4격 목적어 역할을 하며, dass 절에서 동사는 후치됩니다. 안타까운 소식이나 전달 사항을 서면으로 표현할 때 유용한 표현입니다.

2 어떤 상태인지 말하기

Mein Bein ist gebrochen und ich bin jetzt im Krankenhaus.
제 다리가 **부러져서** 지금 병원에 있어요.

Die Tür **ist geöffnet.**	그 문은 **열려 있다.**
Die Tür **wird geöffnet.**	그 문은 **열리고 있다.**
Das Fenster **ist geschlossen.**	그 창문은 **닫혀 있다.**
Das Fenster **wird geschlossen.**	그 창문은 **닫히고 있다.**

> **Tipp** sein 동사와 과거 분사가 함께 쓰이면 '~되어 있다', '~한 상태이다'라는 의미로, 이를 상태 수동 (또는 완료 수동) 이라고 합니다. 'werden+과거 분사'는 '~되고 있다'로 진행 수동 (또는 과정 수동)이라고 합니다.

3 유감이다, 죄송하다고 말하기

Es tut mir leid, dass ich an der nächsten Sitzung nicht teilnehmen kann.
다음 회의에 참여하지 못해서 **유감입니다.**

Es tut mir leid, dass ich zum Termin nicht kommen kann.
제가 그 일정에 갈 수 없어서 **죄송합니다.**

> **Tipp** 편지나 이메일에서 유감스러움이나 죄송함을 나타낼 때, 'Es tut mir leid, ~'로 정중하게 표현하는 것이 좋습니다. 마찬가지로 dass 절은 동사가 맨 뒤로 가는 데 유의하세요.

문법 다지GO!
MERKEN

① 수동태

능동문에서는 행위의 주체가 중요하다면, 수동태에서는 어떤 행위가 이루어지고 있는지에 초점이 맞춰집니다. 수동태를 우리말로 해석하면 '~되고 있다, ~해진다' 정도로 파악할 수 있습니다. 수동태는 행위나 동작이 진행되고 있음을 나타내는 동작 수동(과정 수동)과 행위나 동작이 완료됨을 나타내는 상태 수동(완료 수동)으로 나눌 수 있습니다. 동작 수동은 'werden+과거 분사', 상태 수동은 'sein+과거 분사'로 나타냅니다. 수동에서 행위자는 'von+3격'으로 나타내지만, 간접적 원인이나 행위자는 'durch+4격'으로 표현합니다. 일반적인 사람들이 주어이거나, 행위자에게 관심이 없는 경우 또는 행위자가 당연히 예상되는 경우는 von 이하를 생략합니다.

// 능동문을 수동문으로 바꾸기

① 능동문의 4격 목적어를 1격인 주어로 바꾼다.

② 주어에 맞게 werden 어미 변화를 시킨다.

③ 능동문의 행위자 즉, 주어는 'von+3격'으로 쓴다. (생략 가능)

④ 능동문의 동사를 과거 분사형으로 만들어 맨 뒤에 쓴다.

능동 Ein Mann repariert das Auto. 한 남자가 그 차를 수리한다.

수동 Das Auto wird (von einem Mann) repariert. 그 차가 (한 남자에 의해) 수리되고 있다.
　　　　　　 werden 　　　　　　　　　　　 과거 분사

// 수동문 시제

현재 (werden+과거 분사)	Das Auto wird repariert.
과거 (wurde+과거 분사)	Das Auto wurde repariert.
현재 완료 (sein+과거 분사+worden)	Das Auto ist repariert worden.
과거 완료 (war+과거 분사+worden)	Das Auto war repariert worden.
미래 (werden+과거 분사+werden)	Das Auto wird repariert werden.

// 4격 목적어가 없는 능동문을 수동문으로 바꿀 땐 가주어 es를 주어로 합니다. 즉, 능동의 4격 목적어만이 수동에서 주어가 될 수 있습니다. 3격 목적어나 전치사구는 수동문으로 바뀌더라도 그대로입니다. 다만 다른 문장 성분이 맨 앞에 올 때 es는 생략합니다.

Er hilft dem Kind. → Es wird dem Kind geholfen. → Dem Kind wird geholfen.

Man arbeitet heute nicht. → Es wird heute nicht gearbeitet. → Heute wird nicht gearbeitet.

Sie wartet auf den Bus. → Es wird auf den Bus gewartet. → Auf den Bus wird gewartet.

❷ 화법조동사와 함께 쓰이는 수동태

화법조동사와 수동태가 함께 쓰이는 경우는 '조동사+과거 분사+werden' 구조를 기억하면 됩니다.

예 Er kann das Auto reparieren. 그는 그 차를 수리할 수 있다.

→ Das Auto **kann** (von ihm) **repariert werden**. 그 차는 (그에 의해) 수리될 수 있다.

　　　　　　 조동사　　　　　　 과거 분사　werden

Ich muss einen Brief schreiben. 나는 한 편지를 써야 한다.

→ Ein Brief **muss** (von mir) **geschrieben werden**. 한 편지가 (나에 의해) 쓰여야 한다.

　　　　　　 조동사　　　　　　 과거 분사　werden

❸ 종속 접속사 dass

앞서 배웠듯이 dass는 종속 접속사로서 동사가 후치되는 특징을 갖고 있습니다. 다른 종속 접속사와 달리 dass가 이끄는 문장은 다양하게 해석될 수 있습니다.

// **1 주어 ('~하는 것은'으로 해석)**

Es ist sehr gut, dass du mich heute besuchst.

네가 나를 오늘 방문하는 **것은** 매우 좋다.

// **2 목적어 ('~하는 것을'로 해석)**

Ich habe gesehen, dass sie singt.

나는 그녀가 노래하는 **것을** 봤다.

// **3 전치사격 목적어 (전치사의 의미에 대입하여 해석)**

Sie wartet **darauf, dass** er zu ihr kommt.

그녀는 **그것에 대해** 기다리고 있다. (그것=그가 그녀에게 올 것)

→ 그녀는 그가 그녀에게 올 것을 기다리고 있다.

// 전치사격 목적어로 쓰일 때의 dass 절은 전치사 앞에 da(r)를 쓰게 됩니다. 'da+전치사'의 형태인데, 전치사가 모음으로 시작할 경우 r을 추가하여 'dar+전치사'의 형태가 되기도 합니다. 이때 전치사의 의미에 그것 (da)이라는 말을 붙여 해석합니다.

❹ teilnehmen an+3격

'~에 참가하다'의 의미를 갖는 전치사 수반 동사입니다. teilnehmen은 분리동사로 현재와 과거 시제에서 분리 전철인 teil이 분리되어 맨 뒤로 가게 됩니다.

예 Ich nehme an dem Kurs teil. 나는 그 강좌에 참가한다.

Aufgabe 1 녹음을 듣고 해석을 참조하여 빈칸에 들어갈 알맞은 말을 쓰세요. 🎧 Track 20-03

Lea, ich hatte heute einen [ⓐ _____].

Ich war in der Stadt und bin mit dem Fahrrad [ⓑ _____].

[ⓒ _____] wurde ich von einem Autofahrer angefahren.

레아, 나 오늘 사고 났었어.
내가 시내에 있었고 자전거를 타고 갔어.
갑자기 한 운전자에 의해 내가 치였어 .

Aufgabe 2 다음 문장을 수동문으로 바꿔 쓰세요.

ⓐ Ein Mann repariert mein Fahrrad.

ⓑ Die Frau hilft dem Kind.

ⓒ Ich muss einen Brief schreiben.

ⓐ ⇨ _____

ⓑ ⇨ _____

ⓒ ⇨ _____

Aufgabe 3 빈칸에 들어갈 알맞은 어미를 쓰세요.

ⓐ Sehr geehrt _____ Herr Schmidt

ⓑ Lieb _____ Frau Schmidt

ⓒ Mit freundlich _____ Grüßen

Aufgabe 4 아래의 문장을 독일어로 작문하고, 정답을 확인한 다음 올바른 문장을 소리 내어 말해 보세요.

> ⓐ 나는 며칠 동안 쉬어야 해.
> ⓑ 의사 선생님이 아직 2주 동안 집에 머물러야 한다고 말했어.
> ⓒ 제 다리가 부러졌어요.
> ⓓ 당신이 사무실에 계시면 내일 전화 드릴게요.

ⓐ ⇨ _____

ⓑ ⇨ _____

ⓒ ⇨ _____

ⓓ ⇨ _____

❶ ⓐ Unfall ⓑ gefahren ⓒ Plötzlich

❷ ⓐ Mein Fahrrad wird (von einem Mann) repariert. / ⓑ Es wird dem Kind (von der Frau) geholfen. (= Dem Kind wird geholfen.) / ⓒ Ein Brief muss (von mir) geschrieben werden.

❸ ⓐ er ⓑ e ⓒ en

❹ ⓐ Ich soll mich ein paar Tage ausruhen. /
ⓑ Der Arzt hat gesagt, dass ich noch zwei Wochen zu Hause bleiben soll. / ⓒ Mein Bein ist gebrochen. /
ⓓ Ich rufe Sie morgen an, wenn Sie im Büro sind.

🎧 Track 20-04

 꼭 알아야 할 부사

1. 장소를 나타내는 부사

여기에	hier	저기에	dort / da
왼쪽에	links	오른쪽에	rechts
위에	oben	아래에	unten
앞에	vorn	뒤에	hinten
밖에	draußen	안에	drinnen
위에	drüben	가운데에	mitten
어디나	überall	어디에서도	irgendwo
어디에도 ~않다	nirgendwo		
이리로	her	저리로	hin
이리 안으로	herein	저기 안으로	hinein
왼쪽으로	nach links	오른쪽으로	nach rechts
밖으로	nach draußen	안으로	nach drinnen

2. 시간을 나타내는 부사

어제	gestern	오늘	heute
내일	morgen	엊그제	vorgestern
모레	übermorgen	예전에	früher
최근에	neulich	당시에	damals
한때는, 언젠가	einmal	지금	jetzt / nun
바로	sofort / gleich	지금까지	bisher
곧	bald	다음에	nachher
나중에	später	곧바로	gerade

3. 화법(방법)부사

거의	fast	특히	besonders
약간	etwas	기꺼이 / 즐겨	gern
분명히	bestimmt	거의 ...않다	kaum
유감스럽게	leider	적어도	mindestens

4. 인과, 결과 부사

그래서	deshalb / deswegen / daher / darum	그럼에도 불구하고	trotzdem / dennoch
따라서	also	왜냐하면	nämlich

독일어 능력 시험 A2 작문 엿보기

독일어 능력 시험 A2 시험의 작문 영역에는 다음과 같이 두 가지 유형이 있는데, 바로 이번 과에서 배운 SMS 쓰기와 이메일 쓰기입니다.

⁄1 20~30단어로 SMS 쓰기

SMS로 답장을 보내야 하는 상황이 주어집니다. 세 가지 미션이 있습니다. 예를 들면 친구와 영화관을 가기로 약속해서 가는 중인데, 늦는 상황일 경우 ① 친구에게 늦는다고 얘기하기 ② 왜 늦는지 설명하기 ③ 친구는 그동안 뭘 하고 있으면 좋을지를 쓰는 것입니다. 이 세 가지 미션이 모두 포함되도록 메시지를 작성하는 것이 가장 중요합니다. 간단한 메시지이기 때문에 특별한 인사말이나 도입, 작성 양식은 중요치 않습니다. 아래의 모범 답안을 참조해 보세요.

Hallo, Mina, ich komme ungefähr 10 Minuten später. Tut mir leid. Ich habe leider meinen Bus verpasst. Es gibt ein Café neben dem Kino. Trink schon etwas.
Bis gleich. Lara

안녕 미나야, 나 대략 10분 정도 늦어. 미안해. 유감스럽게도 내 버스를 놓쳤어. 영화관 옆에 카페가 하나 있어. 뭐 좀 마시고 있어. 곧 봐. 라라가

⁄2 30~40단어로 이메일 쓰기

이번에는 이메일을 보내야 합니다. 이때에도 세 가지 미션이 주어집니다. SMS가 편한 사이끼리 주고받는 메시지이기 때문에 친칭인 du를 사용하여 메시지를 쓴다면, 이메일 쓰기 시험은 존칭인 Sie에게 편지를 씁니다. 따라서 정해진 양식과 예의를 갖추어 써야 합니다. 예를 들어 이웃으로부터 파티에 초대를 받은 상황에서 ① 초대에 대해 감사하기 그리고 기꺼이 가겠다고 말하기 ② 무엇을 가져갈 것인지 알려 주기 ③ 목적지로 가는 방법을 문의하기가 미션으로 나올 수 있습니다. 아래의 모범 답안을 참조해 보세요.

Sehr geehrte Frau Müller,
vielen Dank für Ihre Einladung. Ich komme wirklich gerne! Ich bringe ein bisschen Kartoffelsalat und Getränke mit. Leider habe ich den Weg vergessen. Können Sie ihn mir noch einmal beschreiben?
Mit freundlichen Grüßen
Doil Kim

뮐러 씨께,
초대해 주셔서 감사합니다. 정말 기꺼이 갈게요! 감자 샐러드하고 음료 조금 가져갈게요. 유감스럽게도 길을 잊어버렸는데, 한 번 더 알려 주실 수 있을까요?
인사를 전하며
김도일 드림

* 이메일 쓰기의 모범 답안에 굵게 표시된 호칭과 끝맺음 인사, 보내는 사람 형식은 꼭 써야 합니다.

**왕초보부터 독일어 능력 시험까지 맞춤형 커리큘럼으로
여러분의 독일어를 책임집니다.**

단계	왕초보	초급	
난이도	A0	A1	A2
통합	독일어 파닉스	NEW 왕초보탈출 1탄	NEW 왕초보탈출 2탄
문법/어휘		가볍게 시작하는 독일어 기초 문법	
		상황별로 배우는 VOKA 1,2탄	동사 Master
		GO! 독학 독일어 단어장	
말하기	독일어 발음 마스터	자신만만 기초 말하기 1탄	자신만만 기초 말하기 2탄
			리얼! 실전 독일어 회화
			리얼! 현지 독일어 1, 2탄
		D-20 생존독일어 여행편	
듣기		귀가 트이는 독일어 듣기 A1-A2	
쓰기(작문)		한국인이 자주 틀리는 독일어 A1-A2	
		술술 써지는 기초 작문	
읽기		동화로 배우는 독일어 1	동화로 배우는 독일어 2
시험		60일 완성! 독일어 능력 시험 A1	60일 완성! 독일어 능력 시험 A2
			독일어 능력시험 telc A2
			FLEX UP 독일어

중·고급		
B1	B2	C1
	제대로 배우는 독일어 중급 문법	
GO! 독학 독일어 단어장		
	독일어 주제별 말하기 1	독일어 주제별 말하기 2
EASY 네이티브 중급 독일어	EASY 네이티브 고급 독일어	
리얼! 현지 독일어 1, 2탄		
술술 말하는 네이티브 꿀 패턴		
실전! 서바이벌 독일어		
	리얼 상황별 독일어 회화	
D-20 생존독일어 유학편		
	귀가 트이는 독일어 듣기 B1-B2	고급 독일어 청취
	술술 써지는 독일어 중고급 작문	
문화사로 배우는 독일어		뉴스로 배우는 고급 독일어
60일 완성! 독일어 능력 시험 B1	60일 완성!독일어 능력 시험 B2	
독일어 능력시험 telc B1	독일어 능력시험 telc B2	
	FLEX UP 독일어	

시원스쿨 독일어 홈페이지를 방문해 보세요!
germany.siwonschool.com

Test

혜택 1

현재 내 실력은? 레벨 테스트!

독학에 성공하기 위해서는 수시로 나의 실력을 점검하며 레벨에 맞는 커리큘럼에 따라 학습해야
합니다. 시원스쿨 독일어 홈페이지에서 무료로 레벨테스트하고 혜택도 받으세요.

STEP 01

준비 왕초보 또는 중·고급 기준으로 현재 나의 실력이 어느 정도인지 확인하세요.

STEP 02

실력 확인 총15개의 문항으로 나의 레벨과 채점 결과, 정답 및 해설까지 살펴보세요.

STEP 03

레벨테스트 혜택 받기 나에게 딱 맞는 추천 강의와 패키지 할인 쿠폰을 받으세요.

혜택 2 ▶ 모르는 건 바로바로! 공부 질문게시판

강의와 도서 내용 중 궁금한 점을 공부 질문게시판에 올려 주세요. 담당 강사진과 시원스쿨 독일어 연구진이 바로바로 자세히 답변해 드립니다.

혜택 3 ▶ 모두 무료! 공부 자료실

학원에 가지 않아도 충분한 학습 자료를 제공합니다. 원어민 MP3 파일과 샘플 강의뿐만 아니라 강의별 주제별·테마 어휘, 기초 문법 자료 등 수시로 업데이트되는 자료를 꼭 챙기세요.

혜택 4 ▶ 완전 핵이득! 이벤트

참여만 해도 사은품이 와르르! 수시로 할인, 증정 이벤트를 제공합니다.

지금 바로 시원스쿨 독일어 홈페이지를 방문하세요! germany.siwonschool.com

기초 독일어 절대 강자
김성희 선생님

강좌

- NEW 독일어 왕초보탈출 1, 2탄
- 독일어 진짜학습지 첫걸음
- 독일어 자신만만 기초말하기 1,2탄
- 술술 써지는 기초, 중고급 작문
- 동화로 배우는 독일어 Ⅰ, Ⅱ
- 독일어능력시험 Telc B1

독일어 강의 베테랑
민병필 선생님

강좌

- 가볍게 시작하는 독일어 기초 문법
- 제대로 배우는 독일어 중급 문법
- 가장 쉬운 독일어 첫걸음
- 독일어 능력시험 A2 실전 모의고사

속성 독일어 전문가
이로사 선생님

강좌

- 상황별로 배우는 독일어 필수 VOKA 1, 2탄
- 귀가 트이는 독일어 듣기 A1- A2
- 동사 Master
- 60일 완성! 독일어 능력 시험 A1, A2
- GO! 독학 독일어 단어장

합격을 위한 독일어 전문가
최유정 선생님

강좌

- 독일어 능력시험 B1 실전 모의고사
- 독일어 능력시험 Telc A2
- 문화사로 배우는 독일어

시원스쿨 독일어 도서 라인업

GO! 독학 독일어 단어장

단어장 한 권으로 첫걸음부터 독일어 능력시험까지 한 번에!

독일어 첫걸음부터 독일어 능력시험 준비를 목표로 하는 학습자까지, 보다 친절하면서도 효율적으로 단어를 학습할 수 있도록 구성하였다. 회화와 시험에 꼭 나오는 단어와 예문, A1 / A2 / B1 난이도에 따른 분류로 유기적인 단어 암기가 가능하다. 꼭 필요한 독일어 Tip까지 내 것으로 만들고, 연습문제로 실력을 점검했다면 잠시 쉬어 갈 수 있는 독일 Talk 코너에서 독일어를 좀 더 흥미롭게 만나 보자.

김범식독일어학원 지음 I Michael Gutzeit 감수 I 값 16,800원
(본책+MP3 제공)

GO! 독학 독일어 문법

A1-B2 필수 문법 완벽 정복!

독일어 전공자뿐만 아니라 독일어를 처음 접하는 왕초보 학습자들도 최대한 쉽고 재미있게 독일어에 접근하고 문법을 이해할 수 있도록 구성한 교재이다. 학원에 다니지 않아도 이 책 한 권과 풍성한 학습 자료들, 저자 직강 유료 동영상 강의로 독일어 문법을 완벽하게 마스터할 수 있다.

민병필, 시원스쿨어학연구소 지음 I 값 19,800원

독일어 오류 마스터

한국인이 자주 틀리는 독일어 오류 총망라!

A1~B2 레벨의 한국인 독일어 학습자가 전형적으로 범하는 오류들과 그에 대한 해설, 그리고 그러한 오류들이 재발하지 않도록 예방해줄 연습문제를 통해 독일어에 대한 근본적인 이해와 보다 정확한 독일어 사용법을 학습할 수 있다.

박성철, 전지선, 박서현, Harald Garber 지음 I 값 19,800원